Happiness: Le grand livre du bonheur

HAPPINESS

Le grand livre du bonheur

LES ÉDITIONS DE L'HOMME
Une compagnie de Quebecor Media

Traduction: Evelyne Codazzi et Jean-Philippe Riby (p. 16-132)
Révision: Sylvie Massariol et Maryse Barbance
Correction: Pascale Tant, Sylvie Massariol, Linda Nantel et Sylvie Tremblay
Mise en page: Kris Demey
Photographie: Flickr Collection Getty Images (sélection de Kris Demey et Lieve Blancquaert)

Catalogage avant publication de Bibliothèque et Archives nationales du Québec et Bibliothèque et Archives Canada

Vedette principale au titre:
Happiness: le grand livre du bonheur
Traduction de: Geluk. The World Book of Happiness. Texte en français seulement.
ISBN 978-2-7619-3082-6

1. Bonheur.	2. Psychologie positive.	I. Bormans, Leo.
BF575.H27W6714 2011	152.4'2	C2010-942707-6

L'ouvrage original a été publié par Éditions Lannoo sous le titre Geluk. The World Book of Happiness

www.lannoo.com

Dépôt légal: 2011
Bibliothèque et Archives nationales du Québec
ISBN: 978-2-7619-3082-6

Gouvernement du Québec – Programme de crédit d'impôt pour l'édition de livres – Gestion SODEC – www.sodec.gouv.qc.ca

L'Éditeur bénéficie du soutien de la Société de développement des entreprises culturelles du Québec pour son programme d'édition.

Le Conseil des Arts du Canada
The Canada Council for the Arts

Nous remercions le Conseil des Arts du Canada de l'aide accordée à notre programme de publication.

Nous remercions le gouvernement du Canada de son soutien financier pour nos activités de traduction dans le cadre du Programme national de traduction pour l'édition du livre.

Nous reconnaissons l'aide financière du gouvernement du Canada par l'entremise du Fonds du livre du Canada pour nos activités d'édition.

Distributeurs exclusifs:

Pour le Canada et les États-Unis: MESSAGERIES ADP*2315, rue de la Province sélection de Longueuil, Québec J4G 1G4 - Téléphone: 450 640-1237 - Télécopieur: 450 674-6237 - Internet: www.messageries-adp.com* filiale du Groupe Sogides inc., filiale du Groupe Livre Quebecor Media inc.

Pour la France et les autres pays: INTERFORUM editis Immeuble Paryseine, 3, Allée de la Seine 94854 Ivry CEDEX - Téléphone: 33 (0) 1 49 59 11 56/91 - Télécopieur: 33 (0) 1 49 59 11 33 - Service commandes France Métropolitaine - Téléphone: 33 (0) 2 38 32 71 00 - Télécopieur: 33 (0) 2 38 32 71 28 - Internet: www.interforum.fr - Service commandes Export - DOM-TOM - Télécopieur: 33 (0) 2 38 32 78 86 - Internet: www.interforum.fr - Courriel: cdes-export@interforum.fr

Pour la Suisse: INTERFORUM editis SUISSE - Case postale 69 - CH 1701 Fribourg - Suisse - Téléphone: 41 (0) 26 460 80 60 - Télécopieur: 41 (0) 26 460 80 68 - Internet: www.interforumsuisse.ch - Courriel: office@interforumsuisse.ch - Distributeur: OLF S.A.ZI. 3, Corminboeuf - Case postale 1061 - CH 1701 Fribourg - Suisse - Commandes: Téléphone: 41 (0) 26 467 53 33 - Télécopieur: 41 (0) 26 467 54 66 - Internet: www.olf.ch - Courriel: information@olf.ch

Pour la Belgique et le Luxembourg: EDITIONS RACINE – Tour et Taxis, Entrepôt royal, 86C, avenue du Port, BP 104A, B-1000 Bruxelles – Téléphone: 32 (0)2 646 44 44 – Télécopieur: 32 (0)2 646 55 70 – Internet: www.racine.be – Courriel: info@racine.be

Imprimé en Slovénie

Loin des charlatans

L'étude consacrée au bien-être subjectif a réuni autour d'une table des chercheurs en économie, en sociologie, en psychologie, en sciences politiques, en neurologie, notamment. Encourager le dialogue entre les diverses disciplines scientifiques est chose difficile mais essentielle, et je suis très content que les recherches sur le bonheur aient pu y contribuer. Bien que nous ayons une certaine idée de la manière dont les choses fonctionnent, nous devons avoir conscience que nous en savons en fait très peu. Quiconque prétend le contraire n'est sans doute qu'un charlatan. La plupart de nos connaissances scientifiques sur le bonheur portent sur des pays riches et ne s'appliquent peut-être pas à la majeure partie de la population mondiale: encore une fois, nous ne le savons pas. Beaucoup de travail reste à faire avant que nous puissions acquérir des certitudes, mais je suis persuadé que ce travail nous donnera beaucoup de plaisir.

Andrew Clark (France)

Ce n'est pas une obligation

«Comment devons-nous vivre?» Cette question a préoccupé les philosophes de tous les temps. Ils utilisaient le plus souvent une approche «de haut en bas» pour répondre à la question de savoir ce que signifie «bien vivre». Malheureusement, leurs idées ne nous renseignent pas sur la manière dont les gens d'aujourd'hui voient leur vie. L'approche philosophique était donc plus normative que descriptive. Les suggestions des philosophes sur la meilleure façon de vivre impliquent un sens du devoir et s'accompagnent de sanctions pour qui manque à son devoir. Les recherches sur le bonheur, elles, sont basées sur l'étude de la manière dont les gens évaluent leur vie et sur la détermination des facteurs favorisant ou non le sentiment de satisfaction dans la vie. Elles offrent des suggestions sur la façon dont nous pouvons mener une vie satisfaisante. Cependant, ces suggestions ne sont que des conseils, pas des obligations. Personne n'est obligé de les suivre. Il est même possible qu'elles ne s'appliquent pas à tout le monde. Il n'existe pas de sanctions pour ceux qui y manquent, même s'ils le regrettent souvent.

Pr Mariano Rojas (Mexique)

«Où est la sagesse que nous avons perdue par le savoir?

Où est le savoir que nous avons perdu par l'information?»

T.S. Eliot, Prix Nobel de littérature, 1948

Bienvenue à *Happiness:*
Le grand livre du bonheur

Comme mes amis me disaient toujours que j'étais un spécialiste de l'optimisme, j'ai décidé d'écrire un livre sur le sujet: 100 % Positivo. Dans ce livre, j'ai cherché le secret de l'optimisme en moi et dans le monde autour de moi. C'est ainsi que j'ai découvert qu'il existait des milliers d'études sur l'optimisme et le bonheur. Et il s'en ajoute tous les jours. Ce début du XXIe siècle ne croule pas seulement sous les mauvaises nouvelles! C'est aussi l'époque où des milliers de chercheurs du monde entier se lancent dans la psychologie positive, une discipline relativement nouvelle. La psychologie positive ne prend pas comme point de départ les erreurs, les échecs et les syndromes négatifs, mais la force positive de l'être humain. Si nous savons mieux ce qui nous donne la santé, le bonheur et le succès, nous pouvons mieux utiliser ces mécanismes pour créer notre bonheur et celui du monde qui nous entoure. À l'issue d'une conférence, un jeune homme de 17 ans est venu vers moi et m'a dit: «Je sais maintenant quoi répondre aux gens qui me demandent ce que je ferai plus tard. Je serai optimiste. J'ai compris que c'est quelque chose qui s'apprend.»

Les premières questions que les journalistes posent à quelqu'un qui ose parler d'optimisme et de bonheur sont toujours pleines de suspicion: «Êtes-vous un idéaliste? Ne voyez-vous pas à quel point la réalité est triste?» Ces questions sont souvent empreintes de cynisme. Les cyniques disent avec suffisance: «Voyez comme je suis intelligent! J'ai réussi en quelques minutes à éteindre toute la passion, tout le feu et tout l'espoir qui brûlent en vous.» C'est la philosophie de vie la plus facile qui soit. D'autres s'en tirent en disant: «Je ne suis ni optimiste ni pessimiste: je suis réaliste!» Les réalistes sont des pessimistes qui refusent de l'admettre. Évidemment, tout ne va pas bien et tout le monde a le droit d'être triste. L'obsession du bonheur peut même parfois être un lourd fardeau. Pourtant, une force positive incommensurable se cache en chacun de nous. Et nous pouvons la développer et la renforcer. Au Népal, j'ai appris la signification si éloquente de la salutation quotidienne Namasté: «Je salue le divin en vous.»

Pour réaliser ce livre, j'ai lu un nombre impressionnant d'études scientifiques et je n'ai cessé de m'étonner qu'aucun de mes amis n'ait jamais entendu parler de psychologie positive. J'ai décidé alors de demander à 100 chercheurs de premier plan de résumer leur travail en 1000 mots tout au plus et de le présenter sous forme d'un message au monde. J'ai découvert que les psychologues positifs étaient des gens très gentils aussi dans la vie quotidienne.

Presque tous ont répondu positivement à ma requête. Du coup, je me suis posé un défi supplémentaire. Je voulais faire fusionner les idées issues des quatre coins du monde. J'ai donc cherché des spécialistes dans 50 pays, autant de pays que j'ai eu la chance de visiter moi-même. En se concentrant sur quatre points clés, ces professeurs allaient nous dire comment changer notre vie. D'abord, je voulais uniquement des conclusions basées sur le savoir et non sur la philosophie spirituelle. Ensuite, les résultats ne devaient pas porter seulement sur le bonheur individuel, mais également sur le bonheur des groupes, des biotopes, des organisations et des pays. Ces résultats devaient aussi permettre une pollinisation croisée d'idées au sein d'une vision globale du bonheur universel. Et finalement, les textes devaient être écrits dans un langage accessible à tous: dans notre quête du bonheur, nous ne voulons pas buter sur l'écueil du jargon scientifique. Tous les professeurs ont trouvé que c'était là un défi original et ardu, mais ils ont réussi à traduire l'information en savoir, et le savoir en sagesse. Je les remercie du fond du cœur et j'espère que ce livre contribuera d'une manière ou d'une autre au bonheur de chaque personne dans le monde, afin que nous ne nous laissions pas paralyser par le fatalisme de la peur, mais que nous soyons inspirés par le dynamisme de l'espoir – malgré tout... et justement pour cela.

Leo Bormans

Auteur et rédacteur en chef

Je dédie ce livre
à tous les gens du monde
qui ne le liront jamais.

Je remercie tout spécialement Riet, Ine, Kasper, mes amis, Monique Jacob, Ruut Veenhoven, De Heerlijckyt van Elsmeren et tous les autres collaborateurs de ce merveilleux projet.

Pour de plus amples informations, une vidéo, des mises à jour, des réactions et notre adresse électronique, voir:
www.theworldbookofhappiness.com

Bien qu'il existe de subtiles différences de sens entre les termes «bien-être subjectif», «satisfaction dans la vie» et «bonheur», ils sont utilisés ici comme synonymes.

Sommaire

16 **Christopher Peterson** ...... États-Unis .... *Découvrir l'«autre» en soi*

20 **Claudia Senik** ...... France .... *Place à l'ambition*

22 **Robert Biswas-Diener** ...... États-Unis .... *Reconsidérer ses échecs*

26 **Stavros Drakopoulos** ...... Grèce .... *Le paradoxe*

29 **Ernst Gehmacher** ...... Autriche .... *Il faut apprendre à être heureux*

34 **José de Jesús García Vega** ...... Mexique .... *La vague mexicaine*

38 **Ying-Yi Hong** ...... Chine .... *Le guanxi en Chine*

42 **Ekaterina Selezneva** ...... Russie .... *Le tunnel russe*

46 **Habib Tiliouine** ...... Algérie .... *Leçons du Sahara*

49 **Michael Eid** ...... Allemagne .... *Fierté et modestie*

50 **Dubravka Miljkovic et Majda Rijavec** ...... Croatie .... *La recette*

52 **Christian Bjørnskov** ...... Danemark .... *Le secret du monde viking*

54 **Heli Koivumaa-Honkanen** ...... Finlande .... *Le remède*

55 **Axel R. Fugl-Meyer** ...... Suède .... *Le facteur santé*

56 **Erich Kirchler** ...... Autriche .... *Le jackpot*

60 **David G. Myers** ...... États-Unis .... *Les 10 commandements du bonheur*

62 **Paolo Verme** ...... Italie .... *La loi universelle du choix*

64 **Sonja Lyubomirsky** ...... États-Unis .... *Et la génétique dans tout ça?*

66 **Elena Pruvli** ...... Estonie .... *Des vacances de rêve*

70 **Robert A. Cummins** ...... Australie .... *Prendre la température*

74 **Wolfgang Glatzer** ...... Allemagne .... *Trouver son propre cœlacanthe*

78 **Yew-Kwang Ng** ...... Australie .... *Un pas de géant vers le bonheur*

80 **Michael Hagerty** ...... États-Unis .... *Le détective du bonheur*

84 **Alex C. Michalos** ...... Canada .... *Le trésor*

86 **Noraini Mohd Noor** ...... Malaisie .... *Il ne faut pas négliger l'âme*

90 **Elie G. Karam** ...... Liban .... *Le tempérament festif*

93 **Vahid Sari-Saraf** ...... Iran .... *La force du sport*

94 **Andrew Clark** ...... États-Unis / France .... *Le cercle social*

96 **Xing Zhanjun** ...... Chine .... *Les neuf expériences*

100 **Eduardo Lora** ...... États-Unis .... *Le prix d'un ami*

102 **Leonardo Becchetti et Giacomo Degli Antoni** ...... Italie .... *Le jeu expérimental*

106 **Helena Hnilicova et Karel Hnilica** ...... République tchèque .... *L'expérience révolutionnaire*

110 **Giampaolo Nuvolati** ...... Italie ...... *City lights*
114 **Ahmed M. Abdel-Khalek** ...... Egypte / Koweit ...... *L'amour de la vie*
116 **Daniel T.L. Shek** ...... Chine ...... *Le yin et le yang*
120 **D.J.W Strümpfer** ...... Afrique du Sud ...... *Hamba Kahle!*
122 **Doh C. Shin** ...... États-Unis ...... *Derrière les smileys*
126 **Grant Duncan** ...... Nouvelle-Zélande ...... *Le droit à la tristesse*
128 **Mariano Rojas** ...... Mexique ...... *La vie est notre principale œuvre d'art*
132 **Félix Neto** ...... Portugal ...... *Vivre à l'étranger*
136 **Gary T. Reker** ...... Canada ...... *Le sens de la vie*
140 **Huda Ayyash-Abdo** ...... Liban ...... *Les mécanismes tampons*
142 **Mathew White** ...... Australie ...... *L'école du bonheur*
145 **Johannes Hirata** ...... Bhoutan ...... *Le bonheur national brut du Bhoutan*
148 **Margie E. Lachman** ...... États-Unis ...... *La vie commence à 40, 50, 60 et 70 ans*
151 **Alexandra Ganglmair-Wooliscroft** ...... Nouvelle-Zélande ...... *Le marché du bonheur*
153 **David Bartram** ...... Royaume-Uni ...... *Les migrants sont-ils gagnants ou perdants?*
156 **Leon R. Garduno** ...... Mexique ...... *Toujours le mauvais choix*
158 **Teresa Freire** ...... Portugal ...... *Les enfants nous montrent la voie*
162 **Joar Vittersø** ...... Norvège ...... *Pas «qui», mais «comment»*
165 **Finbarr Brereton** ...... Irlande ...... *Nuances de vert*
166 **Marek Blatny** ...... République tchèque ...... *Intro ou extra?*
168 **Takayoshi Kusago** ...... Japon ...... *La monnaie Takayoshi*
170 **Dov Shmotkin** ...... Israël ...... *Au-delà du bien et du mal*
174 **Konstantinos Kafetsios** ...... Grèce ...... *La culture des relations heureuses*
177 **Eduardo Wills-Herrera** ...... Colombie ...... *La politique de l'avenir*
180 **Robert E. Lane** ...... États-Unis ...... *La perte du bonheur*
182 **Luisa Corrado** ...... Royaume-Uni ...... *L'indice «confiance»*
184 **Martin Guhn**
et Anne Gadermann ...... Canada / États-Unis ...... *Quand les besoins entrent en conflit*
188 **Ingrida Geciene** ...... Lituanie ...... *Le gâteau européen*
192 **David Watson** ...... États-Unis ...... *High five*
196 **Carol Graham** ...... États-Unis ...... *Partout dans le monde*
200 **Miriam Akhtar** ...... Royaume-Uni ...... *Développer les muscles du bonheur*
204 **Katja Uglanova** ...... Russie ...... *Après le choc*
208 **Joaquina Palomar** ...... Mexique ...... *Le mélange des ex et des in*
211 **Reynaldo Alarcón** ...... Pérou ...... *Les quatre questions*
214 **Jonathan Adler** ...... États-Unis ...... *Votre histoire*
218 **Leonard Cargan** ...... États-Unis ...... *Mariage ou célibat?*
220 **Guy Corneau** ...... Canada ...... *Être heureux sans raison*

224 **Thomas d'Ansembourg** ...... Belgique ...... *La paix intérieure est d'intérêt public*
228 **Lucie Mandeville** ...... Canada ...... *Le bonheur extraordinaire des gens ordinaires*
232 **Eunkook M. Suh** ...... Corée du Sud ...... *Les trois conditions*
236 **Jan Delhey** ...... Allemagne ...... *Le moteur du progrès*
239 **Willibald Ruch** ...... Suisse ...... *La double face de l'humour*
244 **Andreja Avsec** ...... Slovénie ...... *À gens différents...*
248 **Hardik Shah** ...... Inde ...... *La focalisation de notre énergie*
250 **Sauwalak Kittiprapas** ...... Thaïlande ...... *Changement d'orientation*
255 **Sakari Suominen** ...... Finlande ...... *Le sens de la cohérence*
258 **Claire Beazley** ...... Royaume-Uni ...... *Vivre dans le mensonge*
262 **Jon Hall** ...... France / Australie / Royaume-Uni ...... *Un nouveau regard sur le progrès*
265 **Samuel Ho** ...... Chine ...... *Le bonheur universel*
268 **Katie Hanson** ...... Royaume-Uni ...... *La meilleure drogue des adolescents*
271 **Kenneth C. Land** ...... États-Unis ...... *L'indice du bien-être des enfants et des jeunes*
272 **Cassie Robinson** ...... Royaume-Uni ...... *Et le sexe alors?*
276 **José L. Zaccagnini** ...... Espagne ...... *Le pouvoir de l'amour*
282 **Ilona Boniwell** ...... Royaume-Uni ...... *Le temps est notre ennemi*
285 **Mark Elchardus** ...... Belgique ...... *La politique du bonheur*
290 **Joshi Wasundhara** ...... Inde ...... *Deux médecins à Mumbay*
294 **Sergiu Baltatescu** ...... Roumanie ...... *Le bonheur est-il comme un papillon?*
298 **Dev Raj Paudel** ...... Népal ...... *Les liens familiaux*
300 **Anastasia M. Bukashe** ...... Afrique du Sud ...... *L'aurore de l'amour*
306 **Fermina Rojo-Perez**
et Gloria Fernandez-Mayoralas ...... Espagne ...... *Vivre vieux et heureux*
310 **Jonathan Gershuny**
et Kimberly Fisher ...... Royaume-Uni ...... *De minute en minute*
314 **Philippe van Parijs** ...... Belgique ...... *Une bonne vie*
318 **Maulolo T. Amosa** ...... Samoa ...... *Après le tsunami*
321 **Reidulf G. Watten** ...... Norvège ...... *La fièvre de l'abondance*
325 **Ralph Kober** ...... Australie ...... *Les capacités des handicapés*
328 **Peter Adriaenssens** ...... Belgique ...... *La voix de vos parents*
334 **Dóra Guðrún Guðmundsdóttir** ...... Islande ...... *Le message du réfrigérateur*
338 **Valerie Møller** ...... Afrique du Sud ...... *Vivre dans l'avenir*
342 **Hein Zegers** ...... Belgique ...... *Une personne n'est pas une moyenne*
344 **Graciela Tonon de Toscano** ...... Argentine ...... *La clé est l'amitié*
345 **Richard Layard** ...... Royaume-Uni ...... *Mouvement pour le bonheur*
350 **Ruut Veenhoven** ...... Pays-Bas ...... *Ce que nous savons*
363 **Jacques Salomé** ...... France ...... *Petit clin d'œil malicieux au bonheur*

Découvrir l'«autre» en soi

→ **Se rendre seul au sommet d'une montagne. Est-ce le bonheur?**

→ **Rester à la maison, portes et fenêtres fermées. Est-ce le bonheur?**

→ **Penser qu'on peut se débrouiller seul. Est-ce le bonheur?**

Une personne seule peut-elle vraiment être heureuse? **Christopher Peterson** ne le pense pas. Selon lui, ce sont les autres qui font notre bonheur. Peterson est le fondateur de la psychologie positive. Peut-il résumer ses connaissances et ses observations en 20 lignes? «Deux mots suffisent», dit-il. Par bonheur, il a ajouté 20 lignes à son exposé.

Les autres

La psychologie positive est l'étude scientifique de ce qui fait que la vie vaut la peine d'être vécue. Ses principaux domaines de recherche vont des fondements biochimiques de la joie au bien-être d'une nation entière. Pourtant, deux mots suffisent à tout résumer: les autres. En psychologie positive, on ne trouve pas une seule conclusion ni une seule théorie qui n'insiste sur l'importance des autres pour notre bonheur et notre santé.

L'argent rend heureux lorsqu'on le consacre aux autres

La meilleure manière d'être heureux, c'est en compagnie des autres. Les facteurs clés d'une vie satisfaisante sont en effet sociaux. De bonnes relations avec autrui forment la base d'une vie heureuse. L'argent peut faire votre bonheur, mais à condition de le consacrer aux autres. Vos performances ne dépendent pas seulement de votre talent ou de votre persévérance, mais aussi des enseignements et des soins attentifs prodigués par les personnes de votre entourage. Parents et enseignants ont contribué au développement de votre caractère. Avoir un bon ami au travail est plus important qu'un bon salaire ou qu'un statut plus enviable. Ceux qui sont «proches» des autres jouissent d'une meilleure santé, même si, simple supposition de notre part, ils s'exposent davantage aux microbes.

Les Beatles l'ont déjà dit dans leur chanson: *All you need is love* (Tout ce qu'il vous faut, c'est de l'amour). La psychologie positive l'explique. Vivre bien est possible grâce à l'affection de vos amis, de vos voisins, de vos collègues, de votre famille ou de votre conjoint.

Ce sont les autres qui comptent. Et chacun de nous est un autre pour autrui.

Les clés

→ **Ne cherchez pas le bonheur en vous-même, mais dans vos engagements envers les autres.**
→ **Attachez-vous à ceux qui comptent à vos yeux: parents, enseignants, famille, collègues et amis.**
→ **Comprenez bien que, vous aussi, vous serez toujours un autre pour autrui.**

Christopher Peterson est professeur de psychologie à l'Université du Michigan (États-Unis). On l'appelle souvent le fondateur de la psychologie positive. Membre du Positive Psychology Steering Committee et directeur scientifique du VIA Institute on Character, il est considéré dans le monde entier comme une autorité en matière de recherche sur le caractère, la santé, l'optimisme et le bien-être.

«L'ambition rend heureux,
mais la jalousie rend malheureux.»

Place à l'ambition

Dans des locaux séparés, deux groupes d'étudiants doivent résoudre une énigme. Ils ont besoin chacun d'environ dix minutes. Pourtant, le groupe A est nettement plus heureux que le groupe B. Pourquoi? On a raconté au groupe A que l'autre groupe avait mis un quart d'heure à trouver la solution. Le groupe B a appris que le groupe A avait résolu l'énigme en cinq minutes. En réalité, les deux groupes ont eu besoin du même temps: une dizaine de minutes. Mais leur sentiment de bonheur est détaché de la réalité.

Les comparaisons nuisent à votre bonheur

La comparaison et l'accoutumance ont le plus souvent un effet dévastateur sur le sentiment de prospérité associé aux revenus et à la croissance économique. Mais les comparaisons peuvent aussi rendre très heureux, notamment quand le fait de se comparer aux autres nous permet d'en apprendre davantage sur nos propres perspectives. Les attentes positives et la perspective d'une situation meilleure permettent de se sentir plus heureux. Manifestement, les individus cherchent à gagner plus, à progresser. En résumé, l'ambition rend heureux, mais la jalousie rend malheureux.

D'où mon conseil: ne prenez jamais d'autres points de comparaison et concentrez-vous sur vos propres projets. Vous serez heureux et conserverez le sentiment de prospérité associé à ce que vous possédez.

Les clés

- → **Ne vous comparez pas aux autres.**
- → **Si vous le faites, voyez ce que vous pouvez apprendre de cette comparaison.**
- → **Excluez toute jalousie, faites place à l'ambition.**

Claudia Senik est professeur à l'Université Paris-Sorbonne (France). Son domaine de recherche privilégié est l'analyse microéconomique de la répartition des revenus et du bien-être subjectif. Elle défend souvent l'idée d'une approche comparée fondée sur les disparités des conditions de vie en Europe de l'Est et de l'Ouest. Claudia Senik dirige différents programmes internationaux de coopération scientifique.

Reconsidérer ses échecs

Robert Biswas-Diener est surnommé l'«Indiana Jones de la psychologie positive», car ses travaux sur le bien-être émotionnel l'ont conduit dans des pays aussi divers que le Kenya, l'Inde, le Groenland, l'Espagne et Israël. Il est le fils d'Ed Diener, le plus célèbre expert mondial du bonheur.

«Ma fascination pour les autres peuples remonte à mes huit ans, quand mes parents m'ont retiré de l'école pour descendre l'Amazonie en pirogue. La vue d'indigènes dans des cabanes sur pilotis au bord du fleuve a éveillé en moi une curiosité, indéfectible depuis, pour les autres cultures. Cet intérêt m'a prédisposé à une carrière qui me fait parcourir le monde pour étudier le bonheur. Dans chaque pays, j'en ai appris un peu plus sur ce qui rend les gens heureux et j'essaie d'en tirer des applications dans ma propre vie, mon enseignement et mes conseils. En écrivant cet article un texte inattendu est apparu sur mon écran! J'ai adoré l'écrire, mais j'ignore s'il correspond à vos attentes…»

Échec, flexibilité et bonheur

Pour mes recherches sur le bonheur, je suis fier de sortir du laboratoire ou du campus et de mener mes travaux sur le terrain. On a longtemps reproché aux psychologues de trop fonder leurs explications de la nature humaine sur des étudiants pris comme cobayes. Certes, il faut parfois utiliser l'environnement contrôlé du laboratoire à des fins scientifiques. Je trouve pour ma part plus exaltant de parcourir le monde pour étudier le bonheur. Et le monde, je l'ai parcouru! J'ai eu la chance de me rendre dans des lieux sublimes et de mener mes travaux en compagnie de gens fascinants. J'ai travaillé avec des agriculteurs amish dans le Midwest américain, des chasseurs de phoques dans le Nord du Groenland, des populations tribales en Afrique orientale et des prostituées dans les bidonvilles de Kolkata (Calcutta). Vous pensez peut-être qu'avec une telle expérience de la recherche internationale, les plus grandes leçons sur le bonheur que j'ai pu retirer sont liées aux différences ou aux ressemblances culturelles. Là, vous faites erreur! Les plus grandes leçons sur le bonheur ne figurent pas dans mes publications, mais dans les échecs et les difficultés rencontrés au cours de mes recherches.

Le premier échec remonte à 2002, lorsque j'effectuais des travaux sur le bonheur des Inuits dans le Grand Nord groenlandais. Je voulais, entre autres, recueillir des données sur la population locale, qui vivait encore de la chasse et de la pêche traditionnelles. C'est le seul endroit où j'ai dû chasser pour me nourrir et, comme ce n'était pas mon fort, j'ai pu apprécier l'immense satisfaction que procure une telle activité. Le Groenland offre un paysage désolé mais grandiose, et je désirais un peu d'aventure en dehors de mes activités scientifiques. J'ai donc décidé de franchir à pied les quelque 40 kilomètres qui séparaient un camp de pêche de la localité la plus proche. Je suis parti sous le soleil de minuit et j'ai longé la côte, suivi par une famille de phoques. Je suis Américain et ma pensée était, je le reconnais, assez hollywoodienne: je m'imaginais faire une arrivée triomphale en ville, tel un héros au terme d'une randonnée épique à travers une région infestée d'ours polaires. Je pouvais même imaginer la bande sonore! Mais après sept ou huit heures de marche, j'ai dû déchanter: un mur de glace me barrait la route. J'avais le choix entre essayer de l'escalader et de franchir le glacier qui s'étendait au-delà – entreprise périlleuse – ou marcher encore sept ou huit heures pour revenir au camp, penaud, avec l'espoir que mes compagnons s'y trouvaient toujours, sinon je risquais de mourir d'hypothermie. J'avais comme objectif d'atteindre la ville et je voulais *vraiment* m'y tenir. Au final, j'ai pourtant choisi la prudence et fait demi-tour en direction du camp. En marchant, alors que mes pieds me faisaient souffrir et que la température de mon corps baissait, **j'ai compris que j'avais tout simplement remplacé un objectif par un autre.** Mon nouvel objectif était de revenir à bon port, d'être prudent afin de rester en vie et de revoir ma femme et mes enfants, un objectif

« J'avais utilisé mon objectif comme une matraque, pour frapper les gens et agir selon mon bon vouloir. »

tout aussi louable que le précédent. Par la flexibilité de ma pensée, je pouvais reconsidérer ce que j'avais ressenti d'abord comme un fiasco et réinterpréter mon escapade comme un succès.

J'ai connu un échec du même genre alors que j'étudiais le bonheur chez les Amish. Ces derniers forment une communauté religieuse qui rejette les technologies modernes comme la télévision ou l'automobile. Ils se tiennent volontairement à l'écart du monde extérieur, de sorte qu'il est très difficile d'avoir accès à leur communauté. Pendant des mois, j'ai rendu visite à des familles, juste pour qu'ils s'habituent à moi et me fassent confiance. Mais je revenais frustré quand ils se soustrayaient à mes recherches, souvent au dernier moment (n'ayant pas le téléphone, les Amish ne peuvent pas appeler pour prévenir). Mon objectif explicite étant d'associer un maximum d'Amish à mon étude sur le bonheur, j'avais le sentiment d'échouer. Je suis connu pour avoir la faculté de travailler avec des groupes très fermés. Mon échec avec les Amish était décevant par rapport à moi-même et frustrant par rapport à eux. Après plusieurs annulations, j'ai pris du recul et reconsidéré mon objectif. J'ai alors compris que ce dernier n'était pas nécessairement celui des Amish avec lesquels je travaillais. J'avais utilisé mon objectif comme une matraque, pour frapper les gens et agir selon mon bon vouloir. Je me suis alors demandé ce que les Amish pouvaient bien désirer et ce que j'avais à leur offrir. J'ai réalisé qu'au lieu de les vampiriser en colligeant des données sur le bonheur, il serait plus satisfaisant, des deux côtés, de procéder à un échange d'informations. Dès la semaine suivante, j'ai donné ma première conférence dans une école primaire amish sur la vie quotidienne dans les autres cultures. La communauté locale est venue en nombre assister à ces causeries. J'ai compris qu'en fournissant autant d'informations que j'en recueillais, je me sentais mieux et j'atteignais plus facilement mon objectif de recherche. Le taux de réponse a augmenté de manière spectaculaire.

Dans les deux cas – chez les Amish et chez les Inuits –, j'ai été placé devant une même réalité incontournable: **il arrive que nos objectifs les plus précieux se heurtent à de sérieux obstacles.** Parfois, ces obstacles sont indépendants des circonstances, parfois ils sont liés à la façon dont nous avons conçu notre objectif au départ. Nous sommes alors déçus et frustrés. Mais en manifestant plus de flexibilité dans la manière de fixer nos buts et de les adapter après un échec, nous nous sentons plus heureux au bout du compte. Envisagez votre vie comme une narration, comme le récit d'un livre dont vous seriez l'auteur. Vous pouvez modifier ce récit à tout moment, en apportant de petites corrections susceptibles d'embellir l'histoire de votre vie et d'accroître votre bonheur. Je n'ai pas échoué dans ma tentative de rallier à pied une localité distante au Groenland, j'ai réussi à traverser indemne un paysage désolé et à faire un choix difficile mais intelligent qui m'a sauvé la vie. Je n'ai pas échoué dans mon entreprise de faire participer un grand nombre d'Amish à mes travaux, j'ai réussi à donner aux Amish ce qui les intéressait: des informations sur les autres cultures. Rester flexible à l'égard de ses échecs aide à en tirer des leçons, à mieux rebondir et même à les transformer en succès. Je n'ai encore jamais rien publié sur ce sujet, mais je suis sûr qu'il existe des candidats à Bornéo, en Mongolie ou à Madagascar pour participer à ce genre de travaux!

Les clés

- → **Parfois, les obstacles sont liés à la manière dont nous avons conçu notre objectif. Définissez clairement vos objectifs: pour vous-même et pour les autres.**
- → **N'ayez pas peur de prendre du recul et de réévaluer votre objectif. Soyez flexible dans votre pensée. Essayez de transformer un échec perçu comme tel en succès.**
- → **Imaginez votre vie comme le récit d'un livre dont vous seriez l'auteur.**

Robert Biswas-Diener a publié plus d'une vingtaine d'articles et d'ouvrages sur le bonheur. Il fait partie du comité de rédaction des revues *Journal of Happiness Studies* et *Journal of Positive Psychology*. Il a fondé les Positive Psychology Services (États-Unis) et est directeur de programmes au Centre for Applied Positive Psychology (Royaume-Uni). Il a écrit *Happiness: Unlocking the Mysteries of Psychological Wealth*. Afin de mettre à la portée de tous les bienfaits de la psychologie positive, il a cofondé un organisme humanitaire de psychologie positive nommé The Strengths Project.

« Un revenu croissant n'induit pas un bonheur croissant. »

Le paradoxe

Une étude menée par Ed Diener a montré que les Américains les plus riches – ceux qui disposent d'un revenu annuel supérieur à 10 millions de dollars – ne sont guère plus heureux sur le plan personnel que leurs salariés. Comment se fait-il aussi que la population de certains pays en développement soit plus heureuse que celle de pays riches ? Ce phénomène porte le nom de « paradoxe du bonheur ». Le professeur **Stavros Drakopoulos** étudie la corrélation entre l'argent et le bonheur. Quel conseil donne-t-il ?

La relation entre le revenu et le bonheur

Les économistes ont souvent mis en lumière la relation existant entre le niveau de revenu et les niveaux de bonheur exprimés. Les résultats de nombreuses enquêtes nationales montrent notamment que le niveau de revenu est très souvent lié à la sensation de bonheur. Cette incidence semble très marquée quand le niveau de revenu est bas, mais peu importante quand les revenus sont élevés. Les spécialistes appellent cette relation le « paradoxe du bonheur ». En d'autres termes, le revenu est vital pour le bonheur des personnes pauvres, mais importe beaucoup moins aux personnes aisées, voire riches. Cette constatation demeure valable non seulement à l'intérieur d'un même pays, mais aussi entre les nations quand on les compare. Certains pays en développement affichent par exemple des taux de bonheur plus élevés que bien des pays développés voisins à hauts revenus. Explication possible : en général, les êtres humains se sentent très malheureux quand ils ne peuvent répondre à leurs besoins élémentaires tels que le logement ou

l'alimentation. Dès que ces besoins sont satisfaits, d'autres facteurs prennent le pas. Il est essentiel que le revenu puisse couvrir les besoins importants (définis en tant que tels dans une société moderne), mais les hausses supplémentaires de revenu ne semblent pas engendrer des gains de bonheur analogues. En conséquence, d'autres facteurs tels que la liberté, la qualité de vie, la confiance, les relations personnelles et sociales, ont une plus grande incidence sur le bonheur que le revenu, dès que le niveau de celui-ci suffit à couvrir les besoins matériels socialement déterminés.

Cette explication a pour fondement théorique la structure hiérarchique des besoins humains. Il apparaît donc que le revenu est important pour être heureux, mais qu'un revenu croissant n'induit pas un bonheur croissant. Pour ce qui est de l'incidence du revenu sur le bonheur, il faut aussi prendre en compte ce que les économistes appellent le «revenu de référence». Autrement dit, nous comparons volontiers notre niveau de revenu à celui de personnes ayant un emploi égal, des qualifications comparables et une ancienneté similaire. Nous avons en particulier tendance à nous sentir malheureux quand nous découvrons que notre revenu est inférieur à celui de nos contemporains auxquels nous nous comparons. Nous ne serons donc pas plus heureux avec une augmentation de salaire si ces personnes bénéficient d'une augmentation encore plus importante.

D'une manière générale, lorsque notre revenu suffit amplement à couvrir nos besoins de base, nous serions plus heureux si nous prenions davantage en compte les facteurs non financiers.

Les clés

- → **Le revenu est important pour le bonheur, mais un revenu croissant n'induit pas un bonheur croissant.**
- → **Ne comparez pas votre revenu avec celui de vos collègues ou d'autres personnes.**
- → **Prenez davantage en compte la liberté, la qualité de vie, la confiance et les relations. Tous ces facteurs influent plus que le revenu sur le bonheur.**

Stavros A. Drakopoulos est professeur d'économie à l'Université d'Athènes (Grèce). Il a enseigné à l'Université d'Aberdeen et à celle de Glasgow, en Écosse. Il a publié, entre autres, *Values and Economic Theory: The Case of Hedonism*. Il s'intéresse plus particulièrement au lien existant entre le bonheur et l'économie.

«Seules les sociétés heureuses perdurent.»

Il faut apprendre à être heureux

«Les nouvelles politiques sociales reposant sur des acquis scientifiques et visant à promouvoir le bonheur commencent à porter leurs fruits dans de nombreux domaines: enseignement, économie, santé, logement, activités religieuses ou sportives», déclare **Ernst Gehmacher**.

Pleine forme, proches et plaisir

Mes travaux de sociologie sur le bonheur m'ont appris deux lois naturelles fondamentales:

→ Seules les sociétés heureuses perdurent: ce sont les gagnantes de l'évolution culturelle. Hier comme aujourd'hui, le bonheur humain est la clé de la réussite des civilisations, des cultures, des communautés et des économies. Jusqu'à présent, il a en effet constitué le critère universel de la cohésion sociale de tout ensemble social, du noyau familial à l'humanité toute entière.

→ Le progrès dépend des connaissances, lesquelles dépendent d'observations objectives, qui dépendent à leur tour de mesures précises. Nous avons appris à mesurer les atomes et l'univers, l'activité des neurones du cerveau, les cycles économiques de l'offre et de la demande, mais nous ne disposons d'aucun système généralement admis permettant de mesurer le bonheur. Une mesure objective efficace du «bonheur national brut» (BNB) est indispensable à notre nouvel ordre mondial si nous voulons éviter des catastrophes.

Le bonheur est toutefois difficile à trouver et plus encore à conserver. Il existe de bonnes formes de bonheur, celles d'un bonheur «durable»: trouver du plaisir dans ses activités, l'amour et l'amitié, la santé et la remise en forme, à se faire de nouveaux amis, de nouvelles relations. Il existe aussi de mauvaises formes de bonheur, celle d'un bonheur «addictif»: l'alcool et la drogue, l'arrivisme et le carriérisme, le divertissement ennuyeux et la vie solitaire. À la longue, ces dépendances sont nocives pour soi-même, pour l'environnement et pour la société. Il faut apprendre et enseigner les bonnes formes de bonheur. Les individus se laissent aisément séduire par les mauvaises formes, notamment dans les situations de stress et de carence. Le bonheur durable n'est pas seulement bon pour vos amis, vos voisins, la société, voire le reste de l'humanité. Il est aussi ce qu'il y a de mieux pour vous! Le bonheur est foncièrement démocratique: personne ne peut être heureux sans engagement personnel, mais aucun engagement personnel ne peut vous rendre heureux sans l'aide des autres.

La recherche sur le bonheur donne un message clair: le bonheur arrive et augmente avec l'âge si trois conditions fondamentales sont remplies: pleine forme, proches et plaisir (*fit, friends and fun*).

→ **Pleine forme?** Les maladies chroniques frappent plus de 80 % des personnes âgées de 50 ans ou plus qui mènent une vie solitaire et malsaine, mais seulement 5 % de celles qui possèdent un bon «capital social» (avec une vie sociale) et aiment travailler ou s'adonner activement à un passe-temps.

→ **Proches?** Les personnes susceptibles de jouir du bonheur «social» sont celles qui comptent au moins quatre – mais pas plus de douze – étroites relations de «confiance absolue» et d'«assistance fiable». Elles entretiennent par ailleurs au moins quinze – et autant qu'elles le veulent – relations d'amitié et de coopération avec des personnes qu'elles connaissent bien. Elles ont aussi un vif sentiment d'appartenance à un corps social plus large (critère du «capital social optimal»).

→ **Plaisir?** La richesse (somme du revenu et des possessions) fait le bonheur des pauvres et le malheur des riches. Une croissance de la richesse (gains, acquisitions, carrière, augmentations de salaire, croissance économique) favorise le bonheur, mais pendant une courte période seulement. La grande inégalité dans la répartition des richesses rend tout le monde agressif et malheureux. Visez les bonnes formes durables du bonheur.

Il faut apprendre à être heureux. L'apprentissage du bonheur peut même s'effectuer à l'école. Les premières expériences de «leçons sur le bonheur» dans des établissements d'enseignement secondaire ont été concluantes.

Les clés

→ **Laissez de côté les mauvaises formes, «addictives», du bonheur, et optez pour les bonnes formes, durables.**
→ **Votre bonheur augmentera si vous prenez en compte les trois conditions fondamentales: pleine forme, proches et plaisir.**
→ **Le bonheur s'apprend. Commençons donc tout de suite par un bon apprentissage!**

«Une contribution à ce livre est une contribution à mon propre bonheur», reconnaît le professeur Ernst Gehmacher, du Club de Rome et du BOAS (Büro für die Organisation angewandter Sozialforschung), le Bureau pour l'organisation de la recherche en sciences sociales appliquées, à Vienne (Autriche). Il travaille également pour l'Organisation de coopération et de développement économiques (OCDE). Le programme de l'OCDE intitulé Mesurer le capital social envisage la recherche sur le bonheur comme une première étape visant à fournir un instrument de politique mondiale à la «poursuite du bonheur».

La vague mexicaine

Au Mexique, le revenu annuel par habitant est de 7000 dollars américains environ. En Australie, il est cinq fois plus élevé. Pourtant, le Mexique se classe devant l'Australie sur la liste des nations les plus heureuses du monde. «Dès qu'un niveau de vie raisonnable est atteint, disons celui du Mexique aujourd'hui, une croissance ultérieure de la richesse ne rend pas plus heureux», conclut le *Journal of Happiness Studies*. **José de Jesús García Vega** habite et travaille à Monterrey (Mexique), où est probablement née, dans les années soixante, la célèbre «vague mexicaine» ou «ola» des stades. On se lève et on agite les bras en l'air!

Le but ultime

Le bonheur est un voyage, non une destination. Voilà ce que l'étude du bonheur signifie pour moi: un voyage magnifique! Mais avant de comprendre qu'on pouvait effectivement se livrer à une telle étude, je sentais que le bonheur était ce qui comptait le plus dans ma vie. Lorsque j'ai relu Aristote – pour qui la plupart des choses que nous faisons ont pour but de nous rendre plus heureux –, il m'est clairement apparu que le bonheur représentait le but ultime.

Depuis, j'ai découvert une foule d'idées qui m'ont rendu la vie plus facile et plus heureuse. J'ai aussi acquis la conviction que je devais répandre la bonne parole, annoncer l'évangile du bonheur. Il m'arrive souvent de penser que l'ignorance, surtout, fait obstacle à notre bonheur. Les outils, méthodes et idées permettant de rendre les gens plus heureux ne manquent pas, mais il faut les leur rendre accessibles.

Tout d'abord, c'est quand on commence à songer à la possibilité de devenir plus heureux qu'on fait le premier pas. Il est étonnant de voir que beaucoup d'entre nous passent leur temps à travailler avec acharnement et à nourrir des ambitions sans penser à leur bonheur, pourtant nécessaire. Nous recherchons en permanence des biens matériels et de l'argent, mais lorsque nous voulons en profiter, nous constatons qu'il est déjà trop tard. Bien des gens consacrent les

17

meilleures années de leur vie à essayer de gagner de l'argent, en y sacrifiant leur santé et leur famille. Plus tard, ils dépensent tout cet argent en tentant de recouvrer leur famille et leur santé.

J'ai aussi appris qu'il est très utile d'accepter les choses comme elles sont. Je me souviens d'une vieille prière qui dit: «*Seigneur, donne-moi la patience d'accepter ce que je ne peux changer, le courage de changer ce qui peut l'être et la sagesse d'en connaître la différence.*» Nous avons beau nous plaindre et vouloir toujours plus, cela ne nous mènera nulle part. Pour être heureux, nous devons apprécier ce que nous avons.

Je me rends compte aussi que j'ai toujours pu choisir librement la façon d'envisager une situation. Après un revers ou une déception, c'est à moi de décider si je vais pleurer dans mon coin ou tenter avec joie de remédier à la situation. J'ai souvent appliqué ce principe et j'essaie d'en faire la promotion. En définitive, le bonheur dépend seulement de moi et de mon attitude. Tout le reste est secondaire.

À mon avis, la vie est une grande fête à laquelle nous sommes tous conviés. Notre seule tâche est d'en profiter et d'être heureux. Le seul prix que nous devons payer en échange est d'aider les autres à être heureux à leur tour, et de laisser le local dans l'état où nous l'avons trouvé, ou même en meilleur état. D'autres avant nous ont travaillé dur pour construire cette merveilleuse scène sur laquelle nous pouvons jouer et il est juste que nous fassions de même pour ceux qui viendront après notre départ.

Les clés

- → **N'oubliez jamais le bonheur. Bien des gens consacrent les meilleures années de leur vie à essayer de gagner de l'argent, en y sacrifiant leur santé et leur famille. Plus tard, ils dépensent tout cet argent en tentant de recouvrer leur famille et leur santé.**
- → **Acceptez les choses comme elles viennent. Pour être heureux, nous devons apprécier ce que nous avons.**
- → **Vous pouvez toujours choisir librement la façon d'envisager la situation.**

Dr. José de Jesús García Vega *travaille au Centro de Estudios sobre el Bienestar (Centre d'études sur le bien-être) de l'Université de Monterrey (*Mexique). «Le plus grand enseignement que j'ai retiré de mon étude sur le bonheur est le nombre d'amis que je me suis fait parmi les chercheurs venus des quatre coins du monde. Ils sont toujours prêts à contribuer à mon bonheur et à en apprendre davantage sur ce qui rend les autres heureux. Ce sont des gens merveilleux et ils m'ont aidé ainsi que mes collègues à faire progresser l'étude du bonheur.»

Le guanxi en Chine

Dans les sociétés occidentales, on met à l'avant-plan le bonheur personnel. Dans les autres pays, c'est la communauté qui compte d'abord. Cette relation est souvent difficile à comprendre et à traduire. Au Moyen-Orient, on parle de *wasta*. Un concept similaire existe aux Philippines: l'*utang na loob* (dette de gratitude). **Ying-Yi Hong** a fait ses études universitaires à Hong Kong et à New York. Elle explique ici l'importance du *guanxi* dans la culture chinoise.

Les deux forces du bonheur dans la culture chinoise

Une étude a montré que la culture chinoise (par rapport aux cultures occidentales) se caractérise par des liens de solidarité plus forts entre les personnes. Pour beaucoup de Chinois, remplir ses devoirs sociaux est souvent plus important que faire valoir ses droits individuels, lorsqu'il y a conflit entre les deux. En d'autres termes, les Chinois ne seraient pas heureux s'ils faisaient passer leurs propres aspirations avant leurs obligations. Les deux vont de pair. Alors que le premier type de bonheur – personnel – est associé à l'exaltation et à l'extase, le deuxième – social – est lié au soulagement, au calme et à l'harmonie.

Pour autant, la société chinoise n'a rien de monolithique. La population est diversifiée sur le plan ethnique et religieux. Elle est également influencée par les cultures étrangères et le rapide développement économique. Les Chinois d'aujourd'hui doivent donc, d'une part, faire face aux exigences de l'économie de marché et concurrencer entre eux pour grimper dans l'échelle sociale, et, d'autre part, comme dans le passé, continuer de compter sur leurs réseaux sociaux pour recevoir du soutien sur les plans matériel et émotionnel. Ces deux forces donnent naissance au *guanxi* (réseau relationnel), qui permet aux individus de défendre leurs intérêts personnels mais qui, dans le même temps, les contraint à remplir leurs obligations sociales. Si on veut être heureux en Chine aujourd'hui, il faut savoir maîtriser ces conventions sociales compliquées.

Comble de la complexité, différentes philosophies et croyances religieuses sont en compétition avec l'idéologie communiste dominante. À côté des traditions séculaires du bouddhisme, du taoïsme et du confucianisme, le christianisme et l'islam gagnent en influence. Les adeptes de ces philosophies ou de ces fois cherchent d'une autre façon à être heureux et sont donc moins enclins à remplir les devoirs prescrits par le Parti communiste pour atteindre le bonheur.

Les clés

- → **Le bonheur n'est pas seulement une quête individuelle.**
- → **Le bonheur est aussi lié au respect de ses obligations et de ses responsabilités sociales.**
- → **Le sentiment de bonheur peut se traduire par l'exaltation et l'extase, mais aussi par le calme et la sérénité.**

Le professeur Ying-Yi Hong a fait ses études universitaires à Hong Kong et à New York. Elle enseigne maintenant à l'Université de technologie de Nanyang (Singapour) et au Département de psychologie de l'Université de l'Illinois (Urbana-Champaign, États-Unis). Ying-Yi Hong est membre de l'International Academy for Intercultural Research et rédactrice en chef de la revue *Advances in Culture and Psychology*.

«Le bonheur dépasse l'individualisme.»

BEA
BEA
BEA

BEA

«Les humains sont des animaux sociaux.»

Le tunnel russe

«Depuis le début des années 1990, les Russes ont revu leur conception du succès, des valeurs communautaires et même du comportement "normal". Au cours de ce processus de transformation, un phénomène inhabituel est apparu au pays: la présence de ce que j'appelle l'*effet tunnel*», raconte **Ekaterina Selezneva**, dont les travaux concernent l'impact sur le bonheur des groupes de référence et des normes sociales, notamment dans le cadre tumultueux de la transition économique en Russie.

Nous sommes dans la file d'à côté

Avec le changement des structures socioéconomiques du pays, les Russes ont entrevu la possibilité d'une «ascension sociale». Tout le monde connaissait le «rêve américain» montré au cinéma: avec un peu de chance, même une personne peu douée pouvait faire une carrière fulgurante. Or, ce rêve est alors devenu une réalité envisageable, à la portée de tous (et plus seulement des *apparatchiks* comme auparavant). Mais comment évaluer vos propres chances dans cet environnement en mutation permanente? Vous pouvez recueillir des informations supplémentaires en regardant ce à quoi sont parvenus ceux qui constituent à vos yeux votre groupe de référence (personnes comparables vivant dans le même environnement). Ils se trouvent dans le même «tunnel» que vous, coincés dans le même embouteillage, mais dans la file d'à côté. Les voir ainsi heureux, réussir et avancer dans leur file vous procure quels sentiments? De la joie, j'imagine, car vous espérez faire de même après eux. Votre tour viendra; rien ne sert de s'énerver et de s'impatienter, bientôt la chance vous sourira. Cette mobilité existe rarement dans un pays stable, où les «règles du jeu» ont été fixées il y a bien longtemps. Mais cela est arrivé en Russie.

Mes travaux m'ont enseigné que même si la Russie était, en 2002, un pays d'économie de marché, le processus de transition n'était pas encore achevé dans les esprits. Quinze ans après le début de cette transition, ceux qui étaient moins bien lotis que leur groupe de référence espéraient encore que leur situation allait s'améliorer.

«Les humains sont des animaux sociaux.» Cette assertion fait presque l'unanimité, mais nous avons parfois du mal à percevoir l'impact des paramètres de la société sur nos actions et nos vies en général. Notre insertion dans un système de relations, directes ou indirectes, avec des personnes que nous connaissons bien mais aussi avec des inconnus, implique des comparaisons permanentes à l'échelle de la planète.

Les clés

- → **Envisagez toujours l'avenir avec optimisme et comptez sur la chance.**
- → **Entre-temps, n'attendez pas passivement que ce soit votre tour. Agissez positivement et développez vos aptitudes.**
- → **Le monde change constamment. Ne vous raccrochez pas à de «vieilles règles du jeu».**

Ekaterina Selezneva a fait ses études à l'Université d'État de Saint-Pétersbourg (Russie) et à l'Université de Turin (Italie). Pour l'instant, elle est collaboratrice scientifique à l'Institut de l'Europe de l'Est, à Ratisbonne (Allemagne). Ses travaux portent sur les relations entre l'économie, le marché de l'emploi, le rôle de l'homme ou de la femme et le bien-être subjectif.

«Le bonheur tient aussi à l'histoire.»

Leçons du Sahara

Au cœur du Sahara, les hommes vivent dans des conditions difficiles, mais ils ont toujours le sourire aux lèvres. Sont-ils heureux? Et quelle est l'incidence des changements continus sur leur bonheur? En Algérie, il existe une nette distinction entre le Nord, plus «moderne», et le Sud, plus traditionnel. Le professeur **Habib Tiliouine** et son équipe ont étudié pendant des années le sentiment de bonheur dans les deux régions. Tous les ans et demi, ils interrogent plus de 10 000 personnes, dans le Nord comme dans le Sud. Le Sahara nous donne une leçon.

Oser changer?

Dans un monde de plus en plus petit, les pays en développement sont contraints d'opter pour la modernité et de s'adapter à ses exigences. À vrai dire, un tel processus peut être pénible, tant sur le plan individuel que sur le plan social. La crise sans précédent, aux aspects multiples, qui a ébranlé mon pays, l'Algérie, depuis le début des années 1990, doit être envisagée dans cette perspective plus large.

La satisfaction vis-à-vis de la vie et le bien-être subjectif sont plus faibles en Algérie que dans les pays développés. Cette situation s'expliquerait, entre autres, par le bas niveau de vie national. Mais les données recueillies dans le Sud (wilaya d'Adrar), au cœur du désert saharien, ne vont pas dans le sens de cette interprétation. Contre toute attente, les habitants de cette région sont plus heureux que leurs compatriotes du Nord, région plus moderne et plus riche (wilaya d'Oran). Comment interpréter le plus correctement possible un tel paradoxe?

Selon toute apparence, la structure traditionnelle de la société sahraouie est restée intacte: force des liens familiaux, confiance plus grande entre les individus, solidarité des confréries religieuses (zaouïas), moindre ampleur des problèmes de sécurité... Les réseaux au sein de ces communautés continuent de fonctionner correctement et les rôles sociaux sont prédéfinis dans le cadre du système social traditionnel. En revanche, les communautés du Nord ont perdu leur cohésion sociale traditionnelle et offrent donc une homogénéité moins grande, avec une influence négative sur le bonheur individuel. Notre étude a également montré que les différences entre Sahraouis et Sahraouies concernant la satisfaction de la vie et le bonheur étaient beaucoup plus réduites que chez leurs compatriotes du Nord, davantage marqué par le modernisme.

Historiquement parlant, le Sud Algérien (Sahara) a été soustrait à toute influence étrangère directe, notamment au colonialisme français. La forte présence coloniale dans le Nord a perturbé presque tous les aspects de la vie individuelle et sociale. D'où l'idée que le bonheur tient aussi à l'histoire.

Les sociétés humaines possèdent heureusement des mécanismes de résilience qui leur permettent de surmonter de tels traumatismes. Notre étude a montré qu'avec l'éloignement progressif du spectre des troubles sociaux en Algérie et l'amélioration des conditions économiques du pays, le bien-être de la population a peu à peu augmenté. Il n'empêche qu'il existe au sein de la société algérienne des degrés de bonheur qui varient selon les différents groupes sociaux. Par exemple, les personnes ayant un niveau d'études plus élevé s'estiment plus heureuses que celles n'ayant pas reçu le même degré d'instruction. Cette tendance se voit confirmée dans d'autres groupes sociaux: personnes mariées par rapport aux célibataires, personnes pieuses par rapport à celles qui le sont moins et personnes en bonne santé par rapport aux malades. Les résultats de ces comparaisons sont également vrais ailleurs. Toutefois, il ne faut pas généraliser.

Certaines études internationales ont démontré qu'il était totalement erroné d'assimiler l'islam à l'extrémisme. Il a aussi été confirmé que la religiosité islamique, à l'instar de toute autre forme de religiosité, correspondait à des niveaux de bonheur plus élevés. L'explication possible – que nous avons vérifiée empiriquement – est que l'islam procure à ses adeptes un sens à la vie. Une étude antérieure avait déjà mis en lumière le lien entre le fait de donner un sens à sa vie et celui d'être heureux.

Il existe, bien entendu, d'innombrables manières d'interpréter ces résultats, mais au moins ils montrent qu'un certain degré de stabilité dans la vie individuelle est une condition préalable au bien-être humain. Pour cette raison, il va presque sans dire qu'un bon niveau d'études, un partenaire de vie, une vie spirituelle ou religieuse et une bonne santé sont tous des facteurs liés au bonheur.

Une leçon peut être cependant tirée de nos travaux. Toute société humaine accepte de changer à son propre rythme. Mais si un changement accéléré doit s'opérer, il faut avoir la sagesse de ne pas brusquer les gens, de ne pas détruire leur «capital social». Cette leçon est bonne pour les dirigeants et les décideurs des pays en développement, d'une manière générale. Leur plus grande préoccupation et leur plus grand défi doivent être de moderniser leur pays tout en maintenant son équilibre fondamental. À cet égard, la recherche en sciences sociales devrait continuer d'apporter une aide et l'étude du bonheur, demeurer une entreprise noble.

Les clés

- → **Le bonheur tient aussi à l'histoire. Toute société accepte de changer à son propre rythme.**
- → **Les personnes pauvres des régions marquées par la tradition peuvent être plus heureuses que les personnes plus riches des régions marquées par le modernisme.**
- → **Un certain degré de stabilité dans la vie individuelle est une condition préalable au bien-être humain.**

Le professeur Habib Tiliouine (Université d'Oran, Algérie) a créé le Laboratoire Processus éducatifs et Contexte social en Algérie. Il a acquis une expertise dans le domaine de la qualité de vie dans les pays islamiques, les études sur le bien-être, les politiques de développement et d'éducation. Il est aussi membre du comité de rédaction de la revue *Journal of Happiness Studies.*

Michael Eid

Fierté et modestie

«Il est essentiel de ressentir des émotions positives dans la vie. Les sentiments de joie, de fierté, d'affection, d'amour et de satisfaction sont les principaux ingrédients d'une vie heureuse.» Selon **Michael Eid**, il est essentiel que ces émotions s'inscrivent dans un contexte social.

Il est important non seulement de savoir que les relations sociales comptent parmi les plus fortes sources d'émotions positives et que ces dernières se conservent plus aisément quand nous sommes en compagnie d'autrui, mais aussi de comprendre que la qualité des émotions positives et leur incidence sur le bonheur changent quand le contexte social est en jeu. La fierté, par exemple. C'est une émotion primordiale dans les cultures occidentales, parce qu'elle témoigne de notre réussite et de notre capacité à atteindre nos objectifs. Aussi, ceux qui éprouvent souvent de la fierté sont-ils plus heureux. **Mais le succès ne résulte presque jamais de l'action isolée d'un seul individu:** il dépend de la contribution d'autres personnes et de la chance. On peut souvent être fier de son succès sans se rendre compte qu'il dépend dans une certaine mesure, de manière plus ou moins évidente, de la participation des autres (même ancienne, comme l'influence des parents, des enseignants ou des collègues de travail). Le fait de réaliser que vous menez une vie heureuse et couronnée de succès grâce au concours des autres et à la chance me semble une condition essentielle du vrai bonheur. Pourquoi? Parce que cette prise de conscience relie la fierté à la modestie et à la gratitude. Une fierté sans gratitude est une source bien plus faible de bonheur durable qu'une fierté accompagnée de gratitude. En fait, l'absence de gratitude peut même entraîner le narcissisme. Cela ne vaut pas seulement pour la fierté, mais aussi pour bien d'autres émotions positives. **Lorsque des émotions personnelles comme la fierté vont de pair avec des émotions sociales comme la gratitude, elles ont plus d'effet sur notre bonheur.** Vous pouvez donc trouver le chemin du bonheur si vous songez régulièrement aux événements positifs de votre vie et si vous faites appel à un profond sentiment de gratitude.

Michael Eid étudie depuis plus de 20 ans le bien-être subjectif. Il est professeur de psychologie à l'Université libre de Berlin (Allemagne) et a publié avec Randy Larsen l'ouvrage intitulé *The Science of Subjective Well-Being*.

«Il faut d'abord un bon four.»

La recette

«Il n'y a pas de recette du bonheur, disent les sceptiques. Que faudrait-il mettre dans la poêle ou dans la casserole?» Pourtant, **Dubravka Miljkovic** et **Majda Rijavec** proposent une recette susceptible de les faire changer d'avis. Elles ont découvert quels en étaient les ingrédients indispensables et ceux qui pouvaient en améliorer le goût. Les proportions varient en fonction des préférences de chacun, mais le plus important, c'est de ne pas attendre de recevoir des invités pour essayer cette recette, parfaite pour le bonheur de tous les jours.

Six ingrédients indispensables et cinq facultatifs

Il faut d'abord un bon four (celui qui est dans la famille depuis longtemps), quelques techniques culinaires, une température adéquate et un temps de cuisson suffisant.

Six ingrédients indispensables – De bons amis sur lesquels on peut compter (et si possible un mauvais, juste pour voir la différence). Une relation sentimentale stable (une seule à la fois!). Un défi professionnel adapté à ses aptitudes. Suffisamment d'argent pour satisfaire ses besoins élémentaires (et parfois aussi moins élémentaires). Au moins trois choses positives par jour. De la reconnaissance pour avoir eu tout ce qui précède.

Cinq ingrédients facultatifs – Un enfant ou plus (avec une dose supplémentaire de reconnaissance). (La plupart du temps) un Dieu et des saints. Quelques années supplémentaires d'études. Une bonne santé physique et une (plus ou moins) bonne santé psychique. Quelques déceptions.

Mélangez tout cela à des opinions crues. En accompagnement, servez davantage d'émotions positives que négatives. Inquiétez-vous parfois, mais soyez (plus) heureux. Et conservez votre curiosité au moyen de nouveaux apprentissages et de votre développement personnel.

Les clés

- → **Votre histoire et vos aptitudes personnelles sont essentielles.**
- → **Faites un mélange personnel de tous les ingrédients indispensables et de certains ingrédients facultatifs.**
- → **C'est la sauce positive qui donnera à votre plat de bonheur son goût définitif.**

Dubravka Miljkovic et Majda Rijavec ont écrit plusieurs livres à succès sur les aspirations et la satisfaction de la vie. Elles forment des enseignants et ont créé un programme de psychologie positive dans les établissements d'enseignement secondaire. Psychologues et professeurs d'université à Zagreb (Croatie), elles travaillent souvent ensemble. «Le bonheur? Il consiste à découvrir et à développer vos talents. En ce qui nous concerne, nous pouvons dire que nous savons bien écrire et bien enseigner, et que nous le faisons bien ensemble. Le partage est essentiel au bonheur. Et cela nous plaît beaucoup.»

Le secret du monde viking

Christian Bjørnskov réside et travaille au Danemark, l'un des pays les plus heureux de la planète. Quelle est la raison de ce succès? Et comment Christian Bjørnskov, professeur d'économie, a-t-il été amené à étudier le bonheur? L'envie d'une glace.

Tout a commencé par une glace

J'en suis venu à étudier le bonheur tout à fait par hasard. Un jour, j'avais du mal à écrire un article sur le capital social et le développement économique. C'était au Danemark, l'été, et il faisait un temps superbe dehors. Mes pensées se sont mises à vagabonder, mettant plus ou moins en relation le nouveau concept de capital social avec l'intérêt, tout aussi récent, porté au bonheur en économie. J'ai finalement décidé d'aller faire un tour au soleil et de manger une glace, afin de laisser mon inconscient travailler tandis que je faisais autre chose.

Deux semaines plus tard, les idées avaient décanté dans mon esprit et je tenais ma première contribution écrite aux études sur le bonheur. L'article, intitulé «The Happy Few», expliquait pourquoi un petit nombre de pays seulement, dont le mien, le Danemark, se classaient toujours parmi les nations les plus heureuses du monde dans les recherches. Le secret de ce bonheur ne tient pas au système scandinave d'État-providence, de services publics, de démocratie ou d'autres éléments politiques. Comme les individus s'adaptent assez vite à tout ce que l'État-providence procure, cette explication n'est pas pertinente. En revanche, les Danois se font beaucoup plus confiance entre eux que d'autres et, en général, ils sont effectivement honnêtes.

Mon propre comportement – quitter mon bureau pour aller faire autre chose que ce que je devais – illustre une autre spécificité qui semble contribuer au bonheur des Danois: croire à sa liberté personnelle et agir en conséquence. Autrement dit, la liberté individuelle propulse comme par enchantement le plus ancien royaume d'Europe au premier rang du classement mondial du bonheur. Le Danemark et l'Islande, l'un des cinq autres pays arrivant en tête, tendent à partager avec certains pays particulièrement (et étrangement) heureux d'Amérique latine la conviction que si quelque chose va mal dans votre vie, vous pouvez y remédier vous-même. Cette conviction purement subjective des Danois et des Islandais ne caractérise pas au même point les Suédois et les Norvégiens, qui forment l'autre moitié du monde viking, et demeure sans doute l'une des raisons principales pour laquelle ces deux peuples arrivent derrière dans le classement. La combinaison danoise de la liberté personnelle et d'une grande confiance en ses semblables fait la différence.

En rencontrant d'autres spécialistes des sciences sociales, j'ai reçu ma première et plus importante leçon: les recherches sur le bonheur nous ont livré un certain nombre de résultats surprenants et nous devons accepter que beaucoup de bonnes choses en soi ne contribuent pas au bien-être subjectif. Les enfants ne garantissent pas une vie heureuse (bien au contraire dans la plupart des cas). De «bonnes» choses, comme la démocratie ou l'égalité entre les sexes et entre les revenus, ne comptent pas du tout ou seulement pour les pays les plus riches. Enfin, les individus s'adaptent avec une facilité étonnante aux changements économiques et politiques, bons ou mauvais. S'il faut donner un bon conseil pour être heureux, rappelons le vieil adage latin: *carpe diem* (mets à profit le jour présent!). Prenez votre vie en main, soyez responsable et comprenez bien que vous pouvez changer la donne, même si ce n'est pas toujours ce qu'on attend de vous. Je n'ai sans doute pas fait ce que j'aurais dû, en ce beau jour d'été lorsque j'ai bifurqué vers la recherche sur le bonheur, mais cette voie s'est révélée la bonne en définitive. Comme l'a dit César: «Il vaut mieux mourir une fois que redouter la mort à toute heure.» Profitez de la vie tant que vous le pouvez.

Les clés

- → **Croyez fortement en vous-même et accordez une grande confiance à vos semblables.**
- → **Prenez votre vie en main, soyez responsable et comprenez bien que vous pouvez changer la donne.**
- → **N'hésitez pas à manger une glace. Ne faites pas toujours ce qu'on attend de vous. Profitez de la vie tant que vous le pouvez.**

Christian Bjørnskov est professeur d'économie à l'Université d'Århus (Danemark). Il a beaucoup publié sur la confiance sociale, le bien-être subjectif et la satisfaction de la vie. Il a aussi été entraîneur de natation, responsable du développement des talents.

Heli Koivumaa-Honkanen

Le remède

Depuis plus de 20 ans, la Finlande suit plus de 20 000 personnes âgées de 18 à 64 ans, qui composent la Cohorte des jumeaux finlandais, et mesure leur satisfaction de vie ainsi que leur degré de bonheur. La chercheuse **Heli Koivumaa-Honkanen** est parvenue à la conclusion que les personnes en bonne santé ne sont pas plus heureuses. Mais l'inverse est vrai: les personnes heureuses jouissent d'une meilleure santé. Voici trois ingrédients de ce puissant remède du bonheur.

Une analyse de nos données sur 20 ans montre qu'au bout du compte, peu importe véritablement que les individus soient en bonne santé ou non, ou ce qui leur arrive ensuite sur le plan médical (y compris une infirmité): ceux qui sont satisfaits de leur vie vont mieux – et sont donc plus heureux – que ceux qui ne le sont pas. La satisfaction de la vie tient à quatre facteurs: bonheur, solitude, intérêts et niveau de vie. C'est un indicateur et un prédicteur de santé à tous les âges de la vie. Les personnes satisfaites vivent plus longtemps et risquent moins de se suicider un jour que les autres.

Tant pour la dépression que pour la schizophrénie, un **bon réseau de soutien** permet d'obtenir une meilleure satisfaction de vie et un meilleur résultat dans le traitement.

Au cours de l'histoire, l'homme a toujours recherché le bonheur et la paix de l'esprit sans savoir vraiment que la satisfaction de la vie et le bonheur étaient bénéfiques pour sa santé. Nous savons maintenant avec certitude qu'il en est ainsi. Une **bonne santé mentale** offre des avantages à long terme. Les facteurs les plus importants sont: savoir prendre du bon temps et profiter de la vie, respecter les autres, avoir besoin des autres et les aimer, savoir créer et entretenir de bonnes relations. Ces aptitudes ne sont pas innées. Il faut les encourager et les cultiver dès le début de la vie. On peut et on doit élaborer, préserver et promouvoir une stratégie favorisant la santé mentale dans les différents secteurs de la société. Si nous ne le faisons pas maintenant, les générations futures paieront l'addition. J'espère que cet ouvrage attirera l'attention dans le monde entier sur l'importance du bonheur et du bien-être subjectif comme moyen d'évaluer la santé mentale de la population en général et de promouvoir la prévention en matière de santé mentale et physique à un stade précoce.

Heli Koivumaa-Honkanen enseigne au Département de psychiatrie de l'Université d'Oulu, au District sanitaire de Laponie et au Centre hospitalier universitaire de Kuopio (Finlande). Elle pense que le spectacle d'un coucher de soleil un soir d'été, après un sauna dans un chalet paisible en Finlande, est excellent pour la santé mentale.

Axel R. Fugl-Meyer

Le facteur santé

Trois Suédois sur quatre, hommes et femmes confondus, se déclarent satisfaits ou très satisfaits de leur vie, en général. Autrement dit, ils sont heureux. Quatre domaines influent sur leur niveau de bonheur, à savoir, par ordre de priorité: les relations (vie de couple, vie familiale, vie sexuelle), la santé (physique et psychique), les loisirs (contacts avec des amis, activités de loisirs) et le niveau de vie (emploi, économie). C'est surtout la qualité des relations qui compte pour beaucoup; cette influence est largement (et inévitablement) associée à la situation de couple (et est donc moins importante pour les célibataires). La perception de la situation financière et professionnelle, loin derrière celle de la santé, est associée à un degré relativement faible de bonheur.

Mais qu'en est-il des personnes souffrant d'un grand traumatisme ou d'une maladie grave? Nous avons, comme d'autres chercheurs, mené l'enquête auprès d'un large spectre de patients affectés par des maladies chroniques ou les séquelles d'un accident. Parmi les individus ayant survécu à une lésion de la moelle épinière, les polytraumatisés, ceux qui ont été déclarés inaptes au travail à la suite d'un mal de dos chronique, ceux qui ont eu une attaque cérébrale ou encore qui souffraient de sclérose en plaques, peu d'entre eux (de 35 à 45 %) se sont déclarés heureux. Une minorité (de 22 à 41 %) ont trouvé de la satisfaction dans les «loisirs» et la «vie sexuelle». Ceux qui avaient eu une attaque, en particulier, ont obtenu un score bas pour la plupart des domaines de satisfaction. Il ressort que, d'un point de vue socio-médical, les victimes de ces affections sont grandement désavantagées eu égard au sens donné à leur vie.

Nous affirmons que le bonheur et les différents aspects liés à la satisfaction de la vie permettent véritablement de voir dans quelle mesure une intervention médicale peut finir par améliorer la réadaptation à la vie sociale et, par voie de conséquence, le bonheur. Malheureusement, cette dimension est souvent négligée dans la pratique médicale. Nous avons la conviction que la prise en compte du bonheur et de la satisfaction pourrait rendre plus efficaces nos efforts cliniques, car le sens d'une vie serait vu alors comme l'atteinte d'un objectif. Si on veut élargir et approfondir le concept de bonheur dans le monde médico-social, il faut mettre beaucoup plus l'accent sur la recherche dans ce domaine

Axel R. Fugl-Meyer est spécialiste de la satisfaction de la vie. Il est professeur émérite du Département de neurosciences et de rééducation de l'Université d'Uppsala (Suède). Sa femme, Kerstin S. Fugl-Meyer, qui a mis au point la liste de vérification, est maître de conférences de médecine sexuelle à l'Institut Karolinska de Stockholm.

«Privilégiez un travail utile pour vous et pour la société.»

Le jackpot

Que feriez-vous si vous gagniez le gros lot? Vous épargneriez, dépenseriez cet argent ou en feriez don à une bonne cause? Laquelle de ces trois possibilités vous rendrait le plus heureux? **Erich Kirchler** a mené un certain nombre d'expériences dans le domaine de la psychologie sociale et économique. Pendant un an, il a examiné de près les décisions quotidiennes (financières comprises) de 40 couples occidentaux. Sait-il si l'argent fait le bonheur?

L'éclat de l'or est éphémère

Le bonheur est peut-être le plus important objet d'étude de la psychologie économique.

L'économie est la science qui étudie les décisions relatives à l'allocation de ressources rares en vue de répondre au mieux aux besoins de l'humanité. La satisfaction de ces besoins (contrairement à leur frustration) devrait donc rendre les nations et les individus heureux. On dit souvent que l'argent et la richesse sont la clé du bonheur. Mais l'argent permet-il vraiment de tout acheter, y compris le bonheur? Des travaux surprenants, mais convaincants, ont conclu que l'argent peut difficilement nous rendre heureux et que le bonheur issu de la richesse matérielle est éphémère.

Des expériences en psychologie économique montrent, par exemple, qu'au lieu de maximiser rationnellement leurs gains, les individus préfèrent agir de manière altruiste en donnant à des institutions charitables et en trouvant leur bonheur dans le bénévolat.

La psychologie nous a appris que le bonheur résulte de relations amoureuses satisfaisantes, d'amitiés fiables et fidèles, de la capacité à profiter des plaisirs de la vie ainsi que d'un travail valorisant et important socialement.

Mon avis est donc le suivant: recherchez une relation intime et durable et investissez dans la stabilité de cette relation. Entretenez des liens d'amitié et partagez vos expériences personnelles de joie et de peine, en riant ensemble et en vous soutenant mutuellement. N'hésitez pas à profiter des joies de la vie quotidienne, à apprécier les petites choses comme les grandes. Méfiez-vous de toute idéologie qui placerait la culpabilité au-dessus du plaisir. Enfin, dernier conseil que je donne: recherchez un emploi qui vous assure une rémunération correcte sans vous rendre riche pour autant, mais qui exige de vous de la responsabilité et vous offre de l'autonomie en retour. Bref, privilégiez un travail utile pour vous et pour la société, un travail auquel vous puissiez vous identifier, à la fois lorsque vous travaillez et lorsque vous récoltez le fruit de votre labeur.

Simple? Peut-être, mais pas aussi facile que vous pourriez le croire!

Les clés

- → **Ne pensez pas pouvoir acheter le bonheur. Le bonheur acquis avec de l'argent est éphémère.**
- → **Investissez plutôt temps et énergie dans des relations et des amitiés, et profitez-en.**
- → **Privilégiez un travail utile pour vous et pour la société.**

Erich Kirchler est professeur de psychologie à l'Université de Vienne (Autriche). Il est l'auteur de *Love, Money and Everyday Life* ainsi que d'autres ouvrages sur la psychologie économique, l'économie comportementale, les conflits dans les relations intimes, etc. Dans *The Economic Psychology of Tax Behaviour*, il explique que tout le monde ne se plaint pas de payer des impôts. Tout dépend, par exemple, du pays dans lequel on vit. «Tout va bien si le fisc a des compétences juridiques et techniques et traite les contribuables comme des partenaires équitables et non comme des êtres inférieurs rechignant à payer leur contribution.»

Je

aime

«Qui se sent bien fait le bien.»

Les 10 commandements du bonheur

Imaginez que vous êtes un spécialiste du bonheur depuis plus de 15 ans, que vous avez écrit plus de 17 livres sur le sujet et qu'on ose vous demander de résumer vos travaux en une vingtaine de lignes. **David G. Myers** l'a fait de bonne grâce: voici ses 10 commandements du bonheur.

Vous voulez une vie plus heureuse?

Comprenez bien qu'un bonheur durable ne vient pas du succès. Les individus s'adaptent au changement, qu'il découle d'une augmentation de la richesse ou de la survenue d'un handicap. La richesse est comme la santé: ne pas l'avoir engendre la misère, l'avoir (ou obtenir une situation enviée) ne garantit pas le bonheur. **Accordez la priorité à de véritables relations.** Les amitiés profondes avec des gens qui se préoccupent véritablement de vous peuvent vraiment vous aider à faire face aux moments difficiles. Se confier à quelqu'un est bon pour le corps comme pour l'esprit. Entretenez vos relations intimes en ne tenant pas pour acquis les personnes aimées, en leur prodiguant l'affection que vous prodiguez aux autres, en les soutenant, en jouant et en partageant avec elles. Pour ranimer vos sentiments, donnez de l'amour. **Ayez un travail et des loisirs qui vous permettent de déployer vos talents.** Les gens heureux sont souvent dans un état de *flow* (expérience optimale où tout semble fluide): ils sont absorbés par des tâches dans lesquelles ils se donnent à fond, tout en ne se laissant pas submerger par elles. Les formes de loisirs les plus coûteuses, comme être sur un yacht, procurent souvent moins cette expérience optimale que le jardinage, les contacts humains ou les activités manuelles. **Maîtrisez votre temps.** Les gens heureux ont le sentiment de contrôler leur vie. Pour maîtriser votre temps, fixez-vous des objectifs et répartissez-les en objectifs quotidiens. Nous avons tendance à surestimer ce que nous pouvons réaliser en un jour (d'où une frustration ensuite), mais à sous-estimer ce que nous pouvons faire en un an si nous avançons un peu chaque jour.

Paraissez heureux. Nous pouvons parfois agir de manière à créer en nous un état d'esprit plus heureux. Même quand on nous arrache un sourire, nous nous sentons mieux. Quand nous faisons grise mine, le monde entier semble faire de même. Ayez donc l'air heureux. Parlez comme si vous étiez content de vous, optimiste et extraverti. Si vous allez dans ce sens, les émotions suivront. **Bougez!** D'innombrables études montrent que l'exercice physique peut soulager une légère dépression ou une angoisse, mobilisant à la fois la santé et l'énergie. Ce qu'il faut, c'est un esprit sain dans un corps sain. Alors, remuez-vous! **Offrez à votre corps le sommeil dont il a besoin.** Les gens heureux mènent une vie active, mais consacrent le temps nécessaire au sommeil et à la solitude. Beaucoup souffrent d'un déficit du sommeil, lequel engendre de la fatigue, une vivacité moindre et une humeur morose. **Ne soyez pas égoïste.** Tendez la main à ceux qui sont dans le besoin. Le bonheur favorise l'altruisme (qui se sent bien fait le bien). Et faire le bien permet de vous sentir mieux. **Cultivez votre spiritualité.** Pour beaucoup de gens, la foi apporte un soutien communautaire, une raison de se tourner vers les autres, un sens à la vie et une espérance. Les études montrent les unes après les autres que les personnes ayant la foi sont plus heureuses et peuvent mieux résister aux périodes difficiles. **Tenez un journal de gratitude.** Qui prend le temps, chaque jour, de consigner chaque aspect positif de sa vie (santé, amis, famille, liberté, éducation, impressions, environnement, etc.) ressent un bien-être accru.

Les clés

- → **Privilégiez la qualité des relations au succès. Déployez vos talents, maîtrisez votre temps.**
- → **Souriez. Faites de l'exercice et dormez suffisamment.**
- → **Faites le bien aux autres, cultivez votre spiritualité et tenez un journal de gratitude.**

Le psychologue social et professeur David G. Myers a écrit des articles spécialisés et des livres de vulgarisation comme *The Pursuit of Happiness: Who is Happy, and Why*. Ses 10 commandements résument les idées contenues dans cet ouvrage. Ses écrits scientifiques ont été récompensés par le prix Gordon Allport. David G. Myers peut faire du vélo par tous les temps et travaille dans une université au nom prédestiné pour le bonheur: Hope College (Michigan, États-Unis).

«Le bonheur tient à la liberté de choix et au contrôle de ce choix.»

La loi universelle du choix

Deux étudiants s'attendent à avoir 7 sur 10, mais ils obtiennent tous les deux 8. Le premier est heureux («Mes efforts m'ont rapporté!»), le second ne l'est pas («C'est le destin!»). La réalité est la même pour les deux étudiants, mais chacun d'eux réagit différemment. De même, pourquoi ne sommes-nous pas plus heureux quand le choix des produits dans un supermarché est deux fois plus grand? Après s'être rendu dans 80 pays, **Paolo Verme** nous révèle la loi universelle du choix.

Notre choix est déterminé par qui ou par quoi?

Le bonheur tient à notre liberté de choix et au contrôle de ce choix. Ceux qui ont l'impression d'avoir une plus grande liberté de choix se sentent aussi plus heureux, à condition qu'ils aient le sentiment de pouvoir contrôler le résultat de leur choix. Une plus grande liberté de choix ne se traduit pas toujours par un bonheur plus grand. Nous devons apprécier cette liberté et être convaincus que ce choix est un bien précieux afin de pouvoir en retirer du bonheur.

Il est prouvé qu'une telle conviction provient d'un trait de personnalité appelé «lieu de contrôle». Ceux qui sont persuadés que le résultat de leurs choix s'explique par leurs capacités et leurs efforts (lieu de contrôle interne) ont tendance à apprécier davantage la liberté de choix que ceux qui estiment que le résultat de leurs choix tient à la fatalité et au destin (lieu de contrôle externe).

Des études de psychologie et d'économie ont montré que ces convictions ne sont pas de nature génétique, mais plutôt le produit d'un apprentissage social, notamment l'éducation à la maison et en classe.

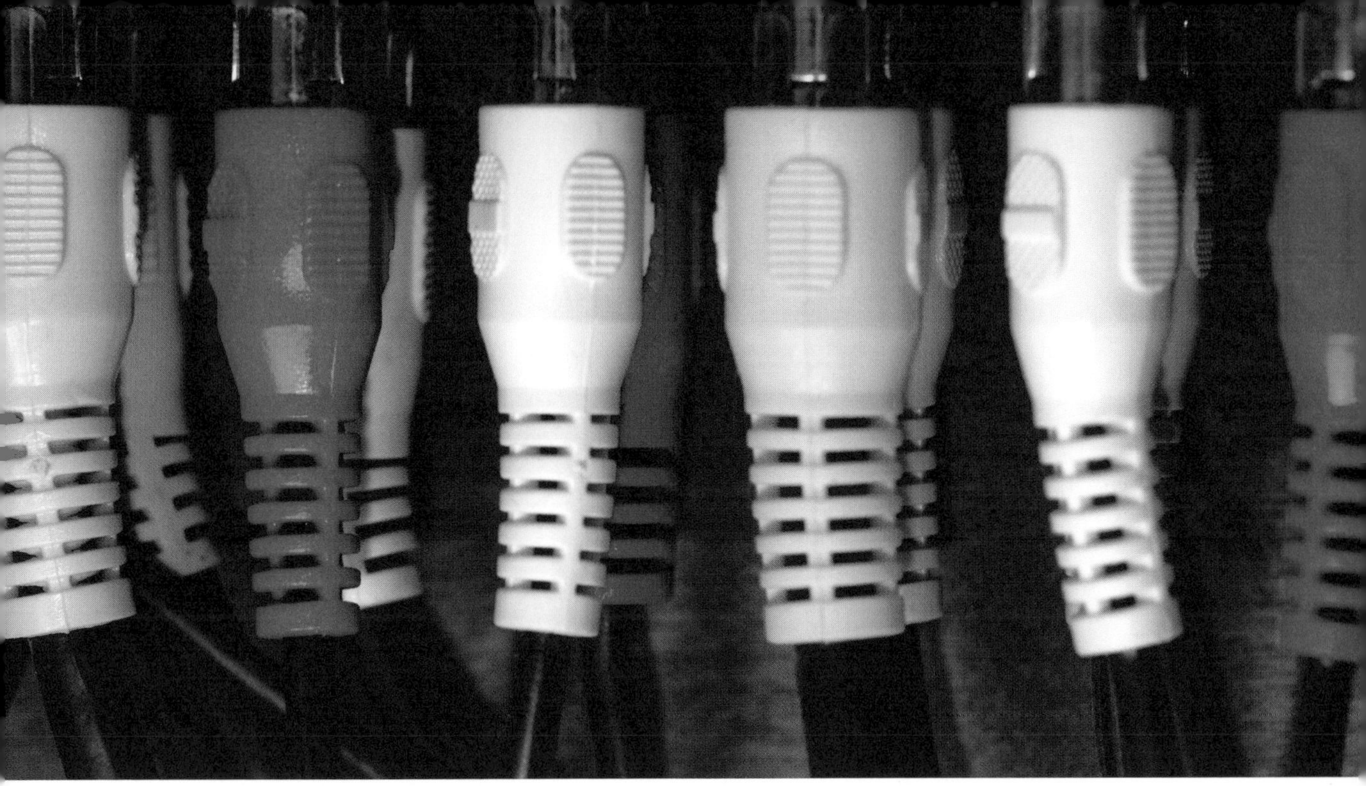

Parents et enseignants ont un rôle à jouer dans le bonheur des futurs adultes. Aider les enfants à avoir plus confiance dans leurs propres capacités à déterminer le résultat de leurs choix constitue un atout précieux à la fois pour les individus et pour les sociétés.

Les clés

- → **La liberté de choix nous rend heureux lorsque nous croyons que nous pouvons contrôler le résultat de notre choix.**
- → **Nous sommes plus heureux lorsque nous croyons davantage à nos capacités et à nos efforts qu'à la fatalité et au destin.**
- → **Cette attitude s'apprend. Parents et enseignants devraient aider les enfants à avoir plus confiance dans leurs propres capacités à déterminer le résultat de leurs choix.**

Paolo Verme a travaillé, vécu et voyagé dans plus de 80 pays. Il a commencé sa carrière comme bénévole dans une organisation non gouvernementale en Afrique et a été conseiller principal en économie du développement et de la transition pour des gouvernements, des entreprises privées et des organisations internationales comme l'Union européenne, l'Unicef et l'Unesco. Actuellement, il enseigne l'économie à l'Université de Turin et à l'Université Bocconi de Milan (Italie) et il est consultant auprès de la Banque mondiale.

«Chose étonnante: nous avons 40 % de marge de manœuvre pour agir sur notre bonheur!»

Et la génétique dans tout ça?

Vous avez deux amis proches, que nous appellerons Jean et Michel. Ils n'ont pas de problèmes particuliers et vivent pratiquement de la même façon. Mais Jean est malheureux par moments, alors que Michel est remarquablement heureux. Comment se fait-il qu'ils soient si différents? Le professeur **Sonja Lyubomirsky** étudie depuis plus de 20 ans des cas de ce genre. Elle a un conseil à donner à Jean (et à Michel!) qui peut faire 40 % de différence.

Pas besoin d'obéir à nos gènes

Les études effectuées sur de vrais et de faux jumeaux indiquent que tout individu naît avec un «niveau déterminé de bonheur» (*set-point*). C'est un niveau de base ou un potentiel de bonheur vers lequel il revient toujours, même après un échec ou un succès. Ce plateau est comparable au poids naturel. Certains ont la chance de ne jamais prendre de kilos et conservent facilement leur ligne. D'autres, en revanche, doivent faire de gros efforts pour se maintenir au niveau pondéral souhaité et reprennent des kilos dès qu'ils relâchent leurs efforts. Le même principe s'applique à Jean et à Michel: ce dernier possède un niveau naturel supérieur de bonheur, un potentiel de bien-être plus élevé. Il n'a pas de gros efforts à faire pour être heureux, c'est aussi simple que ça.

Si le niveau de bonheur est génétique, que peut donc faire Jean? Sommes-nous condamnés à obéir à nos gènes? La réponse est non. J'ai réalisé les premières études expérimentales contrôlées de psychologie sociale consistant à augmenter et à maintenir le niveau de bonheur d'un individu au-dessus de son niveau naturel, son *set-point*. Globalement, ces travaux montrent qu'un individu peut rester heureux indépendamment de ses gènes, s'il consent à faire les efforts nécessaires. Tout comme maintenir son poids initial et sa condition physique, rester plus heureux exige des ajustements permanents qui impliquent des efforts et des engagements quotidiens: il faut s'en tenir à ses objectifs, éviter de trop penser, s'investir dans des relations, apprendre à pardonner, faire travailler son corps, prendre soin de son esprit, agir avec bonté, savourer les plaisirs de la vie et s'estimer heureux.

Mes deux collègues (Ken Sheldon, de l'Université du Missouri, et David Schkade, de l'Université de la Californie à San Diego) et moi-même avons élaboré une théorie décrivant les facteurs clés du bonheur. Nous sommes arrivés à la conclusion que le niveau naturel correspond à 50 % de notre bonheur et que nos conditions de vie (fait d'être riche ou pauvre, bien portant ou malade, marié ou divorcé, etc.) ne représentent que 10 %, ce qui nous laisse, chose étonnante, 40 % de marge de manœuvre pour agir sur notre bonheur. En d'autres termes, Jean *peut* effectivement être plus heureux qu'il ne l'est présentement. Michel aussi!

Les clés

- → **50 % de notre capacité au bonheur est déterminé par notre niveau naturel de bonheur (*set-point*). Nous devons l'accepter.**
- → **10 % est lié aux circonstances de notre vie. N'en tenez pas trop compte.**
- → **40 % dépend de nous. Tout comme maintenir son poids initial et sa condition physique, rester plus heureux exige des ajustements permanents qui impliquent des efforts et des engagements quotidiens.**

Sonja Lyubomirsky est chercheuse en psychologie sociale. Elle mène depuis plus de 20 ans des études sur le bonheur. Reconnue mondialement dans ce domaine, elle donne des cours et des conférences, en plus d'écrire sur le sujet. Elle a étudié à l'Université Harvard et à celle de Stanford. Actuellement, elle travaille au Département de psychologie de l'Université de la Californie (États-Unis). Elle est l'auteur du best-seller *The How of Happiness* (publié en français sous le titre *Comment être heureux… et le rester*), une approche scientifique de la manière d'obtenir la vie qu'on souhaite.

Des vacances de rêve

Sommes-nous plus heureux lorsque nous passons des vacances de rêve dans un cadre extraordinaire? Si oui, pourquoi ne ramenons-nous pas ce sentiment à la maison? «J'ai écrit et fait des recherches dans le domaine du tourisme, rencontré toutes sortes de personnes dans des endroits merveilleux. Elles se détendaient, s'amusaient, profitaient de leurs vacances. Mais elles n'étaient pas heureuses», raconte **Elena Pruvli**. Comment les gens transposent-ils le mensonge des «vacances de rêve» à une prétendue «vie de rêve»... et oublient-ils ainsi ce qui compte vraiment?

Mise en avant et mise en retrait

La première leçon sur le bonheur que j'ai retenue des touristes, c'est qu'un cadre sublime, des conditions luxueuses, un environnement paradisiaque et la présence de gens hors de l'ordinaire ne constituent pas nécessairement une source de plaisir ou de satisfaction. Avoir des «vacances de rêve» est en fait un lieu commun qui impose un stéréotype social sur lequel on élabore nos propres rêves. Le cadre et le «bien-être» extérieurs sont importants, mais non déterminants pour le bonheur. Sur ce modèle, beaucoup de gens essaient de vivre une «vie de rêve» en agissant de manière à donner à un public réel ou imaginaire l'impression qu'ils mènent une existence heureuse. Le fossé est grand entre la réalité de leur idéal de vie et le stéréotype imposé, approuvé par la société, ce qui les éloigne d'autant plus de la réalité du bonheur et de la sérénité.

Quand, plus tard, j'ai cherché à asseoir mon expérience pratique, internationale et diversifiée, sur une base théorique, j'ai découvert qu'il y avait dans toutes les cultures un conformisme mis en avant et un non-conformisme mis en retrait. Sans doute n'existe-t-il pas de sociétés heureuses ou malheureuses en soi, mais dans certaines cultures, les répercussions d'un conformisme prétentieux, tapageur et voyant est si fort que les représentants de ces cultures perdent leur capacité à discerner ce qu'ils veulent faire personnellement de leur vie, bref à être véritablement eux-mêmes.

Ces 10 dernières années, j'ai donné des cours de communication interculturelle et enseigné la manière d'être plus heureux dans un environnement étranger et lors d'échanges internationaux. Chaque public que j'ai pu fréquenter suffisamment longtemps (ingénieurs, cadres, entrepreneurs, cinéastes, Chinois ou Indiens) m'a appris en retour comment être heureuse. Tout est affaire de changement, d'humour et d'enfants.

Oubliez le bonheur du berger partageant avec son troupeau le spectacle grandiose d'un coucher de soleil en pleine nature. Je veux parler ici de personnes modernes, toujours affairées, vivant dans de grandes villes ou bien dans de petits villages. La capacité à accepter le changement et à trouver une motivation collant davantage à sa peau est indispensable pour être heureux. Si vous aimez apprendre et faire l'expérience de la nouveauté, sans vous endormir sur vos lauriers, vous prendrez le changement comme un défi. Vous améliorerez ainsi la qualité de votre vie, intérieure et extérieure. Ne regrettez jamais le passé. Rappelez-vous que vous avez maintenant davantage de force, d'intelligence et de sagesse, que vous possédez un plus grand nombre de souvenirs et d'expériences à partager avec vos proches.

Important aussi: l'humour. L'autodérision et le respect de soi vont de pair. Ne vous prenez pas trop au sérieux. Saisissez l'ironie et le comique de chaque situation. Lisez des livres intéressants, voyez des films joyeux, écoutez des blagues gentilles, communiquez avec des gens positifs, mais évitez tout sarcasme et toute malveillance. N'encouragez pas les moqueries,

«Ne pas donner l'impression de mener une vie de rêve à un public imaginaire.»

les taquineries ou les blagues humiliantes envers des cultures que vous connaissez mal. Souvenez-vous, au contraire, des moments amusants et heureux de votre vie.

Tout aussi déterminant: la manière dont nous avons été traités aux premiers stades de notre vie et la façon dont nous traitons maintenant nos enfants. Nous ne sommes pas en mesure d'analyser de façon critique notre propre culture, mais nous pouvons sans aucun doute aider nos enfants à être heureux en leur donnant l'occasion de comprendre par eux-mêmes, d'apprendre quels sont leurs désirs et leurs besoins réels, de sentir qu'ils ont de la valeur. Je recommande vivement aux parents de créer un environnement encourageant leurs enfants à se forger leurs propres opinions. Il faut prendre au sérieux toutes les idées et opinions des enfants, même si ceux-ci manquent d'expérience.

Les clés

- → **Acceptez les changements. Considérez-les comme un défi et tirez-en des enseignements.**
- → **Ne vous prenez jamais au sérieux. Saisissez l'ironie et le comique de chaque situation.**
- → **Prenez vos enfants au sérieux et encouragez-les à forger leurs propres opinions.**

Elena Pruvli a obtenu une maîtrise en communication à Westminster (Royaume-Uni). Maintenant, elle est conférencière et formatrice dans le domaine interculturel. Elle a beaucoup voyagé et donné des cours de communication interculturelle à des gestionnaires, à des étudiants européens ainsi qu'à des Chinois inscrits en maîtrise à l'École d'administration de l'Estonie, à Tallinn, où elle travaille actuellement.

«Notre bonheur fluctue à l'intérieur d'une marge étroite.»

Prendre la température

Vous pouvez mesurer votre niveau de bonheur. En Australie, le professeur **Robert A. Cummins** le fait chaque année auprès de 2000 personnes sélectionnées au hasard. Jusqu'à quel point sont-elles heureuses? Leur bonheur varie-t-il d'une année à l'autre? Le baromètre du bonheur ressemble-t-il à un baromètre du temps (de «tempête» à «beau fixe») ou à un thermomètre pour prendre la température corporelle (presque toujours constante)? Robert Cummins, lui, a trouvé un système.

Le système d'autorégulation du bonheur

Le terme «bonheur», comme bien d'autres mots, a hélas plusieurs sens. Pour la majorité des gens, il évoque une émotion passagère associée à une expérience agréable, comme une boisson rafraîchissante un jour de chaleur ou un repos mérité après un effort. Pourtant, la plupart des études actuelles s'intéressent à une réalité différente: à une humeur plutôt qu'à une émotion. L'émotionnel est passager, l'affectif plus stable.

L'humeur représente un état affectif profond, qui reste présent même lorsque nous perdons contact avec elle. Cet état affectif est devenu un domaine d'études privilégié, car il offre des caractéristiques très intéressantes, dont la plus importante est sans doute d'être un état positif. Pour cette raison, on se sent bien normalement. De plus, ce sentiment de positivité est si stable qu'il a suggéré l'idée que chacun possède un niveau de base génétiquement déterminé du bonheur, un *set-point*.

Cette stabilité apparaît parfaitement dans l'Australian Unity Well-Being Index, un indice de mesure du bonheur de la population australienne, effectif depuis avril 2001. Pour chaque enquête, 2000 personnes choisies de manière aléatoire évaluent leur bonheur à l'aide d'un instrument de mesure standard, l'indice du bien-être personnel. Nous avons effectué 21 enquêtes de ce type.

La statistique la plus frappante est qu'entre ces différentes enquêtes, le niveau moyen de bonheur de la population n'a varié que de 3 %. Pourquoi? Nous pensons que le bonheur est contrôlé par un système d'autorégulation que nous appelons «homéostasie du bien-être subjectif» et qui rappelle le contrôle des mécanismes physiologiques, comme la température corporelle, ce qui laisse penser que le bonheur fluctue à l'intérieur d'une marge assez étroite. La largeur précise de cette marge est difficile à évaluer, mais je dirais environ 12 %, c'est-à-dire 6 % de part et d'autre du niveau de base (*set-point*).

Ce système homéostatique a la propriété d'être résilient. Une bonne ou une mauvaise expérience peut le fragiliser, mais il réagit en ramenant le bonheur à l'intérieur de sa marge normale de fluctuation. Du moins quand tout se passe normalement. La résilience de chaque système homéostatique connaît en effet des limites. Lorsque les expériences négatives sont trop fortes et trop longues, le système ne peut pas récupérer. Le bonheur se situe alors toujours au-dessous de sa marge normale, entraînant un risque élevé de dépression.

Comment les individus peuvent-ils augmenter leur résilience homéostatique? Ils ont besoin pour cela de ressources, internes ou externes. Les deux ressources externes principales sont les relations et l'argent. **Une relation émotionnelle intime offre la meilleure défense.** Le fait de pouvoir se confier à une personne peut nous aider à éviter des situations négatives, et lorsque des expériences négatives sont malgré tout vécues, on peut alors en discuter avec elle. C'est un remède efficace et vieux comme le monde contre la perte de bonheur.

La seconde ressource externe principale est l'argent. Bien entendu, celui-ci sert avant tout à acquérir des biens de première nécessité, mais il permet aussi d'acheter des moyens de se défendre. Vous n'aimez pas faire le ménage? Aucun problème si vous avez de l'argent: payez quelqu'un pour le faire à votre place! Notez bien qu'il s'agit là de «défendre» l'état affectif (ou humeur) et non d'acheter du bonheur en acquérant des biens de luxe. Ce type d'achats n'offre qu'un bonheur émotionnel auquel on s'habitue vite et qui constitue une joie éphémère.

Toujours plus, est-ce mieux? Nous le pensons. L'évolution nous a dotés d'une fonction qui nous incite à rechercher de plus en plus de ressources. Cette stratégie s'avère utile

dans un environnement pauvre, mais n'est guère adaptée à la vie moderne. Cette vieille programmation ne convient surtout pas quand il s'agit d'argent. Quelle quantité de défense homéostatique peut-on acheter avec de l'argent? La réponse est qu'en moyenne, pour l'ensemble de l'Australie, la croissance du bonheur est faible lorsque le revenu brut d'un foyer atteint les 100 000 dollars par année et ne se poursuit pas au-delà de 150 000 dollars. Ce phénomène s'explique par le fait qu'il faut parfois autre chose que de l'argent. Les problèmes liés à un mauvais mariage ou à des enfants difficiles ne se résolvent pas quand on gagne davantage. Il faut changer de stratégie et investir plus de temps dans les relations humaines, une solution qui présente l'avantage de résoudre les problèmes relationnels et surtout, stratégiquement parlant, d'accroître la résilience.

Si ces moyens de défense externes s'avèrent inefficaces, comme il arrive parfois, tout n'est pas perdu, car les processus intellectuels entrent en action pour banaliser les événements difficiles. Vous avez perdu votre emploi? Vous pouvez vite parvenir à vous convaincre qu'il s'agissait d'un emploi inintéressant, sans avenir. Grâce à cette restructuration cognitive, nous pouvons rationaliser la situation à notre propre avantage et redevenir positifs dans notre perception, comme à la normale.

Ensemble, ces ressources internes et externes nous permettent de relever la plupart des défis qui se présentent. Être positif face à la vie est normal. C'est la manière dont nos gènes nous disent que nous allons bien.

Les clés

- → **Faites la distinction entre votre humeur (relativement stable) et vos émotions (assez volatiles). Pour être plus heureux, concentrez-vous sur la première.**
- → **Ayez une personne à qui vous confier, dans les bons moments comme dans les mauvais. Cela renforcera votre résilience.**
- → **Considérez la sensation de votre bonheur comme la température de votre corps: parfois elle monte, parfois elle baisse, mais la plupart du temps, elle se situe à son niveau normal.**

Robert A. Cummins est docteur en psychologie et enseigne à la Faculté de psychologie de l'Université Deakin (Australie). Il est rédacteur en chef de la revue *Journal of Happiness Studies*. En collaboration avec d'autres spécialistes, il a produit une série de tests, d'indices et de rapports sur la qualité de vie. Robert A. Cummins a été désigné «expert de niveau international dans la recherche sur la qualité de la vie».

Trouver son propre cœlacanthe

À Paramaribo, la capitale du Suriname, les hommes se promènent en donnant une main à leur femme et en tenant une cage d'oiseau dans l'autre. «Si seulement il était aussi content de me voir que ce maudit oiseau!» m'a confié une épouse. Comment peut-on être parfaitement heureux juste à la vue ou au chant d'un oiseau? Et pourquoi dans certains pays est-on plus heureux que dans d'autres? Le professeur **Wolfgang Glatzer** a passé toute sa vie à étudier ces sujets. Sa conclusion: chacun a droit à son propre cœlacanthe.

De votre expérience personnelle au bonheur d'un pays

J'aimerais dire tout d'abord que je n'ai jamais cherché à être plus heureux en appliquant à moi-même les résultats de mes recherches. Mes attentes du bonheur ont reposé sur des sentiments intérieurs, développés spontanément. Un jour, cependant, alors que j'assistais en Afrique du Sud à un grand colloque sur le bonheur, j'ai eu une révélation. À mon hôtel, un homme m'a avoué être au comble du bonheur. Dans l'océan, il avait enfin vu ce qu'il essayait de voir depuis des années: un cœlacanthe. Ce poisson à nageoires charnues, primitif et très rare, évolue dans les profondeurs de la mer. La chance d'en voir un est donc pratiquement nulle. Je me suis interrogé sur ce qui rendait cet homme si heureux et je l'ai alors considéré comme un sujet d'étude sur le bonheur. Je me suis demandé si je pouvais rendre quelqu'un d'autre heureux en suggérant à cette personne de partir à la recherche d'un cœlacanthe. Bien entendu, la réponse est oui: n'importe quoi peut rendre les gens heureux du moment qu'ils le désirent. Tout être humain peut avoir – symboliquement parlant – son propre cœlacanthe. Ce qui peut faire votre bonheur dépend de vous, de vos

besoins, de votre développement social et de votre style de vie. Pendant longtemps, la sociologie nous a enseigné ceci: ce qui est perçu comme réel est réel dans ses conséquences.

Les termes «avoir, aimer, être» pour décrire notre univers de bonheur me plaisent. Nous devons nous assurer un niveau de vie minimal, des relations d'amitié et nous avons par ailleurs la faculté de choisir des particularités qui accroissent notre bonheur.

Le fait d'être heureux et celui d'être malheureux sont deux caractéristiques structurelles du monde qui existent à différentes échelles. D'un côté, il y a les aspects positifs du bien-être comme le bonheur, la satisfaction, le plaisir, la santé et la joie; de l'autre, les aspects négatifs comme l'angoisse, l'aliénation, la peur, la tristesse, la dépression, etc. Nous pouvons contribuer à notre propre bonheur en parvenant à réduire ce qui nous rend malheureux. Mais augmenter son bien-être et diminuer les éléments négatifs dans sa vie sont deux choses différentes. Étant donné qu'on ressent le bien-être comme étant l'opposé du mal-être, il semble paradoxal que ce côté négatif puisse contribuer en quelque sorte à l'aspect positif.

Le bonheur ne dépend pas seulement des conditions actuelles, mais aussi des perspectives futures. La manière dont quelqu'un envisage l'avenir est décisive pour son bien-être global. Ainsi, de mauvaises conditions actuelles combinées à de bonnes perspectives valent peut-être mieux que de bonnes conditions actuelles combinées à de mauvaises perspectives. En général, la plupart des individus connaissent des conditions changeantes et des perspectives ambivalentes.

Ces observations portent sur des individus. Pour autant, le bonheur concerne aussi les collectivités comme les villes, les régions, les sociétés et les continents. Il existe des méthodes scientifiques permettant de savoir quelle nation est la plus heureuse du monde. Dans ces classements, la place occupée change parfois, à la suite d'événements majeurs dans les pays concernés, mais l'impression qui domine reste celle de la continuité. Il y a toujours des hauts et des bas, mais les deux finissent par se neutraliser. C'est dans les pays en développement que nous trouvons la plus forte progression du bonheur lorsque plus d'un certain montant est dépensé.

Mais certains facteurs peuvent-ils expliquer les différences des niveaux de bonheur entre les nations? Bien des éléments semblent intervenir, mais peu d'entre eux méritent d'être mentionnés. Les pays d'Europe du Nord, relativement petits, comptent parmi les plus heureux du monde. Les petits États semblent fournir à leurs habitants de meilleures conditions pour vivre heureux, peut-être parce que le sentiment d'avoir tout y est plus fort qu'ailleurs. En Europe du Nord, il existe un autre facteur qui pourrait expliquer le niveau de bonheur exceptionnellement élevé de ces pays, à savoir le modèle scandinave de protection sociale. Il se peut que les gens aiment la sécurité sociale à un point tel que l'État-providence représente une source de bonheur importante. Dans des pays comme les États-Unis, au contraire, la population préfère davantage de libéralisme. Ce qui nous amène au problème de l'inégalité. Jusqu'à une date récente, les inégalités étaient définies en termes de revenu, de prospérité, d'éducation et de chances de vie. Aujourd'hui, en revanche, on étudie les nouvelles dimensions de l'inégalité perçue de manière subjective: **les sociétés sont réparties en catégories satisfaites et insatisfaites.** Il existe différentes configurations d'inégalités perçues.

D'une façon générale, on peut dire que les individus attachent plus d'importance à leur situation personnelle qu'à la situation de leur collectivité, et moins de prix aux biens publics qu'aux biens privés. D'où un problème pour les sociétés modernes. Notre avenir repose-t-il sur l'individualisme? Des conditions de vie identiques ne procurent pas nécessairement des niveaux de bonheur identiques. La clé du bonheur réside dans la perception des belles choses de la vie, qu'elles soient privées ou collectives.

Les clés

→ **Il existe trois étapes vers le bonheur: avoir (au moins un niveau de vie élémentaire), aimer (sa famille, ses amis) et être (ce qui va au-delà).**

→ **Augmenter son bien-être et diminuer les aspects négatifs de sa vie sont deux choses différentes.**

→ **Le bonheur ne dépend pas seulement des conditions actuelles, mais aussi des perspectives futures. De mauvaises conditions actuelles combinées à de bonnes perspectives valent peut-être mieux que de bonnes conditions actuelles combinées à de mauvaises perspectives. Pensez positivement.**

→ **Enfin, retenez ceci: il existe des différences entre les pays. Des conditions de vie identiques ne procurent pas nécessairement des niveaux de bonheur identiques.**

Wolfgang Glatzer, professeur de sociologie à l'Université Johann Wolfgang Goethe de Francfort-sur-le-Main (Allemagne), a déjà publié de nombreux ouvrages sur le changement de la structure sociale et culturelle et la qualité de vie, dont *Challenges for Quality of Life in the Contemporary World*. Il est membre fondateur du groupe international de recherche Comparative Charting of Social Change et a été président de l'International Society for Quality of Life Studies. Wolfgang Glatzer fait partie du comité de rédaction de la revue *Journal of Happiness Studies*.

Un pas de géant vers le bonheur

Les animaux ne cherchent pas le bonheur. Leur comportement repose sur les quatre R. Le professeur **Yew-Kwang Ng** ajoute ses propres quatre F à la recette du bonheur humain. Mais il fait aussi un grand pas en avant. Ces dernières années, nous avons pu stimuler artificiellement le cerveau humain pour réaliser des expériences sur le bonheur. Pourquoi ne pas investir massivement dans ce type de recherche? Nous ferions alors un pas de géant.

Privilégiez les quatre F

Des recherches (sur des jumeaux notamment) montrent que chaque personne possède un niveau de base génétiquement prédéterminé (*set-point*) en ce qui concerne le bonheur, autour duquel des fluctuations peuvent se produire. On peut cependant, jusqu'à un certain point du moins, être bien plus heureux que ne le prédisent nos gènes en adoptant une attitude plus positive. Songez moins aux choses tristes et davantage aux choses heureuses. Passez plus de temps à faire ce que vous aimez (sans nuire à votre santé), même si vous devez gagner moins d'argent pour cela. Excepté pour une minorité de populations menacées de famine et de malnutrition, l'argent n'est pas un facteur de bonheur déterminant. Cela vaut surtout si vous privilégiez moins les choses matérielles et la concurrence, et donnez la priorité à ce qui contribue véritablement au bonheur. À cet égard, je crois à l'importance des quatre F du bonheur: la foi (religieuse ou autre), la forme (physique et mentale), la famille et la fidélité entre amis. Ces quatre F font écho aux quatre R du comportement animal: ravitaillement, rixe, retraite et reproduction.

À long terme, cependant, la société ne peut que se détacher du niveau de base génétique en faisant appel à la science et à la technologie, notamment en ce qui concerne la stimulation du cerveau et le génie génétique. La stimulation de nos systèmes nerveux périphériques (toucher, vue, goût, etc.) nous procure du plaisir, lequel est néanmoins sérieusement limité par les processus d'accoutumance (loi des rendements décroissants à court terme) et

d'adaptation (loi des rendements décroissants à long terme). Une petite fille demande à sa mère: «C'est vrai qu'une pomme par jour éloigne le médecin pour toujours?» «Oui», répond la mère. «Cette semaine, j'ai mangé sept pommes, mais je crois qu'il faut quand même appeler le médecin!» En d'autres termes, la loi des rendements décroissants nous aide à ne pas consommer trop. La vie sur Terre existe depuis quatre milliards d'années, mais aucune espèce n'est parvenue à stimuler directement son cerveau, jusqu'à ce jour de 1954 où le hasard a conduit l'Homo sapiens à pratiquer la stimulation électrique des centres cérébraux du plaisir chez le rat. Les rendements de cette stimulation directe n'ont pas été décroissants, ni à court ni à long terme; cela signifie qu'une telle stimulation peut induire un plaisir intense et prolongé. De nombreuses personnes jugent ce type d'expériences contre nature. Mais aurait-on dit il y a trois siècles que nous passerions des heures chaque soir à regarder des images dans une boîte pour nous divertir? On aurait aussi trouvé cela contre nature. Toutes les choses civilisées sont «contre nature». Peut-être ferait-on mieux de demander à nos gouvernants pourquoi le développement de méthodes sûres pour la stimulation de nos centres du plaisir n'ont pas reçu d'argent depuis un demi-siècle.
Il va de soi que nous devons faire très attention, en matière de génie génétique concernant notre capacité au bonheur notamment, à ne pas obtenir des résultats contre-productifs. À long terme, cependant, le génie génétique peut l'emporter de loin sur la stimulation électrique et nous faire accomplir un bond de géant pour notre bonheur. Moyennant des garde-fous appropriés, le risque est moins grand que de ne pas bouleverser nos habitudes face au réchauffement climatique, comme nous le faisons actuellement. Pourquoi tolère-t-on ces risques inutiles et se refuse-t-on à accepter un risque bien moindre qui donne la possibilité de multiplier par mille le bonheur du monde? Une seule réponse: la peur irrationnelle de l'inconnu.

Les clés

- → **Privilégiez les quatre F du bonheur: foi, forme, famille et fidélité.**
- → **N'attachez pas trop d'importance aux plaisirs des sens, car ils sont sérieusement limités.**
- → **Pourquoi n'investirions-nous pas dans la stimulation artificielle et directe de notre cerveau afin d'augmenter notre niveau de bonheur? Ce serait un bond de géant dans l'univers du bonheur.**

Yew-Kwang Ng est né en Malaisie. Ses travaux à l'Université Monash de Melbourne (Australie) lui ont valu d'importantes distinctions. Yew-Kwang Ng est connu pour les recherches qu'il a menées toute sa vie sur l'économie et la biologie du bien-être. Sa bibliographie compte plus d'une centaine d'articles et d'ouvrages tels que *Economics and Happiness* et *The Unparalleled Mystery*. La devise de son université est *Ancora imparo* (J'apprends encore).

«Les lois du bonheur intérieur ne sont pas les mêmes que celles de la réussite extérieure.»

Le détective du bonheur

Est-ce que tous les spécialistes du bonheur appliquent à eux-mêmes ce qu'ils découvrent? Nous avons posé la question au professeur émérite **Michael Hagerty**, qui a passé sa vie à étudier le bonheur. L'histoire d'un accro à l'adrénaline devenu détective du bonheur.

Se rapprocher de la vie qu'on veut mener

Durant toutes les années où j'ai étudié le bonheur, je ne me suis pas contenté de faire des découvertes, je les ai aussi appliquées à moi-même pour être plus heureux. Nous lisons souvent que «le bonheur arrive lorsqu'on ne le cherche pas», mais les spécialistes ont eu recours à la science pour chercher puis réussir à trouver les lois du bonheur. J'ai appris que, pour être heureux, je devais m'efforcer de prendre soin de mon bonheur et agir de manière à le favoriser. Maintenant, je lis des articles et des livres concernant la recherche sur le bonheur. J'essaie d'appliquer les exercices qui marchent avec les autres et de voir s'ils fonctionnent avec moi. Chaque soir, je fais ma petite analyse: je prends trois minutes pour rédiger mon «journal du bonheur», dans lequel je consigne pour la journée qui vient de s'écouler le bonheur et l'énergie que j'ai ressentis, les espoirs que j'ai eus et les pratiques que j'ai trouvées utiles. Je peux constater la progression de mon bonheur dans le temps, car je pratique les exercices fondamentaux de la gratitude: la méditation afin de mieux me connaître, le pardon afin de ne pas être amer, l'optimisme raisonnable afin de pouvoir persévérer, l'établissement d'objectifs afin de susciter ma fierté.

J'ai aussi retenu une autre leçon importante: les lois du bonheur intérieur ne sont pas les mêmes que celles de la réussite extérieure. Pour réussir dans le monde extérieur, nous avons souvent recours à la force brute et aux décharges d'adrénaline, par exemple pour sauver notre enfant s'il est en danger ou même simplement finir un rapport pour notre patron. Les méthodes à forte dose d'adrénaline fonctionnent bien dans les moments périlleux, car elles nous permettent temporairement de ne pas savoir «comment nous nous sentons». Mais si nous persistons à ignorer notre état affectif pour atteindre nos objectifs extérieurs, nous risquons de connaître des succès vains, un stress chronique et une vie insatisfaisante. Accro à l'adrénaline toute ma vie, j'ai appris à y résister grâce à ces méthodes quand je n'étais pas en danger. Je me suis même transformé en «détective du bonheur», surveillant discrètement mes humeurs, prenant soin des bons moments, expérimentant de nouvelles manières d'augmenter mon bonheur et celui des autres. Je vis sans doute plus calmement et je me rapproche de la vie que je veux mener.

Les clés

→ **Ne croyez pas le vieil adage d'après lequel «le bonheur arrive lorsqu'on ne le cherche pas». Nul doute que vous pouvez chercher à appliquer les lois du bonheur.**

→ **Ne faites pas appel aux lois de la réussite extérieure (force brute et décharges d'adrénaline).**

→ **Devenez détective du bonheur en surveillant sans cesse votre propre humeur et en alimentant les bons moments.**

Michael Hagerty a tout d'abord été diplômé en informatique et en psychologie. Élu «professeur de l'année» à la Graduate School of Management, il a reçu ensuite bien d'autres distinctions et prix, dont celui du meilleur article publié dans la revue *Journal of Happiness Studies*. Des pays et des organismes divers font appel à lui comme consultant pour la mesure de la qualité de vie. C'est aussi un orateur de marque concernant les changements dans la qualité de vie. Michael Hagerty est professeur émérite à l'Université de la Californie, à Davis (États-Unis).

«Il existe autant de voies
que de personnes différentes.»

Le trésor

«Je te donnerai tout ce que l'argent peut acheter si tu m'ouvres le trésor du vrai bonheur», dit un vieux roi dans un conte ancien. Il recherche les trois clés d'or pour ouvrir ce coffre au trésor magique. Le professeur **Alex C. Michalos** est peut-être le mage qui pourrait lui dire où elles se trouvent, car il a passé toute sa vie à étudier le bonheur. Mais est-ce que le vieux roi accepterait ses clés? Et lui seraient-elles utiles?

Trois clés d'or

J'aimerais donner trois messages fondamentaux concernant ce que j'ai appris en 40 ans de recherche sur le bonheur. Bien entendu, le mot «bonheur» a, selon les gens, des sens assez différents, qui vont d'une réalité proche du plaisir pur à toute une série d'éléments constitutifs et déterminants d'une belle vie. Personnellement, je préfère la seconde définition.

Tout d'abord, nos contemporains ne sont pas très différents des Grecs du Ve siècle av. J.-C., du moins dans leurs besoins et leurs désirs pour avoir une belle vie. Depuis l'Antiquité, l'être humain a toujours voulu les mêmes choses: une bonne santé physique et mentale, au sens premier d'un «système organique fonctionnant bien», une nourriture suffisante, un toit et des vêtements appropriés, quelqu'un pour s'occuper de lui (famille et amis, généralement), la sécurité financière, le droit de parole et le droit de regard sur la gouvernance de sa communauté, la sécurité individuelle et collective, de l'air pur, de l'eau potable et des terres, une expression esthétique et des possibilités d'expérience esthétique, la justice, des possibilités d'exploration personnelle et publique de l'espace naturel et de ses habitants, et, pour finir, de la chance.

Ensuite, le deuxième enseignement fondamental que j'ai tiré de ces 40 années à étudier ce qui rend les gens heureux, c'est qu'il existe autant de voies menant au bonheur que de personnes différentes. La liste du précédent paragraphe constitue un début, mais pourrait aussi comprendre des tempéraments et des aptitudes de toute nature génétiquement déterminées, des vertus acquises comme la patience, la persévérance, le courage, la compassion, la tempérance, la sagesse et la justice, des normes sociales ou individuelles reposant sur la raison ou la morale, et enfin des choix, des intentions, des projets et des activités visant à produire et à reproduire tout ce qui a été mentionné jusqu'ici.

Troisièmement, le plus grand danger des recherches et des parutions dans ce domaine (tant dans les publications scientifiques que dans la presse grand public), c'est la tendance à présenter de manière simplificatrice la nature et la condition de l'être humain. Les spécialistes sont en effet portés à utiliser aussi peu de variables que possible pour décrire et expliquer l'être humain, ses motivations et ses actions. Si nous ne sommes pas enclins à chercher une solution miracle, nous sommes toutefois portés à sélectionner un petit nombre de solutions. Trop souvent, les facteurs humains (appréciations, choix, intentions, objectifs et motifs) sont négligés au profit d'explications déterministes, matérialistes et économiques simplistes. Le principe devant guider les spécialistes du bonheur et les personnes en quête de bonheur est celui-ci: ne jamais oublier que tous les êtres humains sont des organismes très complexes, que la vie elle-même est complexe et qu'il faut se méfier des descriptions et des explications simplistes concernant ce qui peut rendre chacun heureux. Il n'y a pas de clés d'or. Le roi devra l'ouvrir tout seul, son coffre au trésor.

Les clés

- → **Notre quête du bonheur est universelle. Nos besoins et nos désirs pour avoir une belle vie ont peu changé depuis 2500 ans.**
- → **Il existe autant de voies pour trouver le bonheur que de personnes différentes. Faites votre propre choix.**
- → **Il n'existe pas de clés d'or ni de solution miracle. L'homme et la vie sont trop complexes pour cela.**
- → **Méfiez-vous des explications simplistes.**

Alex C. Michalos est professeur émérite de sciences politiques à l'Université de la Colombie-Britannique du Nord (Canada). Il a publié 22 ouvrages et plus de 90 articles scientifiques, en plus de fonder ou de cofonder six revues savantes. Il a présidé l'International Society for Quality of Life Studies et a obtenu pour ses réalisations en recherche la Médaille d'or du Conseil de recherches en sciences humaines du Canada.

«Il n'existe aucun mot pour le bonheur dans notre langue.»

Il ne faut pas négliger l'âme

La Malaisie est une société multiethnique composée de Malaisiens, de Chinois, d'Indiens et d'autres populations. Les différentes communautés ont leurs propres langues, cultures et religions fondées sur l'animisme, l'hindouisme, le bouddhisme et l'islam. Le professeur **Noraini M. Noor** enseigne à l'Université internationale islamique de Malaisie à Kuala Lumpur. La plupart de ses étudiants malaisiens ont du mal à comprendre le concept de «bonheur». Elle cherche une réponse dans la culture et la religion malaisiennes.

Pourquoi s'attacher à l'esprit, à la matière et au corps?

Tout le monde parle de bonheur, mais le concept lui-même reste difficile à cerner. Il n'existe toujours pas de définition largement acceptée. Dans un grand nombre de cultures, le bonheur est, pour la plupart des gens, lié à la réussite, à la richesse et à la popularité. En psychologie, les différents instruments de mesure du bonheur qui ont été mis au point insistent sur l'expérience de la joie, de la satisfaction, et sur l'absence de sentiments négatifs. Mais la notion même de bonheur demeure insaisissable.

La définition du bonheur donnée en Occident est, selon moi, trop restrictive. Elle naît du besoin de contrer les associations négatives de la nature et du comportement humains correspondant à des maladies mentales (comme la dépression). La psychologie positive, domaine récent, met l'accent sur le côté positif de la nature humaine et a ainsi contribué au développement des études sur le bonheur ou le bien-être subjectif. **Depuis que la sécularisation a fait de la religion une affaire privée, l'Occident n'accorde plus une attention suffisante à l'âme.** Par exemple, la psychologie – étude scientifique de la cognition et du comportement humains – ne s'attache qu'à l'esprit et à la matière, c'est-à-dire au corps. Comme ce dernier reçoit toute l'attention, l'âme est négligée.

Pour un musulman, le chemin du bonheur est celui de la soumission au seul et unique Dieu: «N'est-ce point par l'évocation de Dieu que se tranquillisent les cœurs?» (Coran 13:28). Le bonheur est donc un sentiment résidant dans le cœur et caractérisé par le contentement et la paix avec soi et avec le monde.

Comment le fait de se soumettre au seul et unique Dieu peut-il nous aider à atteindre le bonheur? Dans l'islam, un individu ne représente que l'une des créatures de Dieu, créée par Lui pour gérer les affaires du monde selon Ses directives, en faisant justice à la prospérité et au bien-être de toutes Ses créations. Pour ce faire, Dieu donne aux êtres humains un corps (esprit / intellect et matière / physique) et une âme. Pour être content et heureux, il faut nourrir le corps et l'âme de manière à ce qu'il y ait un équilibre entre eux. Si cet équilibre n'est pas maintenu – par exemple, si on accorde trop d'importance à son développement physique et intellectuel (par des aspirations matérielles) sans se préoccuper de ses besoins spirituels –, on pourra ressentir un vide intérieur, être insouciant et agité, comme s'il y avait toujours un manque de quelque chose. De même, **se tourner vers une extrême spiritualité est néfaste, car cela mène au fanatisme spirituel.** L'islam indique comment répondre aux besoins du corps et de l'âme, de manière à ce que l'individu soit satisfait et en paix.

Lorsque l'islam est sorti d'Arabie pour se répandre dans les autres parties du monde, il a fusionné rapidement avec les cultures en place à l'époque, de sorte que le sens donné au bonheur par l'islam a imprégné les coutumes et les traditions locales. Lorsque j'ai demandé, par exemple, à mes étudiants malaisiens, qui sont musulmans, comment ils définissaient le bonheur en malais, leur explication comprenait la conception islamique du bonheur (contentement, spiritualité, équilibre entre les aspirations matérielles et l'au-delà), les idées occidentales sur le bonheur (joie ou ravissement, satisfaction, absence d'affects négatifs),

ainsi que la conception culturelle du bonheur (obligations sociales). Autrement dit, la définition occidentale du bonheur, qui fait l'impasse sur les aspects religieux et les influences culturelles, ne permet pas de saisir l'essence du bonheur telle qu'elle est perçue en Malaisie. D'où l'absence de mot malais recouvrant l'ensemble du concept de bonheur. Le besoin de bonheur est universel, mais la recherche et l'expression de cette réalité peuvent être liées à la culture.

Les clés

→ **Le bonheur se caractérise par le contentement et la paix avec soi et avec le monde.**

→ **Pour être content et heureux, il faut maintenir un équilibre entre le corps et l'âme.**

→ **Le besoin de bonheur est universel, mais la recherche et l'expression de cette réalité peuvent être liées à la culture.**

Noraini M. Noor est professeur de psychologie et coordinatrice de la Women for Progress Research Unit à l'Université islamique internationale de Malaisie, à Kuala Lumpur (Malaisie). Elle a publié de nombreux articles et ouvrages sur le bien-être, le stress au travail, le travail des femmes et la répartition des rôles au sein de la famille. Elle a étudié et travaillé en Australie, en Nouvelle-Zélande et en Angleterre. Noraini Noor est membre du comité éditorial de la revue *Asian Journal of Social Psychology*.

«Même au paradis,
il serait insupportable
de vivre seul.»

Le tempérament festif

La guerre n'incite pas au bonheur. Le peuple libanais a beaucoup souffert des conflits récents. «Nous avons dû payer un prix élevé», indique le professeur beyrouthin **Elie G. Karam** qui a cependant découvert la force secrète de ses compatriotes: leur tempérament. Il les aide à gérer leur vie de manière à faire face aux difficultés. De fait, ils montrent que la vie peut être une fête collective permanente, à condition de le vouloir.

Se connaître soi-même

Nous avons réalisé récemment une étude unique en son genre qui consistait à mesurer le tempérament affectif d'un échantillon représentatif de Libanais originaires de tout le pays. Nous avons découvert qu'une large proportion d'entre eux possédaient un tempérament de type hyperthymique. Les individus hyperthymiques sont souvent forts, énergiques, productifs et respectés. Ils ont confiance en eux, courent des risques, sont à la fois joviaux et généreux. Ils déploient beaucoup d'énergie et aiment s'amuser. Les gens anxieux, plus enclins à l'inquiétude, formaient ensuite le groupe le plus nombreux. Nous avons trouvé que l'anxiété est le meilleur prédicteur de troubles mentaux, alors que l'hyperthymie protège contre la plupart de ces affections, sauf peut-être – fait intéressant à noter – contre *l'usage de substances* et *l'anxiété de séparation chez l'adulte*. Ces observations faites à propos des hyperthymiques pourraient expliquer la grande fréquence des fêtes chez les Libanais, le plus souvent avec des groupes très stables d'amis ou de membres de la famille.

Comme nous avons montré l'existence d'un lien entre différents types de tempéraments et des troubles mentaux, il devrait être possible à chacun d'orienter son propre tempérament – lequel définit nos réactions émotionnelles face à nos expériences de vie – de manière à éviter des douleurs et des souffrances inutiles. Chacun pourra prendre plus facilement conscience d'un trouble psychique, qui serait parvenu à s'installer malgré tout, et trouver la méthode qui lui convient le mieux pour y faire face, au besoin avec l'aide d'un professionnel.

Nous pensons que l'adage socratique «connais-toi toi-même» est la clé du problème et la meilleure aide qui soit dans la quête du bonheur. **Le fait de connaître votre tempérament et votre caractère vous aidera donc à gérer votre propre personnalité et votre vie de manière plus prévisible.** Par exemple, lorsque l'inactivité est un facteur de stress pour quelqu'un, c'est le signe que cette personne a besoin d'activités (y compris de passe-temps) s'accompagnant d'un risque faible de nuire à soi-même et aux autres. De même, si la sociabilité est un «besoin», il faut prévoir des activités qui incluent les autres (y compris les jeunes pour les personnes âgées).

Les Libanais de tous âges aiment les fêtes collectives, et durant les mois d'été, le flux touristique équivaut à la moitié de la population du pays. L'ambiance est alors unique, celle d'une fête permanente. Ce style de vie fait la popularité des Libanais et des Méditerranéens en général, et aussi leur fierté. Un proverbe libanais le résume: «Même au paradis, il serait insupportable de vivre seul.» Cela expliquerait en partie pourquoi cette petite république sur les bords de la Méditerranée continue d'étonner ses propres habitants et le reste du monde, avec sa marque distinctive de distractions, toujours accompagnée cependant de la prudence qui s'impose. Il est aisé de voir comment, collectivement, cette ambiance comble les hyperthymiques et apaise les anxieux. Quant aux quelques Libanais représentant le troisième type de tempérament, la cyclothymie – qui se caractérise par des hauts et des bas –, l'intensité de la vie sociale peut contribuer à réduire leur panique lors des phases «basses» puisque les phases «hautes» viendront. Les cyclothymiques ont de la créativité, tandis que de nombreux hyperthymiques autour d'eux ne demandent qu'à explorer et à exploiter de nouvelles possibilités…

C'est évidemment une vision tronquée du bonheur. Notre capacité à piloter notre cerveau s'améliorera sans aucun doute avec l'accroissement progressif de nos connaissances. Être plus heureux signifie trouver un équilibre entre sa propre nature (à tout moment) et la façon dont on utilise les occasions fournies par la vie. Il faut pour cela procéder à une auto-évaluation sérieuse et constante de même qu'à une appréciation de ce qui, dans la culture sans cesse renouvelée de son jardin intérieur, peut faire le plus grand bien parmi les ingrédients et remèdes choisis, avec toute l'aide de la famille, des amis et... des spécialistes.

Les clés

- → **Un tempérament anxieux est le meilleur prédicteur de troubles mentaux.**
- → **Un tempérament énergique, joyeux et chaleureux (hyperthymie) protège contre la plupart des troubles mentaux.**
- → **Apprenez à connaître votre tempérament et votre caractère, et essayez de le gérer vous-même.**

Le professeur Elie G. Karam dirige le Département de psychiatrie et de psychologie clinique, à la Faculté de médecine de l'Université Balamand, à Beyrouth (Liban). Il a étudié les troubles mentaux et les traumatismes des femmes et des enfants consécutifs aux longues années de guerre au Liban. L'enquête Lebanese Epidemiologic Burden Assessment of the Needs Of the Nation (LEBANON) réalisée par son équipe est la première du genre dans le monde arabe. Elle porte sur une grande variété de données comme l'éducation, le revenu, l'amour, le mariage, l'exposition à des facteurs de stress, la santé et une analyse très détaillée de la façon dont notre santé mentale affecte notre vie.

La force du sport

«En Iran, un vieux proverbe dit: un rire soigne tous les maux», rappelle le docteur **Vahid Sari-Saraf.** Il étudie le système immunitaire des gens heureux et a découvert la force secrète du sport.

Norouz (jour de l'An au début du printemps) est aussi vieux que l'histoire de l'Iran. Traditionnellement, c'est le jour où tout le monde ouvre son cœur au bonheur. Le bonheur occupe une place enviable et enviée dans notre culture. Je suis spécialisé en physiologie de l'exercice, domaine dans lequel il est impossible de parler de physiologie sans parler de ses liens avec la psychologie. Les personnes heureuses ont un système immunitaire qui fonctionne bien et les personnes malheureuses, un système immunitaire déprimé.

Le sport représente une grande source de bonheur – de satisfaction sociale aussi, en raison de l'appartenance à un club ou à une équipe et de l'existence d'une relation interpersonnelle de proximité dans la plupart des disciplines sportives. Le sport doit aussi son intérêt au fait qu'il correspond à un choix personnel et qu'il est plus facilement maîtrisable que bien d'autres sources de satisfaction. Le bonheur correspond à une extraversion stable et à une sociabilité facile s'accompagnant d'une interaction agréable et naturelle avec autrui. De nombreuses études ont également montré que l'instabilité et le névrotisme sont liés à l'insatisfaction. **Des recherches avec des étudiants iraniens ont prouvé que les athlètes sont plus extravertis et plus heureux que les autres.** Dans le groupe des non-athlètes, il y a également une corrélation positive entre extraversion et bonheur. À l'inverse, les traits névrotiques sont moins présents chez les athlètes que chez les non-athlètes. Autrement dit, nous pouvons pronostiquer le bonheur de quelqu'un en mesurant les traits extravertis de sa personnalité. Le fait de s'adonner régulièrement à un sport que l'on aime, qui est une activité agréable et très sociale, permet de fortifier sa personnalité et son bonheur. Les spécialistes s'accordent de plus en plus à penser qu'il n'existe pas de différence appréciable entre les sports d'équipe et les sports individuels quant à leurs effets sur le bonheur.

Le docteur Vahid Sari-Saraf est professeur agrégé en physiologie de l'exercice à l'Université de Tabriz (Iran). Il s'intéresse plus particulièrement aux systèmes immunitaires et à la relation entre le bonheur et la personnalité (surtout chez les athlètes). Il conjugue ses activités avec son rôle d'investigateur principal dans son pays pour le Centre australien de la qualité de vie. Sa femme et lui ont prénommé leur fille Shadi, ce qui signifie «joie» en farsi (persan).

«La bonne nouvelle, c'est que nous comparons aussi les expériences négatives.»

Le cercle social

Notre réponse à la question «Êtes-vous heureux?» est-elle vraiment sincère? La plupart des gens donnent l'impression qu'il faut chercher la réponse au plus profond de soi. La réalité est un peu différente: nous regardons avant tout ceux qui sont autour de nous. C'est le cercle social qui importe.

Une comparaison permanente

Pour mes travaux sur le bonheur, j'ai examiné des milliers (pour ne pas dire des dizaines voire des centaines de milliers) de réponses individuelles sur la satisfaction dans la vie, la satisfaction au travail et sur d'autres aspects du bien-être subjectif. J'ai surtout cherché à comprendre si notre bonheur est déterminé par ce qui arrive aux gens autour de nous. En d'autres termes, existe-t-il un contexte social du bonheur?

J'en suis arrivé à la conclusion que c'est le cas. Les résultats de ces travaux semblent décourageants: de nombreux aspects de la vie semblent évalués de manière relative. Par exemple, je suis plus heureux quand je gagne plus, mais moins heureux quand les autres gagnent plus. Cela signifie que si j'ai une augmentation de salaire, mais que les autres autour de moi en ont une aussi, je ne serai pas plus heureux. La bonne nouvelle, peut-être, c'est que ce type de comparaison vaut aussi pour d'autres expériences négatives. Nous avons montré que le chômage est l'une des expériences les plus déplaisantes et les plus insatisfaisantes qui soient, mais semble frapper moins durement les individus dans les régions où le chômage est élevé et la stigmatisation du chômage, vraisemblablement moins forte.

Le bonheur est donc tant social qu'individuel: les «autres» comptent beaucoup pour notre propre bien-être – par ce qu'ils gagnent, par ce qu'ils font sur le marché du travail et sans doute par bien d'autres choses qu'ils font. Ils sont par ailleurs importants sur un plan social général. La qualité des interactions entre individus, et entre individus et institutions, constitue un élément clé du bien-être. Une étude récente a été consacrée à la qualité de la relation entre les individus et leur milieu de travail. Les personnes interrogées devaient notamment répondre à la question suivante: «Suis-je prêt à travailler plus que prévu pour contribuer à la réussite de l'entreprise ou de l'organisme qui m'emploie?» Des 17 pays pour lesquels nous disposons de l'information, les plus favorables étaient les Américains et les Canadiens; les Français étaient les moins enclins. Je pense que cette relation de défiance par rapport au travail et aux institutions en général a peu de chances de rendre les gens heureux. Difficile de savoir, évidemment, comment la changer…

Les clés

- → **Le bonheur est social. Nous comparons nos expériences, agréables ou désagréables, avec celles de gens qui nous entourent.**
- → **La qualité de l'interaction entre les individus est un élément clé du bien-être.**
- → **Une relation de confiance par rapport au travail et aux institutions a des chances de rendre les gens heureux.**

Le professeur Andrew Clark (École d'économie de Paris, France) a travaillé au Royaume-Uni et aux États-Unis. Ses recherches (170 exposés à des conférences et 130 articles dans 53 revues savantes) portent sur la satisfaction dans le travail et dans la vie, les interactions sociales et l'apprentissage social. Il a même étudié l'effet des gains à la loterie. Andrew Clark a écrit des rapports pour l'OCDE et le gouvernement britannique. Il est membre du Groupe sur le bien-être des Nations Unies.

«Notre survie, nous la devons à notre expérience.»

Les neuf expériences

En nous faisant découvrir la Cité interdite à Pékin, notre guide nous rappelle l'importance du chiffre neuf dans l'histoire de la culture chinoise. Neuf marches menant à chaque terrasse, neuf rangées de neuf clous sur les portes de l'empereur, neuf statues sur les toits des 9999 pièces. Le professeur **Xing Zhanjun** travaille avec d'autres chiffres: les statistiques sur le bonheur, qui reflètent le bien-être subjectif de la population chinoise. Sa conclusion finale pour améliorer notre bonheur? Neuf expériences.

Le bonheur correspond à notre expérience

Si vous me demandez ce qu'est le bonheur et où on peut le trouver, je vous répondrai qu'il correspond à notre expérience. Nous pourrions dire aussi, dans un certain sens, que la vie est faite d'expériences. Notre survie, nous la devons à l'expérience. S'il nous arrive souvent de souffrir dans la vie réelle, nous pouvons malgré tout rester de bonne humeur. Grâce à cet état d'esprit et à tous nos efforts, nous pouvons améliorer en permanence notre vie. Notre étude sur le bien-être subjectif de la population chinoise a montré que certaines expériences de vie sont particulièrement importantes pour garantir notre bonheur.

L'expérience de base est celle **de la satisfaction et de l'abondance.** L'argent n'est pas la panacée, mais la vie devient totalement impossible s'il n'est pas suffisant. Personne ne peut être heureux s'il ne peut satisfaire ses besoins élémentaires. La condition première du bonheur est donc de pouvoir au moins gagner assez d'argent pour vivre confortablement, évitant ainsi la pression économique. Le bonheur est à la portée de quiconque dispose de ressources matérielles suffisantes et modère ses attentes. Neuf expériences peuvent contribuer à renforcer le bonheur.

L'expérience de la santé mentale. Le bonheur est une expérience psychologique positive qui suppose de posséder une bonne santé mentale, une attitude correcte, un esprit ouvert et un caractère enjoué. Toute personne adoptant ce genre d'attitude positive se sentira souvent plus dynamique et pourra plus facilement composer avec son quotidien et sa vie. Elle saura faire face avec calme aux difficultés.

L'expérience de la santé physique. La santé physique est aussi une expérience. D'une certaine façon, c'est une chance – donc un bonheur – de ne pas être gravement malade. Mais c'est aussi un bonheur qu'en cas de maladie plus ou moins invalidante, on puisse encore profiter de la vie. Toute personne en bonne santé, à l'aise dans son corps et ne souffrant d'aucune maladie grave, a des chances d'être heureuse. Une atteinte corporelle ne rend pas nécessairement malheureux, mais dans ce cas, c'est l'adoption d'une attitude mentale positive qui permettra d'être heureux.

L'expérience de l'équilibre psychologique. Envier le succès d'autrui, se réjouir de ses malheurs, se prendre pour un sage, avoir de grandes ambitions mais peu de talents… Toute personne possédant ce type d'attitude mentale ne se sentira guère heureuse. Le bonheur réside dans la capacité d'accepter sans difficulté son statut social et de faire face avec probité et courage à ses propres expériences de vie. Il faut saisir les occasions que la vie nous offre, mais les envisager de manière pragmatique.

L'expérience de l'adaptation aux relations interpersonnelles. A-t-on une relation harmonieuse et sincère avec son âme sœur? A-t-on des amis intimes sur lesquels on peut compter? L'établissement de bonnes interactions sociales permet de trouver sa place dans la société, d'éviter les erreurs et l'amertume et, bien entendu, de connaître le bonheur.

L'expérience de l'atmosphère familiale. La famille est très importante pour tout un chacun, partout. Pour les Chinois, le foyer familial revêt une signification particulière. Même dans notre société moderne, le rôle de la famille sur le plan émotif ne s'est pas affaibli. Au sein du cercle familial, on peut plus facilement surmonter la pression et se détendre. Toute personne qui sent de la chaleur dans sa famille sait qu'elle peut trouver là affection et compréhension mutuelles. Si l'atmosphère qui y règne est harmonieuse et détendue, elle aura toujours des sentiments agréables.

L'expérience de la confiance dans la société. La survie individuelle est liée à l'environnement social. La façon dont est perçue l'évolution de la société a des répercussions sur le bonheur de chacun. Lorsqu'on vit dans une société qui veille aux intérêts de tous et qu'on est persuadé que les orientations de cette société profitent à chaque individu, on se sent plus heureux.

L'expérience de l'acceptation de soi. Savoir reconnaître ses qualités et accepter ses défauts, savoir adopter une attitude positive envers soi-même, c'est faire preuve de maturité. Cette attitude mature peut aider dans bien des cas à se transcender soi-même. La satisfaction et le bonheur éprouvés amènent la confiance en soi et la maîtrise de soi.

L'expérience des objectifs et des valeurs personnelles. Le fait d'avoir des convictions claires aide à se positionner et à s'orienter dans la vie, à savoir ce qu'on veut, à connaître la valeur et la signification de ce qu'on fait. Cela aide aussi à toujours se sentir comblé et content, à trouver du plaisir dans les tâches routinières et à saluer chaque jour avec confiance.

L'expérience de la croissance et du progrès. En cherchant à progresser, on peut envisager la vie de manière positive et comme un apprentissage continu. On peut ainsi avancer dans la vie, avoir pleinement conscience de ses objectifs et vaincre les obstacles qui surgissent. Cet esprit d'entreprise a des avantages pratiques, mais procure aussi du bonheur.

Les clés

- → **Bonne santé mentale et physique, équilibre psychologique.**
- → **Relations interpersonnelles, atmosphère familiale, confiance dans la société.**
- → **Acceptation de soi, objectifs et valeurs personnelles, croissance et progrès.**

Xing Zhanjun est professeur à l'Université du Shandong à Jinan (Chine). Il a obtenu son doctorat à l'Institut de sociologie de l'Académie chinoise des sciences sociales de Pékin. Il dirige le Centre de recherches, pour la province du Shandong, du Bureau national des statistiques de la Chine. Ses domaines privilégiés sont la qualité de la vie et les politiques sociales ainsi que la mesure du bien-être subjectif.

«Les personnes qui perdent leurs amis, par exemple, aimeraient recevoir pour prix de leur douleur une compensation financière représentant six fois ce qu'elles gagnent.»

Le prix d'un ami

«Le bonheur dépend de paramètres tels que les circonstances et les problèmes que chacun d'entre nous peut rencontrer. Il est donc impossible de proposer une formule standard pour le bonheur», explique **Eduardo Lora**. En dépouillant ses enquêtes menées auprès de 40 000 personnes en Amérique latine et dans les Caraïbes, il a découvert une information étonnante: le prix d'un ami.

La valeur des amis ou d'un travail et ce qui s'achète avec de l'argent

Mes études ont confirmé ce que nous savions déjà sur ce qui détermine en priorité notre satisfaction dans la vie: avoir des amis sûrs, qui sont là durant les temps difficiles, une bonne santé, de profondes convictions religieuses, une relation stable avec son partenaire, un travail et un revenu suffisant pour couvrir ses besoins élémentaires. Ces résultats ne surprendront personne. Mais ce qui est surprenant, du moins pour un économiste comme moi, c'est de constater que le revenu compte aussi peu en ce qui concerne le bonheur. Les personnes qui perdent leurs amis, par exemple, aimeraient recevoir pour prix de leur douleur une compensation financière représentant six fois ce qu'elles gagnent. Les personnes qui perdent leur emploi ne se satisfont pas d'une compensation financière égale à ce qu'elles gagnaient pour se sentir bien de nouveau; elles ont besoin de 60 % de plus, parce que leur travail ne représente pas seulement une source de revenus, mais aussi un moyen de donner un sens à leur vie et de composer avec des aspects importants de leur existence. Pour beaucoup, il peut sembler grotesque d'indiquer un prix pour des amis ou un emploi, mais ce n'est pas l'objet de ces calculs. Il s'agit, au contraire, de montrer que l'argent a peu de valeur eu égard à ce qui compte vraiment dans la vie.

L'analyse de ces enquêtes m'a aussi appris autre chose: la comparaison avec d'autres sur le plan matériel, dans la vie, déprécie d'autant plus l'argent et rend le bonheur d'autant plus dépendant de l'argent. Les personnes vivant dans des conditions économiques très difficiles éprouvent plus de satisfaction avec un revenu très bas que les gens qui disposent de beaucoup plus d'argent, mais comparent leur voiture ou leur emploi avec tous ceux qui vivent autour d'eux. Comparer les aspects matériels de la vie est très dommageable pour la plupart des gens, car il y a toujours quelqu'un de mieux nanti que soi.

L'une des clés du bonheur est donc de profiter de l'argent qu'on a sans se préoccuper de ce que les autres ont. Si on y parvient, on se rend vite compte qu'on dispose de plus d'argent qu'il ne faut pour ses besoins et qu'il vaut mieux regarder en soi pour se consacrer davantage à ce qui nous procure réellement du bonheur.

Les clés

- → **On ne peut remplacer facilement un travail ou un ami.**
- → **L'argent et les revenus ont peu de valeur eu égard à tout ce qui compte vraiment dans la vie.**
- → **Comparer les aspects matériels de la vie est très dommageable pour la plupart des gens.**

Eduardo Lora est directeur du Département de la recherche à la Banque interaméricaine de développement à Washington, D.C. (États-Unis). D'origine colombienne, il a étudié pendant toute sa carrière les questions de développement de l'Amérique latine. Il a récemment publié deux livres sur le bonheur et la qualité de vie: *Paradox and Perception* et *Beyond Facts: Understanding Quality of Life*.

Le jeu expérimental

On donne un peu d'argent à des joueurs qui ne se connaissent pas. Certains peuvent «dépenser» l'argent qu'ils ont reçu en le partageant, alors que d'autres doivent attendre d'en recevoir. En bout de ligne, tous peuvent cependant faire un gain. Deux professeurs italiens ont effectué cette expérience avec leurs étudiants et mesuré leurs niveaux de bonheur. Qu'est-ce qui rend plus heureux: donner ou recevoir? Quels enseignements importants cette expérience peut-elle apporter à une politique de bien-être social?

Qu'est-ce qui rend le plus heureux: donner ou recevoir?

Nous avons étudié la question en combinant les données d'une enquête sur le bonheur et les résultats d'un jeu expérimental dans lequel les joueurs obtiennent des gains matériels selon leurs interactions durant le jeu. La surprise, du moins eu égard au postulat économique selon lequel les individus seraient motivés par leurs propres intérêts, est que contribuer au bien-être social augmente le bonheur des gens même quand cela réduit leur gain financier au niveau individuel.

Notre expérience a mobilisé 368 étudiants originaires de différentes universités italiennes. Répartis de façon aléatoire en groupes de deux, ils ont joué anonymement au «jeu de

«Contribuer au bien-être social augmente le bonheur des gens, même quand cela diminue leur gain financier au niveau individuel.»

l'investissement». Dans ce jeu, les joueurs reçoivent une somme d'argent, en l'occurrence 10 jetons, chaque jeton représentant l'équivalent de 0,50 euro. Un des deux joueurs (le «bénéficiaire») ne peut utiliser cette somme, tandis que l'autre (l'«investisseur») doit décider combien il va envoyer au bénéficiaire. Ce montant, qui peut varier de zéro au total de la somme reçue, est triplé par l'expérimentateur. Enfin, le bénéficiaire doit décider combien de ce montant triplé il va renvoyer à l'investisseur. De toute évidence, la décision de l'investisseur et celle du bénéficiaire influencent le résultat du jeu et les gains finaux. De plus, l'investisseur peut créer de la valeur dans la mesure où le montant envoyé est triplé par l'expérimentateur, ce qui est la seule manière d'augmenter le gain total du jeu (le «bien-être social»).

Comme c'est la règle pour la plupart des questionnaires sur le bonheur, nous avons mesuré la satisfaction des joueurs à l'aide de la question: «Tout bien considéré, où situeriez-vous votre bonheur sur une échelle de 1 (complètement malheureux) à 10 (complètement heureux)?» Les participants ont répondu de manière aléatoire aux questions:
a) à la fin du jeu ou b) avant même de connaître les règles du jeu.

Nos résultats montrent clairement que les déclarations de bonheur après le jeu n'ont pas été influencées par les gains personnels des joueurs. Au contraire, le bonheur des investisseurs est en corrélation avec les montants envoyés aux bénéficiaires. En d'autres termes, ceux qui décident d'envoyer de l'argent à d'autres se sentent plus heureux que ceux qui s'en abstiennent. De plus, et c'est là peut-être le résultat le plus intéressant, ceux qui donnent davantage sont plus heureux, même si leur gain final est moindre. En fait, les bénéficiaires ont tendance à ne pas récompenser les investisseurs qui envoient des montants, et leur décision d'envoyer de l'argent est effectivement préjudiciable au gain final des investisseurs. Nous ne pouvons pas expliquer nos résultats par le fait que les individus plus heureux seraient plus généreux. Il n'existe en effet aucune corrélation entre le montant envoyé par les investisseurs et leur niveau de bonheur déclaré avant le début du jeu.

Nous devons également souligner un autre point avant de donner nos conclusions. Nous avons demandé aux participants quel était leur niveau de bonheur global. **Mais en quoi le bonheur global serait-il affecté par le fait de jouer à un simple jeu?** La distinction faite par Alan Krueger et Daniel Kahneman, Prix Nobel 2002, peut fournir une explication. Kahneman et Krueger font en effet une distinction entre *utilité vécue* et *utilité rétrospective*, c'est-à-dire entre le ressenti des expériences vécues et le souvenir de ces expériences. Il est prouvé que les évaluations d'expériences passées peuvent être faussées par rapport à des comptes rendus en temps réel. De plus, l'utilité rétrospective semble constituer une sorte de moyenne où l'importance des utilités vécues varie et est surtout accordée à la fin de la période au cours de laquelle ces expériences ont été vécues. Notre étude corrobore l'idée selon laquelle les expériences récentes peuvent influencer dans une large mesure les déclarations relatives au bonheur global. Nous considérons en particulier que l'effet sur le bonheur autodéclaré des investisseurs dans notre expérience est celui d'une expérience agréable récente (concernant la question sur le bonheur) qui a eu pour l'investisseur une influence sur l'utilité.

Le jeu de l'investissement n'avait encore jamais été utilisé pour étudier l'effet des gains ou du comportement des joueurs sur leur bonheur. Cette méthode nous a permis de mettre le doigt sur un effet intéressant du comportement humain en relation avec le bonheur. Le lien est particulièrement net (du moins dans notre expérimentation) et peut inspirer aussi bien la politique que l'économie. Se préoccuper du bien-être des autres, même au détriment de son propre avantage matériel, peut rendre plus heureux que ne penser qu'à soi.

Les clés

- → **L'obtention d'un gain personnel n'a pas d'incidence sur notre bonheur.**
- → **Les gens heureux ne sont pas plus généreux. Les gens plus généreux sont plus heureux.**
- → **Se préoccuper du bien-être des autres, même au détriment de son propre avantage matériel, peut rendre plus heureux que ne penser qu'à soi.**

Leonardo Becchetti est professeur d'économie à l'Université Tor Vergata de Rome (Italie). Il est président de la commission éthique de la Banca Popolare Etica et directeur d'Econometica, un consortium de plus de 20 universités italiennes offrant la possibilité d'étudier la relation entre l'éthique et l'économie. Giacomo Degli Antoni est chercheur au centre de l'Université Bicocca à Milan et s'intéresse surtout à la relation entre le bonheur et l'économie. Le jeu de l'investissement a été inventé par Berg, Dickhaut et McCabe en 1995.

«La Révolution a amélioré nettement la situation, mais pas les relations interpersonnelles.»

L'expérience révolutionnaire

En 1989, la Révolution de velours a mis fin pacifiquement au régime communiste. Un an plus tard, le pays a organisé les premières élections démocratiques depuis plus de 40 ans. Deux professeurs de l'Université de Prague ont étudié les effets des changements sociaux qui ont suivi sur la qualité de vie. Ils ont découvert un bouleversement du sens des valeurs dans la population et un nouveau conflit: entre les valeurs. Une expérience révolutionnaire.

Les conséquences d'une révolution

Le passage du totalitarisme au pluralisme politique en Tchécoslovaquie en 1989 s'est accompagné d'un grand nombre de bouleversements économiques et sociaux. Une enquête menée en 2000-2001 sur un large échantillon représentatif de la population tchèque a permis d'étudier l'impact de ces profonds changements sur la qualité de vie. Plus de 10 ans après la chute de l'ancien régime, les Tchèques étaient en général plus satisfaits qu'insatisfaits: 65 % des répondants ont indiqué que leur qualité de vie s'était améliorée et 12 % seulement ont affirmé qu'elle avait empiré. L'unique domaine qui, pour la majorité des personnes ayant répondu à l'enquête, paraissait s'être détérioré au cours de la période post-socialiste était les relations interpersonnelles. Bien qu'ils aient dit être particulièrement satisfaits de leurs relations avec leurs amis et de leur vie familiale, les Tchèques ont déploré l'évolution des relations au sein de la société en général. **Les femmes étaient moins positives que les hommes sur les changements apportés par la nouvelle ère.** Les hommes appréciaient particulièrement la chance d'obtenir un meilleur emploi. Apparemment, l'économie de marché et les mécanismes de concurrence qui l'accompagnaient avaient offert davantage de possibilités aux hommes qu'aux femmes de faire carrière au cours de cette période. Ces nouvelles caractéristiques sociales semblaient donc plus en phase avec la conception masculine d'une vie satisfaisante.

Un individualisme croissant, surtout, a accompagné les récents changements en République tchèque. L'individualisme est par essence la marque de l'économie de marché. Avec la libéralisation progressive de l'économie, les gens en viennent à considérer l'argent et la richesse matérielle comme des valeurs importantes dans la vie. Ironie du sort, cependant, plus les individus sont obnubilés par le matérialisme, moins ils se disent satisfaits de leur vie. Ces conclusions des enquêtes de consommation ne sont pas nouvelles et ont été récemment corroborées par un sondage auprès d'étudiants tchèques indiquant que plus les étudiants deviennent matérialistes, moins ils se satisfont de leur vie. Le lien est très fort, même après élimination des effets possibles de l'estime de soi, du neuroticisme et de l'extraversion.

L'une des raisons des conséquences indésirables du matérialisme, c'est que les gens matérialistes placent généralement les valeurs favorables au développement harmonieux de la personnalité (surtout l'autonomie ainsi que les relations amoureuses ou interpersonnelles) plus bas dans leur hiérarchie de valeurs. Qui plus est, leurs valeurs sont souvent conflictuelles. **L'autonomie est-elle bien compatible avec un profond attachement à l'amour et à l'amitié?** Est-il possible, par exemple, de passer suffisamment de temps avec une personne aimée tout en menant une carrière exigente?

Qu'en est-il dans la vie quotidienne? Une étude réalisée auprès d'étudiants tchèques a montré que les deux valeurs le plus souvent en conflit sont «l'amour» et «le libre choix» (c'est-à-dire le droit de poursuivre librement ses objectifs personnels). Une grande proportion des répondants (35 %) ont placé ces valeurs en première et en deuxième positions dans leur hiérarchie des valeurs. Par rapport aux autres, ces étudiants étaient bien plus insatisfaits de leur vie et avaient souvent eu moins d'émotions positives telles que le plaisir, le bonheur et l'enthousiasme. De plus, leur style de vie était moins sain,

avec une consommation quotidienne de cigarettes plus élevée et une consommation d'alcool plus fréquente. Il semble que le comportement à risque de ces répondants soit lié à la tension psychique et aux déséquilibres résultant d'un conflit permanent entre les choix de valeurs qu'ils font.

Pour assurer son bonheur général et sa tranquillité d'esprit, il paraît essentiel de se satisfaire de ses conditions de vie et de ne pas trop s'intéresser à leurs aspects matériels. Il faut établir des priorités et faire des choix dans la vie qui ne soient pas contradictoires mais complémentaires et se renforcent mutuellement, afin de pouvoir préserver son équilibre psychique et son intégrité physique.

Les clés

→ **Plus nous sommes matérialistes, moins notre vie nous satisfait.**

→ **Des valeurs comme l'autonomie et les relations amoureuses ou interpersonnelles doivent primer si nous voulons assurer un développement harmonieux de notre personnalité.**

→ **Fixons-nous des objectifs et des priorités dans la vie qui ne soient pas contradictoires, afin de trouver un équilibre psychique satisfaisant (par exemple entre l'amour et la liberté).**

Helena Hnilicova (Faculté de médecine) participe à des projets de recherche sur la santé, la qualité de vie et la satisfaction des patients. Karel Hnilica (Faculté de philosophie) s'intéresse aux valeurs, aux stéréotypes, aux préjugés, à la discrimination et à la qualité de vie. Tous deux enseignent à l'Université Charles de Prague (République tchèque). Ils étudient notamment l'effet de la Révolution sur le ressenti de la population.

City lights

Pour la première fois dans l'histoire de l'humanité, la majorité de la population mondiale est urbaine. Plus de trois milliards d'individus habitent maintenant dans les villes, et ce nombre augmente tous les jours. Mais est-ce un atout dans la quête du bonheur? Est-on plus heureux dans les zones urbaines que dans les régions rurales? Nul doute que les villes offrent d'innombrables possibilités, mais nous procurent-elles une vie plus heureuse? Travaillant, vivant et se déplaçant dans une ville aussi animée que Milan, le professeur **Giampaolo Nuvolati** essaie de trouver la clé pour vivre de manière satisfaisante en ville.

Une foule de possibilités, mais…

Si mes recherches empiriques et théoriques sur la qualité de vie dans les grandes villes m'ont appris une chose, c'est que cette qualité tient non seulement à la quantité des ressources collectives et des services en zone urbaine, mais aussi aux possibilités et aux capacités des citadins d'utiliser ces ressources.
Cela suppose qu'on se préoccupe moins des *produits de consommation* et davantage des *fonctions* et des *moyens*, passant ainsi de l'*avoir* à l'*être* et au *faire*, plus importants. Prenons deux exemples. Nous *avons* une voiture, mais nous *sommes* souvent pris dans des embouteillages. Nous *avons* des théâtres, mais peu d'entre nous *sont* des habitués de ces lieux. Nous aimerions bien aller au théâtre, mais nous n'avons pas le temps ou les places sont chères, ou encore les théâtres sont difficilement accessibles (pour des raisons de temps ou de déplacement). Il en résulte que la transformation d'une foule de ressources urbaines en une véritable qualité de vie devient de plus en plus compliquée, notamment dans les grandes villes, qui concentrent différentes populations (habitants, navetteurs ou banlieusards, usagers, touristes). Dans les métropoles contemporaines, nous constatons une forte polarisation: certains groupes de résidants et de non-résidants ont accès à de nombreux services, tandis que beaucoup d'autres sont marginalisés. Dans les villes de petite et de moyenne importance, les ressources sont moins abondantes mais plus

directement accessibles et utilisables, ce qui contribue à l'amélioration des conditions de vie des habitants. En revanche, quand les ressources et les services sont trop limités au départ, même s'ils sont immédiatement accessibles, la qualité de vie risque d'en pâtir. Pour résumer, la qualité de vie résulte de la facilité d'accès pour chacun des ressources et des services disponibles dans une ville, de manière que leur utilisation puisse se traduire concrètement par de meilleures conditions de vie individuelles. Cette transformation ne dépend pas seulement de l'amélioration de notre niveau de vie ou de la multiplication des infrastructures publiques, mais aussi de la compétence personnelle, du capital social, de l'éducation et de l'accès à l'information. Les politiques publiques visant à améliorer la mobilité durable ainsi que l'accessibilité aux ressources et aux services disponibles sont également les bienvenues. La relation entre la qualité de vie objective et le bonheur subjectif doit faire l'objet de recherches complémentaires, mais nous pouvons raisonnablement partir du principe qu'il existe en fait plusieurs relations.
Le conseil que j'aimerais maintenant donner à tous les êtres humains pour accroître leur bonheur concerne leur capacité à «jouer» avec les processus dits de «désancrage» (délocalisation) et de «réancrage» (relocalisation). En d'autres termes, il faudrait, si possible, qu'ils voyagent, entretiennent des contacts internationaux et utilisent les nouvelles technologies de communication, tout en continuant à renforcer leurs réseaux locaux, leurs identités personnelles ou communautaires et leurs contacts face à face. Ne faites pas abstraction des complexités postmodernes, mais essayez d'en tirer parti, tant au jour le jour que pour des projets à long terme. Ce qui signifie par ailleurs que vous devrez respecter les valeurs personnelles, familiales et locales. Parfois, l'équilibre sera difficile à trouver.

Les clés

- → **La qualité de vie résulte de la facilité d'accès et de l'utilité pour chacun des ressources et des services disponibles dans une ville.**
- → **Les pouvoirs publics devraient concentrer leur action sur l'éducation, l'information, la mobilité et l'accessibilité.**
- → **Ne faites pas abstraction des complexités postmodernes, mais essayez d'en tirer parti: renforcez vos réseaux locaux tout en établissant des contacts internationaux.**

Le professeur Giampaolo Nuvolati enseigne la sociologie urbaine à l'Université Bicocca de Milan (Italie). C'est un expert international des indicateurs de la qualité de vie urbaine. Dans son ouvrage *Lo sguardo vagabondo*, il dresse un portrait des «flâneurs» d'antan et d'aujourd'hui: des êtres urbains par excellence, élevés à la dure école des métropoles modernes.

«Le XXIe siècle sera le siècle le plus religieux de tous les temps.»

L'amour de la vie

C'est vrai. Les personnes qui se déclarent «croyantes» affirment aussi être plus heureuses. La religion offre la possibilité d'avoir des contacts sociaux, du soutien des autres, des consolations, un but dans la vie et un lien avec une réalité extérieure à soi. Tout ce qui peut vous rendre plus heureux. Le professeur **Ahmed M. Abdel-Khalek** résume une bonne vingtaine d'ouvrages en quelques mots essentiels: la religion et l'amour de la vie.

La force de motivation

Mes recherches dans les pays arabes, de l'Égypte au Koweït, ont porté sur deux thèmes en particulier: le nouveau concept de l'amour de la vie et la relation entre le bonheur et la religiosité (ou spiritualité). Elles ont mis en évidence une corrélation positive entre ces deux concepts.

L'amour de la vie est défini comme une attitude généralement positive vis-à-vis de sa propre vie. Il indique qu'on s'attache à la vie et qu'on l'apprécie. L'amour de la vie et la quête du bonheur ont une importance capitale pour l'être humain et sont positivement corrélés. Les spécialistes ont démontré que le bonheur peut s'apprendre. Tout le monde peut apprendre à aimer la vie pour autant qu'il respecte les lois de la société et observe les préceptes de la religion. Nous devons tous apprendre à jouir de la vie, avec les ressources dont nous disposons, et à essayer d'obtenir ce qu'il y a de mieux pour nous-mêmes et pour les autres. Le terme «jouissance» prend en compte tant les besoins matériels que les obligations morales et les préceptes religieux.

La religion a été l'une des principales forces dans le passé et il y a tout lieu de croire qu'elle est en passe de retrouver ce statut prestigieux. Certains auteurs ont prédit que le XXIe siècle serait même le siècle le plus religieux de tous les temps. De fait, 95 % des adultes américains déclarent croire en Dieu. Dans des sondages Gallup, 86% ont répondu que la religion était importante, voire très importante pour eux. Il est établi qu'au Moyen-Orient, la population est plus religieuse que dans toute autre partie du monde. Cela n'a rien de très surprenant, car c'est dans cette région que sont nées les trois plus importantes religions révélées (judaïsme, christianisme, islam), qui ont pour caractéristique commune la croyance en un Dieu unique. De nombreux travaux menés dans le monde entier, dont notre modeste étude, montrent que l'appartenance et l'engagement religieux ont un effet bénéfique sur le bien-être personnel, le bonheur, l'estime de soi et la capacité d'adaptation. Plusieurs études ont mis en évidence un lien positif entre la religiosité (mais non l'extrémisme religieux) et le bonheur, y compris la santé physique et mentale.

En résumé, les êtres humains doivent apprendre à aimer la vie sans enfreindre les lois et la morale, ce qui implique aussi de se conformer aux préceptes religieux ou spirituels. Cette religiosité va de pair avec une meilleure santé, un bonheur plus complet et une plus grande satisfaction dans la vie. Les convictions religieuses sont une force dans la recherche et la découverte du bonheur.

Les clés

- → **Apprenez à aimer, à goûter et à apprécier la vie, tout en essayant d'obtenir ce qu'il y a de mieux pour vous-même et pour les autres.**
- → **L'appartenance et l'engagement religieux ont un effet bénéfique sur le bien-être personnel, le bonheur, l'estime de soi et la capacité d'adaptation.**
- → **Les convictions religieuses (mais non l'extrémisme religieux) sont une puissante force de motivation et favorisent la santé physique et mentale.**

Ahmed M. Abdel-Khalek est égyptien et enseigne la psychologie à l'Université du Koweït. Il a publié 21 ouvrages en arabe, 8 tests psychologiques et 295 articles en arabe et en anglais. Ses recherches se concentrent sur la structure et l'évaluation de la personnalité, les comparaisons transculturelles, les attitudes face à la mort, la dépression chez l'enfant et les troubles du sommeil. Depuis 10 ans, il s'intéresse à l'optimisme, à l'espoir, au bonheur, à l'amour de la vie et à la religiosité.

Le yin et le yang

«Un cinquième de la population mondiale vit en Chine. Toute théorie qui se veut universelle doit donc prendre en compte des données pertinentes d'origine chinoise. Concernant notamment la généralisation des théories sur le bonheur élaborées dans des contextes occidentaux, il est indispensable de prendre en compte des études effectuées dans différents environnements en Chine», indique le professeur **Daniel T. L. Shek**, de Hong Kong.

Une approche plus holistique

Les conceptions et les manifestations du bonheur dans la culture chinoise diffèrent de celles exprimées dans la culture occidentale. Riches d'une histoire de plus de 5000 ans, les valeurs traditionnelles chinoises, étroitement liées au confucianisme, au bouddhisme et au taoïsme, constituent les fondements de ces conceptions et expressions du bonheur en Chine. Pour le bonheur, les sentiments positifs et la libre expression sont essentiels dans la culture américaine, tandis que les Chinois mettent l'accent sur les sentiments antagonistes et la réserve. Il est donc d'autant plus important d'effectuer de nouvelles études sur la civilisation chinoise afin de mieux comprendre les différences transculturelles dans les conceptions et les manifestations du bonheur. Il est clair que les enseignements philosophiques, les valeurs culturelles et les conceptions du bonheur en Chine peuvent

donner matière à réflexion aux chercheurs occidentaux. Le bonheur de la population chinoise est généralement étudié au niveau individuel. Avec le succès croissant des modèles écologiques indiquant que le comportement humain s'inscrit dans différents écosystèmes (par exemple, le système familial ou le macrosystème socioculturel), nous avons besoin d'une approche plus holistique de la conception du bonheur et des phénomènes connexes par rapport à ces différents systèmes. Certaines études montrent que les théories occidentales sur le bonheur s'appliquent aussi aux Chinois, mais de nombreuses questions restent sans réponse.

Il est important de voir comment le bonheur des personnes, des familles, des communautés et des grandes villes en Chine s'est transformé au cours des dernières décennies, depuis l'instauration du régime communiste en 1949, avec les changements apportés par la Révolution culturelle au milieu des années 1960, et l'adoption d'une politique d'ouverture et de réformes économiques depuis la fin des années 1970. Avec l'intensification des réformes économiques, la population chinoise est devenue plus exposée aux effets des changements économiques. Les réformes économiques ont certes élevé le niveau de vie (contribuant au bonheur), **mais elles ont accru également les problèmes individuels, familiaux et sociaux** (nuisant au bonheur). De plus, le chômage et la défavorisation économique, qui n'existent pas en théorie dans un régime socialiste, sont plus répandus dans la Chine d'aujourd'hui.

La sagesse des préceptes philosophiques et religieux chinois peut être intéressante pour les non-Chinois désireux de «favoriser» leur bonheur… à condition de réviser leurs conceptions du bonheur. Dans le confucianisme, le bonheur n'est certes pas déconsidéré,

«Les enseignements du confucianisme, du bouddhisme et du taoïsme donnent matière à réflexion.»

mais l'expression d'une émotion intense n'est pas encouragée par la «doctrine du milieu». Selon Confucius, c'est l'auto-éducation qui conduit au bonheur. Dans la pensée bouddhiste, le «lâcher-prise» et les «opposés»» sont essentiels pour connaître le réel bonheur dans la vie. En fait, le bonheur au sens hédoniste du terme est considéré comme une illusion susceptible de nous empêcher d'accéder au bonheur. La pensée taoïste met l'accent sur l'harmonie avec soi-même, avec la nature et avec l'univers afin de parvenir au bonheur. Une telle insistance correspond aux idées humanistes et existentialistes selon lesquelles chacun devrait connaître la paix intérieure et entretenir un rapport satisfaisant avec son environnement. Enfin, pour la médecine chinoise traditionnelle, l'équilibre entre le yin et le yang représente l'idéal de vie. Dans le monde chinois, l'utilisation d'herbes médicinales, de la méditation et d'arts martiaux comme le taï chi permet d'atteindre un degré d'harmonie qui aboutit à la sensation de bonheur intérieur.

Les clés

→ **Dans la culture américaine, les sentiments positifs et la libre expression sont essentiels au bonheur, tandis que les Chinois mettent l'accent sur les sentiments antagonistes et la réserve.**

→ **Nous devons changer radicalement notre conception du bonheur, pour que les non-Chinois accèdent à la sagesse des religions et des philosophies chinoises.**

→ **L'équilibre entre le yin et le yang permet d'atteindre un état d'harmonie intérieure qui aboutit à la sensation de bonheur intérieur.**

Le professeur Daniel T. L. Shek (Université polytechnique de Hong Kong, Chine) est consultant pour le *Journal of Clinical Psychology* et membre du comité de rédaction de *Research on Social Work Practice*. Il a publié plus de 100 articles dans des revues internationales sur les adolescents, la santé holistique, le bien-être social et la qualité de vie dans différents contextes (Chine, Occident, ensemble du monde).

Hamba Kahle!

«À vrai dire, résumer mes idées dans *Happiness: Le grand livre du bonheur* m'a paru redoutable. Si on m'avait demandé d'écrire un article «scientifique», j'aurais eu assurément moins de mal, avoue le professeur **D. J. W. Strümpfer**. Ces 20 dernières années, ce Sud-Africain s'est occupé du sens de la cohérence et de la résilience mis en évidence par Antonovsky ainsi que du continuum de la santé psychosociale chez Keyes. «J'ai essayé de dégager quelques idées pratiques de tout cela, sans être trop théorique.» À 80 ans, le professeur Strümpfer nous livre des conseils qui reposent sur l'expérience de toute une vie et sur cette expression zoulou que l'on dit pour prendre congé d'une personne: *Hamba kahle* (Porte-toi bien!).

Épanouissement

La vie respire la santé, la beauté, la joie, l'amour, et bien plus encore. Ce sont les fontaines qui alimentent notre force. Si nous puisons dans ces ressources, que nous les mettons en valeur, les explorons et les exploitons, nous nous *épanouirons* joyeusement. Certaines de nos forces sont innées et agissent sur notre mental et nos émotions, d'autres naissent de notre expérience et de notre apprentissage, d'autres encore surgissent de notre éducation. Des forces innombrables viennent de nos relations, de nos communautés et de nos lieux de vie. Notre époque détermine un grand nombre de forces, particulières et générales. Comme pour la force physique, nous devons développer nos forces psychologiques. Le développement de certaines forces est une tâche ardue, mais nous pouvons aussi acquérir plusieurs d'entre elles en recherchant activement des expériences joyeuses.

Comment y parvenir? Permettez-vous de *sentir*. Souriez! Riez! **Mais pleurez si vous en avez envie, cela vous soulagera.** Ouvrez vos yeux et vos oreilles à la beauté qui vous entoure. Recherchez la beauté. On peut être très heureux en *écoutant* le chant des oiseaux et en *observant* leur vol, en *regardant* des arbres, des plantes et des fleurs, de l'eau qui coule, des nuages, un lever ou un coucher de soleil. Écoutez la nature: l'eau, la pluie, le vent, le tonnerre, mais aussi… le silence. Prêtez attention à ce que vous touchez, goûtez et sentez, et *vivez* cette joie. Écoutez de la musique. Chantez, juste ou faux, peu importe.

Appréciez-vous comme vous êtes. Ayez confiance en vos talents (*Yes, you can!*). Efforcez-vous de rester optimiste, de trouver du plaisir et du sens dans tout ce que vous faites, y compris vos tâches quotidiennes. Conservez la santé: soyez raisonnable en ce qui a trait à la nourriture et à la boisson, et faites de l'activité physique. Cherchez à comprendre – par la discussion, la lecture, l'écoute –, mais aussi à penser: qu'est-ce que tout cela signifie pour *vous*?

Acceptez l'aide de votre famille, de vos amis, des autres, de votre médecin, d'un policier, de votre entreprise, de votre syndicat, de votre communauté de foi, bref de quiconque autour de vous, et attendez-vous à cette aide. Prévoyez aussi une aide spirituelle, mais sachez qu'elle ne viendra pas d'elle-même: recherchez-la activement lorsque vous en aurez besoin et continuez de la demander jusqu'à ce que vous la receviez. Soutenez aussi les autres, partout et autant que vous le pouvez; curieusement, cela vous renforcera à votre tour.

Il ne fait aucun doute que la vie comporte aussi des aspects *négatifs*: maladies graves et chroniques, handicaps, chagrins, morts, catastrophes, situations familiale, économique ou politique désastreuses, bref un flot d'exigences allant du supportable à l'effroyable. Parfois, cela nous mine. Mais nous sommes résilients: nous avons du ressort, non seulement pour revenir à notre état initial, mais aussi pour progresser. Venir à bout de contraintes *a priori* irrésistibles confère souvent une nouvelle dimension et de nouvelles forces pour affronter les difficultés. Nos forces nous aident à vaincre et à retrouver le chemin de l'*épanouissement*.

Les clés

- → **Permettez-vous de sentir, d'écouter, de goûter, de humer et de profiter des joies de la vie.**
- → **Appréciez-vous comme vous êtes, ayez confiance dans vos talents et cherchez à comprendre.**
- → **Acceptez l'aide de toute personne autour de vous; cherchez cette aide activement et apportez également votre soutien aux autres.**

D. J. W. Strümpfer est professeur émérite de psychologie (Université du Cap, Afrique du Sud). Il est reconnu dans le monde entier pour ses études sur le bien-être subjectif, la prospérité, l'épanouissement et la quête du sens. Il a ajouté un nouveau mot au dictionnaire de la psychologie: «fortigenèse» ou processus de mobilisation des forces.

«Il y a une grande différence entre se sentir heureux et être heureux.»

Derrière les smileys

:-) (sourire)
:-D (rire)
(^_^) (smiley japonais)

Les messages écrits qui s'affichent sur les téléphones portables et les ordinateurs ne peuvent traduire nos intonations ni notre langage corporel. Nous utilisons donc des binettes (aussi appelées smileys, frimousses, émoticônes, trombines, souriards ou même sourieurs). Le symbole ☺, qui exprime un sentiment de joie, est un succès mondial. Rien de plus simple: un cercle, deux petits points et un arc de cercle. La couleur? Jaune, une couleur associée dans le monde entier à la joie. Il n'empêche que nous avons cherché le sens exact du bonheur pendant des millénaires. Le professeur **Doh C. Shin** a découvert trois éléments clés qui se cachent toujours derrière la binette.

Les trois composantes universelles du bonheur

L'une des significations du mot «heureux» renvoie à une sensation, le plus souvent de courte durée. Quand Homère et Hérodote assimilaient le bonheur au plaisir physique et quand, plus près de nous, les philosophes en faisaient un état affectif, ils voulaient parler d'émotions passagères comme la gaîté et l'exaltation, ce qui diffère fondamentalement de la signification de base de ce mot, à savoir la «satisfaction». Ces sensations de bonheur sont souvent regroupées sous le terme «euphorie», avec la présence de plaisir et l'absence de douleur. De ce point de vue, le bonheur est un concept hédoniste.

Le mot est aussi utilisé pour indiquer que quelqu'un est «heureux avec» ou «heureux de» quelque chose, c'est-à-dire «satisfait de» ou «content de» son état de bien-être, sans implication de sensation particulière. Appliquée au bonheur, cette signification est plus complète que la simple notion de plaisir émotionnel; le terme sert ici à décrire uniquement l'aspect de bien-être découlant d'une expérience de vie.

Enfin, le mot «heureux» caractérise souvent la qualité d'une vie humaine dans son ensemble et non un aspect particulier de cette vie, comme précédemment dans le deuxième usage du terme. Une personne qui se déclare «heureuse» signifie par là qu'elle mène une vie heureuse, dans laquelle ses objectifs et réalisations forment un tout harmonieux et satisfaisant. Quand elle porte ce type de jugement holistique dans le cadre du concept de bonheur, elle tient compte des différents aspects de sa situation et des circonstances ainsi que de la manière dont elle les ressent. Dans ce cas, le sens qu'elle donne au bonheur représente l'appréciation la plus positive de sa vie dans son ensemble.

Les deux premières vues du bonheur sont partielles, mais la troisième englobe l'ensemble des besoins, des désirs, des intérêts et des goûts humains, et cherche à déterminer s'ils constituent un tout harmonieux. Contrairement au plaisir, le bonheur n'est donc ni épisodique ni lié à des humeurs passagères. Les sensations de plaisir et de douleur peuvent exister aussi bien dans le contexte d'une vie heureuse que dans celui d'une vie malheureuse. Les études systématiques du bonheur devraient toujours faire la distinction entre *se sentir* heureux et *être* heureux.

Si le bonheur renvoie à la qualité globale de la vie, une question essentielle demeure: de quoi le bonheur est-il fait? Les philosophes et les sociologues à la recherche des composantes du bonheur ont examiné de nombreuses expériences de vie; ils se sont penchés en particulier sur trois explications bien connues de la «vie heureuse». La première est ce qu'on appelle l'«idéal épicurien». Selon la doctrine d'Épicure, le bonheur se résume à *avoir* (et non à *faire*) certaines choses qui procurent un plaisir passif, par exemple de beaux tableaux ou la bonne compagnie. Pour un épicurien, le bonheur consiste à jouir de la vie sans jamais manquer de ce qui peut procurer du plaisir.

Le deuxième idéal d'une vie heureuse figure dans les écrits des philosophes des utilitaristes, pour lesquels le bonheur provenait de la satisfaction des désirs; de ce point de vue, le bonheur équivaut essentiellement au contentement dans un équilibre entre les besoins d'un côté et la satisfaction de l'autre. La *satisfaction* immédiate des désirs procure le bonheur, tandis que la persistance de la non-satisfaction rend malheureux. Pour un utilitariste, la vie heureuse se résume à la satisfaction de tous ses besoins et désirs.

Le troisième idéal d'une vie heureuse envisage le bonheur ni comme un plaisir passif ni comme une possession de biens ou une satisfaction de besoins. Cette doctrine, qui trouve son expression dans le concept aristotélicien de l'*eudaimonia*, assimile le bonheur à l'activité créatrice. Le bonheur provient du déploiement de nos capacités dans des activités qui nous procurent du plaisir. De ce point de vue, le bonheur est une sorte de *réalisation* de la productivité intérieure de l'homme, et est connexe à toute activité humaine de production.

L'examen de ces trois doctrines philosophiques du bonheur me porte à croire que les trois expériences de vie positives que sont la jouissance, la satisfaction et la réalisation représentent les trois composantes du bonheur. Je suis également porté à croire que les combinaisons spécifiques de ces trois composantes – qui ensemble forment un jugement individuel global sur le bonheur – varient selon les sociétés, culturellement différentes. Comment varient-elles exactement? Voilà une question clé pour la prochaine génération de chercheurs en psychologie positive.

Les clés

- → **Il existe trois composantes du bonheur. La première est la jouissance: la possession de certaines choses qui procurent un plaisir (passif).**
- → **La deuxième composante est le contentement: l'équilibre entre les besoins et la satisfaction.**
- → **La troisième composante est la réalisation. Le bonheur provient du déploiement de nos capacités dans ce qui nous procure du plaisir. La combinaison de ces trois composantes varie selon les cultures.**

Doh Chull Shin occupe la Chaire de sciences politiques à l'Université du Missouri à Columbia (États-Unis). Il est le créateur du Korea Barometer et cocréateur de l'Asian Barometer (une étude systématique des comportements et des valeurs). Ces 20 dernières années, il a effectué des recherches comparées sur la démocratisation et la qualité de vie. Sa dernière publication s'intitule *The Quality of Life in Confucian Asia*.

I FEEL AWFUL
INSIDE

Le droit à la tristesse

Are we ready for some fun?
You and me and everyone
This is the happy, happy, happy song.
We gonna sing it all night long.
This is the happy, happy, happy song.
So let's smile.
This is the happiest song
in the world...

Voilà le texte de la «chanson la plus heureuse du monde» sur Internet. La revue *Journal of Happiness Studies* a cependant publié un rapport sur les 230 000 chansons composées depuis 1960. Il ressort de cette étude qu'elles deviennent de plus en plus tristes. La vie n'est pas une partie de plaisir et sourire à longueur de journée finit par donner des crampes. Même la lecture d'ouvrages sur le bonheur peut vous rendre triste. Le sociologue **Grant Duncan** se demande si nous avons le droit – voire l'obligation – d'être heureux. Sommes-nous autorisés à nous sentir tristes?

Le bonheur: ni un droit ni une obligation

Je propose d'abandonner l'idée politique qu'il puisse exister un *droit* au bonheur. Mes recherches ont surtout porté sur les usages politiques du bonheur et l'idée selon laquelle les gouvernements pourraient avoir l'obligation de maximaliser le bonheur de la population. Je suis finalement sceptique à cette idée, mais comme d'autres, je suis toujours intéressé par la façon dont nous pouvons, en tant qu'individus, augmenter notre bonheur et notre bien-être. Il appartient, bien entendu, aux gouvernements de fournir certains biens et services (comme l'enseignement public et la protection des droits de l'être humain) vitaux pour notre bien-être. Mais compte tenu de sa nature subjective, le bonheur incombe à chacun de nous, individuellement, et à ceux qui nous sont proches. En d'autres termes, nous pouvons abandonner l'idée qu'il y aurait une obligation sociale à être heureux. Parfois, je me demande si les gens pensent qu'ils *devraient* être heureux et que ce n'est pas bien, par rapport aux autres, de ne pas l'être. La mélancolie et la tristesse sont deux émotions normales et saines. Il va de soi qu'une tristesse profonde et prolongée, sans aucun lien avec un événement de la vie, peut être le signe d'une vraie dépression nécessitant de l'aide. **Mais acceptons le côté créatif et sain de notre tristesse ordinaire,** et même de quelques épreuves douloureuses. Nos plus grandes réalisations dans la vie, surtout lorsqu'elles impliquent des activités créatrices ou dédiées au soin des autres, nous obligent souvent à renoncer à ce qui aurait pu nous faire du bien pendant ce temps. Nous pouvons accepter qu'un certain degré de tristesse et de souffrance dans la vie soit nécessaire, voire utile.

Si nous voulons accéder au bonheur, arrêtons de faire des choses qui nous rendent malheureux. Parfois, il suffit de dormir un peu plus; cette simple différence sur le plan du sommeil peut renforcer le bonheur d'un individu. Mais parfois nous devons nous poser des questions plus abruptes. Est-ce que je bois trop? Est-ce que je recherche désespérément à être aimé et approuvé? Est-ce que je force les autres à aller dans mon sens? Fixez-vous alors quelques objectifs pour changer d'attitude. Si on veut être heureux, il faut aussi arrêter de se comparer aux autres. Bien sûr, il est naturel de vouloir s'insérer dans un groupe social; l'appartenance est une dimension importante du bien-être – et nous avons intérêt à suivre l'exemple de modèles –, mais l'envie et la rancœur sont des sentiments délétères qui corrompent le bonheur. Faites le bilan de votre vie et appréciez les bonnes choses que vous avez et les choses que vous avez réalisées. **Célébrez les succès des autres et attribuez-vous le mérite de vos propres succès.**

En conclusion, je suggère de ne plus songer, temporairement, à notre propre bonheur. Tendons la main pour aider quelqu'un d'autre. Nous pouvons trouver la véritable satisfaction dans la vie en contribuant au bien-être des autres et en les aidant à traverser les moments difficiles. Ce faisant, nous obtiendrons les récompenses inhérentes à notre appartenance sociale et à notre sollicitude.

Les clés

→ **Dispensez-vous de l'obligation sociale d'être heureux et n'allez pas imaginer que le bonheur est un droit.**

→ **Acceptez le fait qu'un certain degré de tristesse et de souffrance dans la vie est nécessaire, voire utile.**

→ **Cessez de faire des choses qui vous rendent malheureux et arrêtez, temporairement, de songer à votre propre bonheur.**

Grant Duncan est écrivain, sociologue et professeur à l'Université Massey d'Auckland (Nouvelle-Zélande). Il est l'auteur de nombreuses publications sur la politique sociale (*Society and Politics*) et s'intéresse en particulier aux aspects politiques du bonheur (*Should Happiness-Maximization Be the Goal of Government?*). Il est également poète.

«Apprécier une tasse de café en elle-même.»

La vie est notre principale œuvre d'art

La vie d'un artiste heureux consiste à faire de l'art, à échanger de l'art et à rendre les autres – et lui-même – heureux par l'art. Le professeur **Mariano Rojas** nous invite à aller plus loin et à devenir le designer, l'illustrateur, le peintre, le photographe, le sculpteur et l'architecte de notre propre vie. Il a en tête un chef-d'œuvre inspirant. Bienvenue dans la galerie du bonheur et dans l'atelier du bien-être!

Du temps pour créer son œuvre d'art personnelle

Les jugements esthétiques ne portent pas seulement sur des objets. Nous pouvons aussi évaluer notre propre vie et la juger satisfaisante ou insatisfaisante. Nous voulons tous, bien entendu, une vie qui nous satisfasse, mais cela implique de prendre soin de nous-mêmes et d'avoir la sagesse de créer une excellente œuvre d'art.

Dans mes travaux sur le bonheur, j'ai étudié plus particulièrement la façon dont on obtenait de la satisfaction dans la vie grâce à la satisfaction tirée de domaines spécifiques servant de scène à tout être humain. Jouer notre «rôle d'être humain» implique normalement de développer des liens avec nos enfants, notre conjoint, nos parents, nos amis, d'avoir un travail, d'acheter et de consommer des biens, de s'adonner à des sports et à des passe-temps, d'appartenir à une communauté, d'avoir des activités et des centres d'intérêt, etc. Ces champs de l'activité humaine sont appelés «domaines de vie». J'ai découvert que notre satisfaction ou notre insatisfaction dans ces domaines de vie explique en grande partie notre niveau général de satisfaction dans la vie. J'ai aussi découvert que certains domaines génèrent plus que d'autres cette satisfaction, en fonction de notre situation particulière.

T. S. Eliot (Prix Nobel de littérature, 1948) nous invite à réfléchir sur la vie en posant la question: «*Où est la sagesse que nous avons perdue par le savoir? Où est le savoir que nous avons perdu par l'information?*» Comme il se doit, mon travail de recherche universitaire a fait appel à de grandes bases de données contenant une quantité phénoménale d'informations traitées de manière à obtenir des résultats que l'on peut qualifier de «savoir». J'aimerais également indiquer dans les lignes qui suivent certains traits de sagesse qui m'ont aidé à créer ma propre œuvre d'art.

Mon travail de recherche m'a rappelé qu'en tant qu'êtres humains, nous sommes plus que de simples consommateurs. C'est une chose étonnante pour les économistes, dont je fais partie, qui envisagent tout en termes de consommation, comme on le voit dans les manuels de microéconomie. J'ai appris notamment qu'il était important de bien utiliser son temps. Le temps est notre ressource la plus précieuse. Nous devrions donc le gérer de manière à accroître notre satisfaction dans les domaines de vie les plus susceptibles d'augmenter notre satisfaction de vie globale. Nous devons, entre autres, consacrer suffisamment de temps à l'établissement de relations personnelles satisfaisantes, et réserver du temps pour nos loisirs et nos centres d'intérêt. J'ai appris combien il était important parfois de refuser du travail supplémentaire ou une offre d'emploi, qui permettent certes de gagner plus d'argent mais empêchent de consacrer du temps à d'autres domaines de vie – par exemple, prendre une demi-journée pour aller au parc avec ses filles ou passer davantage de temps avec sa femme. J'ai appris que je pouvais augmenter ma satisfaction économique non pas en dépensant de l'argent, comme on peut s'y attendre, mais en profitant davantage de ce que j'ai déjà. J'ai appris qu'il est important de profiter d'une tasse de café avec un ami *en elle-même* et non comme moyen d'obtenir quelque avantage personnel ou de développer son réseau professionnel. J'ai préféré garder un poste qui me permettait de travailler avec des collègues sympathiques et me donnait un sentiment d'accomplissement, plutôt que d'accepter un emploi mieux payé mais plus stressant et moins gratifiant.

14
15
26
27
38
39

Je considère ma vie comme une œuvre d'art et j'essaie de consacrer mon temps et mes autres ressources à augmenter ma satisfaction. Le concept de «domaines de vie» m'a été très utile à cet égard. Nous n'avons pas besoin de nous demander en permanence comment nous allons répartir nos ressources personnelles, mais nous ne devons pas perdre de vue quelques principes de sagesse fondamentaux. Il est bon, par exemple, de garder à l'esprit que nous sommes bien plus que de simples consommateurs et que les relations interpersonnelles sont essentielles. Par ailleurs, nous pouvons faire prendre de la valeur à notre œuvre d'art par des actions contribuant à la satisfaction de vie d'autres personnes.

Sans doute pourrais-je faire quelques retouches de peinture çà et là pour embellir mon œuvre. Il y a encore de la place sur ma toile pour améliorer ma satisfaction dans la vie. J'espère que mon œuvre d'art sera aussi belle que celle de ma grand-mère: elle a 98 ans et sa vie est un vrai chef-d'œuvre.

Les clés

→ **Transformez l'information en savoir et le savoir en sagesse.**
→ **Le temps est notre bien le plus précieux: gérez-le sagement pour augmenter votre satisfaction dans les domaines de vie les plus pertinents pour votre satisfaction de vie globale.**
→ **Vivez votre vie comme si c'était votre principale œuvre d'art.**

Mariano Rojas est professeur à la Faculté latino-américaine de sciences sociales et à l'Université populaire autonome de l'État de Puebla, à Mexico (Mexique). Ces 10 dernières années, ses recherches ont porté sur le bonheur. Il a étudié la relation entre la satisfaction dans la vie, le revenu et la consommation, les concepts de qualité de vie et de progrès ainsi que le manque de bien-être.

«Les gens biculturels ne sont pas des étrangers déboussolés et anxieux.»

Vivre à l'étranger

Quelque 175 millions de personnes ne vivent pas dans le pays où elles sont nées. Cela correspond à 3 % de la population mondiale. Au cours des 30 dernières années, le nombre total des migrants a doublé. Certains désirent quitter leur pays, d'autres y sont contraints. Presque tous sont à la recherche du bonheur. Mais l'ont-ils trouvé? **Félix Neto** a mené des enquêtes au Portugal auprès d'émigrés rentrés au pays et d'immigrants, et auprès de victimes et d'acteurs des conflits armés en Angola, en Guinée-Bissau, au Mozambique et au Timor-Oriental.

Immigration, conflits et… pardon

L'immigration modifie la composition culturelle et ethnique de nombreux pays. Ces changements démographiques rapides ont incité des psychologues à tenter de mieux comprendre l'impact de la culture et de l'acculturation sur la santé mentale. L'une des questions essentielles concernant les gens biculturels est de savoir si ce sont des étrangers désorientés ou justement des gens spéciaux, dotés d'une plus grande capacité de compréhension. Naguère, les individus multiethniques étaient considérés en Occident comme des étrangers déboussolés et anxieux, sans identité précise. De récentes études indiquent toutefois que la multiethnicité ne cause pas plus de préjudices psychologiques que la monoethnicité. Des enquêtes menées auprès d'émigrés portugais rentrés au pays et d'immigrants au Portugal ont montré que leur satisfaction dans la vie ne diffère pas de celle de gens n'ayant jamais émigré. Ces résultats confirment l'idée que la majorité des migrants s'adaptent très bien à leur nouvelle société, malgré les problèmes qu'ils rencontrent pour s'adapter aux changements culturels et à la vie dans deux cultures.

Mais qu'en est-il des gens qui ont été impliqués dans un grave conflit local? Nous avons voulu étudier l'influence possible d'une certaine vertu: le pardon. Des études sur le pardon ont permis de l'inclure dans la liste croissante des capacités et des vertus psychologiques relevant du domaine de la psychologie positive. Pardonner aux gens qui vous ont fait du mal est essentiel pour votre bien-être physique et psychologique. La psychologie accorde beaucoup d'attention au pardon interpersonnel comme un moyen pour les individus, les couples et les familles de surmonter la souffrance et le ressentiment liés à une blessure ou à un conflit relationnel. Beaucoup moins de recherches ont été consacrées au pardon intergroupe. Le pardon intergroupe existe-t-il pour les victimes de conflits violents? Autrement dit, un groupe de victimes peut-il pardonner à un groupe d'agresseurs? En collaboration avec quelques confrères, nous avons interrogé à ce sujet des gens originaires d'Angola, de Guinée-Bissau, du Mozambique et du Timor-Oriental. Tous avaient été impliqués dans une guerre civile ou une guerre d'indépendance, et la plupart avaient souffert personnellement de plusieurs conflits régionaux et locaux. Au début de notre étude sur le pardon intergroupe, nous craignions que les expériences très douloureuses empêchent les gens de participer à une enquête sur le pardon, même si les questions étaient formulées de façon impersonnelle et portaient sur le sens du concept et non sur la disposition personnelle à pardonner. À notre grande surprise, nous avons constaté presque le contraire: les participants se sont intéressés à l'enquête et ont pris le temps de répondre avec précision aux diverses questions posées. Le fait que les victimes de terribles violences de groupe ne soient pas seulement prêtes à participer, mais aussi à s'intéresser aux recherches sur le pardon intergroupes, ouvre de larges perspectives de dialogue entre les chercheurs et les groupes victimes. La grande majorité des répondants étaient d'accord pour dire que le pardon comme processus de groupe était possible. À première vue, ces résultats semblent étonnants et même presque impossibles, surtout si nous avons à l'esprit les souffrances que ces gens ont subies. Par ailleurs, nous pouvons également y voir l'expression d'une vision réaliste ouvrant une voie vers l'avenir. De plus, les répondants avaient une idée bien claire de ce que ce pardon impliquait. Le pardon peut sûrement être ajouté à la liste des attitudes de groupe positives.

Les clés

→ **La majorité des migrants s'adaptent très bien à leur nouvelle société.**
→ **Les groupes ayant été victimes de conflits violents sont néanmoins ouverts au pardon intergroupe.**
→ **Le pardon peut sûrement être ajouté à la liste des attitudes (de groupe) positives.**

Félix Neto est professeur de psychologie à l'Université de Porto (Portugal). Son domaine de recherches porte sur la relation entre culture et bien-être. Il a publié 15 livres et quelque 200 articles sur la psychologie sociale et la psychologie interculturelle.

Le sens de la vie

«Le vrai bonheur est un «effet secondaire» de la découverte d'un sens et d'un but dans la vie», affirme **Gary T. Reker.** Il aime jouer de manière créative avec les mots et adore ce calembour intraduisible en français: «*You can always take the Me out of Meaning, but you'll never take the Meaning out of Me.*» Voulez-vous en savoir plus?

Quatorze directives essentielles

Nous trouvons un sens et un but dans de nombreuses de choses, par exemple dans des activités productives et sensées, les bonnes actions que nous faisons, l'amour pour une personne chère ou la réalisation de quelque chose de créatif. Nous ne pouvons pas courir après le bonheur en soi. Nous ne pouvons pas l'acheter, le vendre ou le négocier. Le bonheur découle d'un engagement dans des actions qui confirment la vie. On se demande souvent ce qui vient en premier: est-ce le bonheur qui donne un sens à la vie, ou est-ce le fait d'avoir une vie sensée qui mène au bonheur? Mes analyses confirment systématiquement que ce sont un sens et un but dans la vie qui mènent au bonheur, et non l'inverse. Ce qui nous amène bien sûr à la question suivante: si le bonheur est un état d'esprit auquel nous pouvons tous aspirer, comment devons-nous nous y prendre? Qu'est-ce qui rend les gens heureux? Les «bonheurologues» Michael Fordyce de la Floride et Jonathan Freedman du Canada ont étudié des gens heureux de toutes les couches sociales et ils ont constaté qu'ils avaient beaucoup en commun. Mes recherches montrent que les gens qui ont trouvé un sens et un but dans leur vie possèdent ces mêmes qualités. Fordyce a résumé ces qualités récurrentes en 14 caractéristiques fondamentales que la plupart des individus peuvent développer eux-mêmes. La théorie sous-jacente est simple: plus vous ressemblez aux gens heureux, plus vous êtes heureux vous-même. Toutes les caractéristiques des gens heureux forment ensemble des directives pour une vie saine et positive.

→ **Soyez plus actif et restez occupé.** Les gens heureux de tous les âges profitent plus de leur vie parce qu'ils s'y investissent davantage. Ils sont impliqués. Leur devise est: «C'est à prendre ou à laisser.»

→ **Passez plus de temps avec les autres.** Les gens heureux sont très sociaux. Les autres sont l'une des principales sources de bonheur. Des recherches ont montré que les gens les plus heureux sont ceux qui travaillent avec d'autres. Ils sont membres de clubs, de groupes et d'organisations.

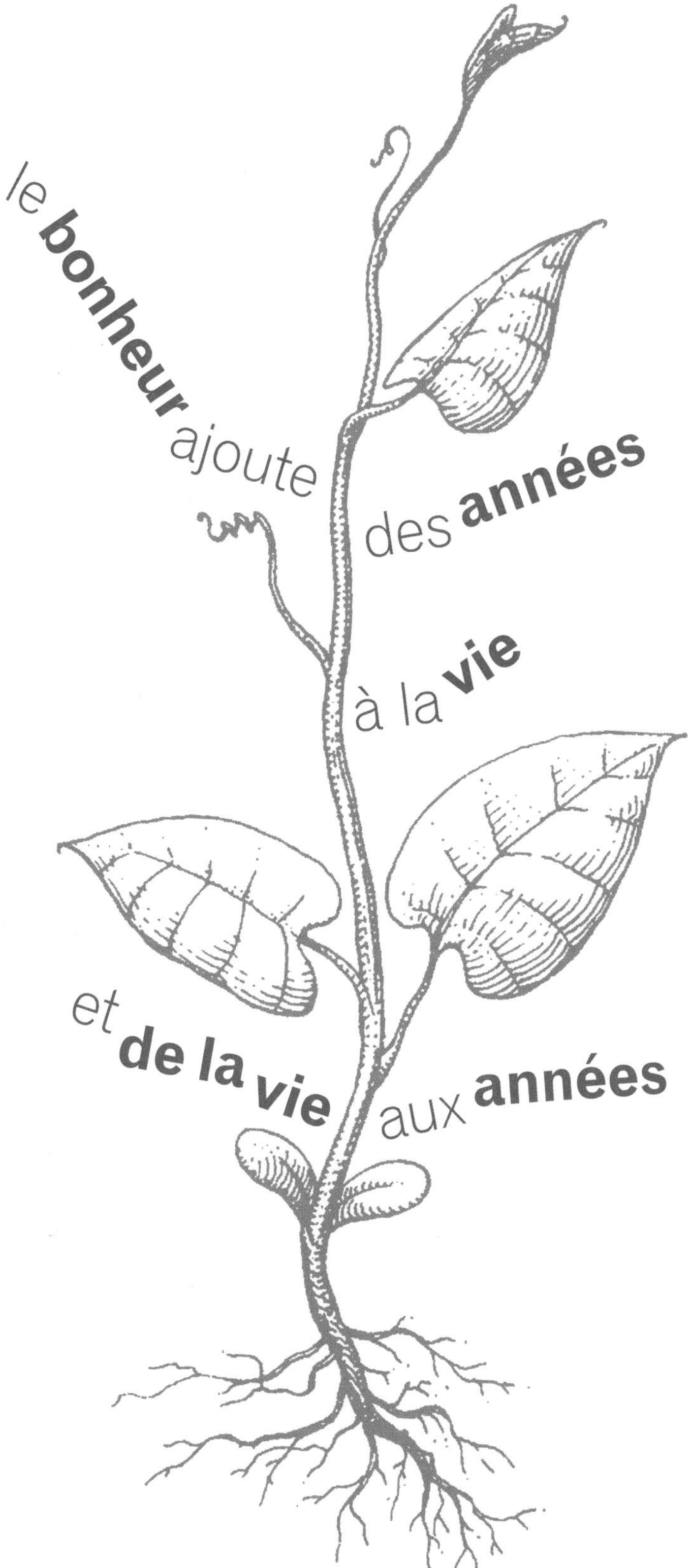
le **bonheur** ajoute
des **années**
à la **vie**
et **de la vie** aux **années**

- **Soyez productif dans un emploi qui a du sens.** Les gens heureux trouvent que le «sens» de leur travail est plus important que le prestige ou le revenu qui y est rattaché. Ils font ce qu'ils aiment et ils aiment ce qu'ils font.
- **Organisez-vous.** Les gens heureux sont organisés et font des projets. Ils ont des buts à court terme et un objectif à long terme. Vous *obtiendrez* ce que vous voulez ou désirez si vous *savez* ce que vous voulez ou désirez.
- **Arrêtez de vous tourmenter.** Les gens heureux ne se font pas de mauvais sang, parce que c'est un mode de pensée désagréable. Ils ont conscience que 90 % de nos craintes ne se réalisent pas.
- **Modérez vos attentes et vos ambitions.** Des analyses montrent que les gens heureux ont des ambitions et des attentes modérées. Les gens heureux savent comment éviter les déceptions et comment susciter d'heureuses surprises. Ils poursuivent des objectifs réalistes. Les gens heureux veulent ce qui est à leur portée. Les gens malheureux semblent ne jamais obtenir ce qu'ils veulent.
- **Pensez de manière positive et optimiste.** Les gens heureux pensent de manière positive. Ils se réjouissent de poursuivre les buts qu'ils désirent atteindre et sont persuadés qu'ils les atteindront. Ils regardent tout du bon côté, quelle que soit la situation.
- **Vivez au présent.** Les gens heureux vivent le moment présent. Ils ne s'accrochent pas au passé et ne rêvent pas d'un avenir idéalisé. Les gens heureux ont une mentalité positive. Si vous ne pouvez pas être heureux aujourd'hui, pourquoi pensez-vous pouvoir l'être demain?
- **Façonnez-vous une personnalité saine.** Les gens heureux sont des modèles de santé psychique. Ils s'aiment eux-mêmes, s'acceptent eux-mêmes, se connaissent eux-mêmes et s'aident eux-mêmes.
- **Développez une personnalité sociale extravertie.** Les gens heureux sont extrêmement extravertis et aimables. Ils sourient beaucoup et ont le sens de l'humour. Les personnes âgées heureuses ont des rides d'expression autour des yeux.
- **Soyez vous-même.** Les gens heureux sont spontanés, sincères et authentiques. Ils disent ce qu'ils pensent et ressentent sans se soucier de ce que les autres pensent d'eux. En étant soi-même, on se sent libre et authentique.
- **Bannissez la négativité.** Les gens heureux épanchent leur cœur. Ils ne ravalent pas leurs émotions et leurs sentiments, car cela crée des souffrances psychiques et des maux physiques. Leur devise est: «Laisse couler, ou c'est toi qui coule.»
- **Les relations intimes sont numéro un.** Les recherches montrent que rien n'a plus d'influence sur le bonheur qu'une relation d'amour intime ou des relations amicales et familiales intimes.
- **Appréciez votre bonheur.** Les gens heureux apprécient leur bonheur. Ils ont conscience que le bonheur ajoute des années à leur vie et de la vie à leurs années.

Les clés

- → **Le bonheur est une conséquence. Il découle de l'engagement dans des actions qui confirment la vie.**
- → **C'est le sens et le but dans la vie qui apportent le bonheur, et non l'inverse.**
- → **Si vous voulez être plus heureux, essayez de ressembler à quelqu'un d'heureux. Quatorze directives positives peuvent vous aider à y parvenir.**

Gary T. Reker est actuellement retraité, mais il a été toute sa vie psychologue du développement au Canada. En tant que professeur émérite, il a consacré ses recherches et son enseignement aux facteurs de vieillissement réussi, tels que le sens et le but dans la vie, l'optimisme, l'attitude face à la mort et le cours de la vie. Il a publié d'innombrables articles, chapitres de livres et tout un ouvrage sur ce sujet.

«Les gens réussissent remarquablement à s'endurcir contre l'influence de l'instabilité.»

Les mécanismes tampons

Huda Ayyash-Abdo vit et travaille à Beyrouth. Elle a découvert les mécanismes positifs de l'être humain dans un pays aussi tumultueux que le Liban: «Les traits de caractère internes sont plus importants que les circonstances externes.» C'est le premier professeur de psychologie positive au Liban et peut-être même dans tout le monde arabe.

Comment neutraliser les influences négatives

Depuis une vingtaine d'années, le bien-être subjectif (ou la satisfaction dans la vie) est devenu le domaine de recherches d'un nombre croissant de psychologues et de «scientifiques sociaux». Nos recherches dans un pays en développement comme le Liban nous ont appris que les gens n'ont pas forcément besoin de circonstances idéales pour être heureux. Pour que nous soyons satisfaits dans sa vie, les circonstances doivent plutôt être supportables et acceptables. Le statut socioéconomique joue un rôle important dans le bien-être subjectif, mais le niveau de bonheur est aussi fortement influencé par certains traits de caractère tels que la faculté d'adaptation, la sociabilité, la résilience, l'estime de soi, l'optimisme, l'adhérence à des valeurs, l'établissement d'attentes réalistes et la tolérance. Nos recherches montrent que ces traits de caractère internes sont plus importants que les circonstances externes.

Le Liban est confronté à des circonstances externes difficiles, la principale étant sans doute l'instabilité politique chronique débouchant parfois sur la violence. Nos recherches indiquent que les gens réussissent remarquablement à s'endurcir contre l'influence de l'instabilité. Ils utilisent toute une série de mécanismes pour réduire et neutraliser l'influence négative de la violence politique et de l'insécurité. Ces mécanismes sont notamment l'accoutumance, le déni, la sublimation, la solidarité et l'engagement dans des activités constructives qui leur permettent de créer une réalité différente et plus positive que la réalité négative existante, à savoir la violence politique.

Les traits de caractère mentionnés ci-dessus sont des facteurs internes atténuants qui forment un tampon entre l'individu et son environnement. Certains éléments externes, dont la cohésion familiale et un soutien social stable, servent aussi de tampons entre l'individu et des circonstances potentiellement défavorables. Autre facteur externe bénéfique: le fait d'avoir un but et de le poursuivre, car cela donne aux gens l'impression d'être utiles et de réaliser quelque chose.

Qu'avons-nous appris? Nous ne devons pas éviter ou réprimer nos émotions négatives. Dans certaines circonstances, un affect négatif est même tout à fait normal. Si nous perdons une personne chère, nous avons le droit de pleurer et d'être triste. La relation entre affect positif et affect négatif (autrement dit, la mesure dans laquelle nous ressentons globalement plus d'affect positif que d'affect négatif) est déterminante pour le bien-être subjectif.

La perception d'un événement – comment nous l'interprétons et quelle importance nous lui donnons – est également essentielle pour la satisfaction dans la vie. Nous devons non seulement savoir quels événements suscitent des émotions négatives, mais aussi participer activement à des activités qui génèrent un affect positif.

Les clés

- → **Les traits de caractère internes – notamment la faculté d'adaptation, l'estime de soi, la tolérance et l'adhérence à des valeurs – sont plus importants que les circonstances externes.**
- → **Les gens utilisent une série de mécanismes pour réduire l'influence négative de la violence et de l'insécurité: de l'accoutumance et du déni, à la solidarité et à la participation à des activités constructives.**
- → **Nous ne devons pas éviter ou réprimer nos émotions négatives. Nous devons participer activement à des activités qui génèrent un affect positif.**

Huda Ayyash-Abdo est professeur agrégé de psychologie et chef du Département des sciences sociales de l'École d'arts et de sciences de l'Université américaine de Beyrouth (Liban). Ses recherches portent sur les conseils en développement, le développement des jeunes et l'application de méthodes de conseil adaptées au Liban et à d'autres pays arabes. Avant de retourner dans son pays, elle a vécu et enseigné pendant 16 ans aux États-Unis.

«Pour beaucoup de gens, bonheur et école ne vont pas ensemble.»

L'école du bonheur

Existe-t-il des expériences exemplaires d'éducation positive à l'école? «Oui», affirme Martin Seligman, un des fondateurs de la psychologie positive. «La Geelong Grammar School en Australie est l'une des premières écoles au monde à introduire ce type d'apprentissage dans tous les aspects de la scolarité. Je suis convaincu que les écoliers qui suivent ce programme seront moins sensibles aux troubles dépressifs, lesquels prennent des proportions épidémiques en Australie de même que dans certains pays occidentaux. Leur vie sera plus positive et leur donnera plus de satisfaction.» **Mathew White** est le directeur de cette «école du bonheur».

La force de l'éducation positive

Dans les conversations, le bonheur et l'école sont rarement choses conciliables. L'école suscite chez beaucoup de gens de fortes réactions émotionnelles, parce qu'ils se souviennent du conformisme, de la compétition et du contrôle des connaissances qui y régnaient. Pour bon nombre d'entre nous, l'enseignement primaire et secondaire a été une source d'angoisse. Effectivement, pour beaucoup de gens, bonheur et école ne vont pas ensemble.

L'éducation porte sur l'avenir. Elle doit permettre aux enfants d'acquérir le goût des études, mais aussi de développer une plus grande résilience pour qu'ils soient capables de résoudre les problèmes auxquels ils seront confrontés plus tard dans leur vie. L'éducation positive est une approche proactive qui intègre enseignement et apprentissage. L'enseignement positif, implicite ou explicite, fait partie du programme scolaire, des activités extra-scolaires et de l'encadrement spirituel, de sorte que l'école devient une institution qui «rend les choses possibles». L'éducation positive est une méthode qui applique les connaissances

de la psychologie positive pour inciter les élèves et les enseignants à éprouver plus d'émotions positives, à développer une plus grande résilience et à donner plus de sens à leur vie.

La Geelong Grammar School est le plus grand pensionnat mixte d'Australie. L'institution existe depuis 150 ans et il a toujours mis l'accent sur la confiance, les études et la résilience. Fondé en 1953, le campus de Timbertop est unique en son genre. Après la fin de leur scolarité normale à Geelong, les élèves y apprennent pendant un an à développer leur résilience et leur efficacité dans un environnement extrascolaire. Depuis le lancement du programme positif en 2007, l'école s'est demandée si la psychologie positive devait être enseignée dans les écoles. Cette question a placé l'école face à un certain nombre de défis allant au-delà de la fonction traditionnelle des établissements scolaires. Sur la base des données scientifiques de la psychologie positive, l'école a élaboré un cadre théorique et une méthode intégrant enseignement et apprentissage. Le programme soutient une bonne pratique enseignante et unifie le langage utilisé par les enseignants afin de développer une meilleure compréhension de ce qui fait que la vie vaut la peine d'être vécue. De grands spécialistes en psychologie positive de l'Université de Pennsylvanie ont formé 160 enseignants de cet établissement et 270 enseignants d'autres écoles.

Dans le cadre de l'éducation positive, il est crucial de stimuler nos élèves à toujours garder à l'esprit les trois piliers de la psychologie positive: une bonne vie, une vie sensée et une vie engagée. Sur la base de cette conception, notre école offre deux programmes. Les cours sont conçus et développés en commun par Martin Seligman, Karen Reivich et Jane Gillham du Centre de psychologie positive de l'Université de Pennsylvanie. Ils enseignent aux élèves un certain nombre d'aptitudes à la vie qui, en combinaison avec les sept thèmes principaux abordés dans notre école, offrent un cadre théorique pour des discussions sur le bonheur et les autres émotions dans le contexte éducatif.

Dans sa méthode d'enseignement implicite pour une éducation positive, l'école se concentre sur sept thèmes tirés de la littérature empirique sur la psychologie positive, à savoir: l'émotion, la gratitude, les points forts du caractère, la pensée créative, l'auto-efficacité, la résilience et le sens. Sur la base de ces sept thèmes, nous avons tiré un certain nombre de principes et de méthodes caractérisant l'«éducation positive». Ces thèmes stimulent le débat et la réflexion sur les méthodes d'enseignement visant à élaborer une approche proactive de la santé psychique des jeunes.

Nous allons maintenant appliquer l'enseignement positif au terrain de sport, à l'orchestre, à la salle de classe et à nos pensionnats. Basée sur les points forts du caractère et sur la psychologie positive, cette approche débouche sur un bon enseignement, un bon apprentissage et une bonne santé spirituelle. Elle remet en question l'image stéréotypée du pensionnat avec ses dortoirs froids, ses punitions et sa routine. Au lieu de cela, nous avons une institution où nous tentons d'approfondir et d'élargir les expériences éducatives des jeunes afin de les préparer à la phase suivante de leur vie.

Les clés

- → **L'éducation ne doit pas être basée sur la peur, le conformisme, la compétition et le contrôle de connaissances. L'éducation porte sur l'avenir.**
- → **Les élèves doivent garder à l'esprit les trois piliers de la psychologie positive: une bonne vie, une vie sensée et une vie engagée.**
- → **Concentrez-vous sur les sept thèmes suivants: l'émotion, la gratitude, les points forts de votre caractère, l'auto-efficacité, la résilience et le sens.**

Mathew White est directeur d'Éducation positive (HOPE) à la Geelong Grammar School, (Australie), une école pionnière en éducation positive. Il est membre de la direction de la Melbourne Graduate School of Education de l'Université de Melbourne. Il a un site Internet destiné aux enseignants: *Why Teach Positive Education in Schools?*

Le bonheur national brut du Bhoutan

L'importance cruciale du bonheur dans notre vie individuelle contraste fortement avec le peu d'importance que les gouvernements lui accordent. Habituellement, les objectifs des pays sont exprimés en termes de produit intérieur brut (PIB) et de croissance économique. Mais l'un d'eux a choisi d'attribuer le rôle principal au bonheur: le Bhoutan. **Johannes Hirata** étudie le bonheur national brut (BNB) de ce royaume niché au cœur de l'Himalaya.

Un gouvernement pour le bonheur

Le Bhoutan, un pays aussi grand que la Suisse (sa superficie est de 47 000 km?) et qui compte un peu moins d'un million habitants, est devenu en 2008 une monarchie constitutionnelle. Dès les années 1980, le troisième roi du Bhoutan a annoncé que le «bonheur national brut» était plus important que le produit intérieur brut. Il ne voulait pas dire par là que la croissance économique est une mauvaise chose, mais il voulait plutôt faire clairement comprendre ceci: la population bhoutanaise ne croit pas que l'économie de marché soit une garantie du bonheur ni qu'une croissance économique maximale accroisse automatiquement le bien-être général de tous. Bien que les Bhoutanais reconnaissent que le développement économique soit une base importante pour un meilleur avenir, ils sont

«Mieux vaut avoir presque raison que tout à fait tort.»

bien conscients du fait que la croissance sur ce plan n'est pas un objectif en soi, mais un effet secondaire d'un bon développement socioéconomique. Une politique axée sur des avantages intrinsèques (favoriser l'alphabétisation, développer les infrastructures, créer des emplois adaptés pour le pourcentage croissant de diplômés universitaires, etc.) débouchera indubitablement sur une croissance économique stable. Mais comme il s'agit seulement d'un effet secondaire, la croissance économique n'est pas intéressante en soi.

Le taux de croissance économique sera évidemment plus faible que si cette croissance était une priorité absolue. Ce n'est pas un «sacrifice» en vue d'un but ésotérique quelconque, mais une préférence consciente donnée au bien-être général (autrement dit: au bonheur) plutôt qu'à l'obsession maladive de la consommation. C'est ainsi que le pays a résisté à la tentation de s'enrichir rapidement en abattant et en vendant ses forêts. De ce fait, le Bhoutan reste épargné de l'érosion des sols et des glissements de terrain dont souffrent à grande échelle ses pays voisins.

Certains observateurs se méfient d'un gouvernement qui s'intéresse au bonheur de sa population: ils craignent qu'il n'interfère dans la vie privée de ses habitants au nom de la «promotion du bonheur». Heureusement, ce n'est pas le but du bonheur national brut. Tout comme les gouvernements qui misent sur le produit national brut ne prescrivent pas à leurs citoyens comment ils doivent ou ne doivent pas gagner leur vie ou combien d'heures ils doivent travailler, une politique du BNB dans une démocratie stable de citoyens libres n'a rien à voir avec une interférence gouvernementale. Comme dans toute société démocratique (même si elle est imparfaite dans la pratique), les décisions prises au Bhoutan ne sont pas imposées par une élite de spécialistes, mais résultent d'un débat public et d'un processus de décision ancré dans la constitution. La différence fondamentale, c'est que, partout dans le monde, les propositions politiques ne survivent au débat politique que si elles «contribuent à la croissance économique», alors qu'au Bhoutan, elles doivent être justifiées par le fait qu'elles sont «favorables au bien-être des citoyens». N'est-il pas évident que cette dernière approche est beaucoup plus sensée?

Pour défendre le PIB, on dit souvent que le bonheur est une notion vague et donc impropre comme objectif politique. Il existe en effet des méthodes pour mesurer le PIB, ce que nous ne pouvons pas dire pour le bonheur. Ou bien si? Oui, nous pouvons bel et bien mesurer le bonheur. Les psychologues ont montré depuis longtemps que les instruments de mesure sont assez fiables et nous donnent une profusion d'idées étonnantes sur la relation entre le bonheur et toutes sortes d'autres facteurs. Pourtant, même un instrument parfait pour mesurer le bonheur ne nous exempte pas de l'obligation de prendre des décisions controversées, surtout en matière de justice. Je préfère absolument un concept imprécis mais pertinent à un concept précis mais non pertinent. Sinon, nous sommes comme l'ivrogne qui a perdu sa clé la nuit et qui la cherche près d'un réverbère, non pas parce qu'il croit qu'il la retrouvera là, mais parce qu'il y a plus de lumière. Ou encore, comme John Maynard l'a dit un jour: «Mieux vaut avoir presque raison que tout à fait tort.»

Les clés

→ **Une croissance économique maximale n'accroît pas automatiquement le bonheur de tous.**

→ **La croissance économique n'est pas un but en soi, mais plutôt un effet secondaire d'un bon développement socioéconomique, y compris du bonheur.**

→ **Une politique axée sur le bonheur national brut, dans une démocratie stable de citoyens libres, n'a rien à voir avec une interférence gouvernementale.**

Johannes Hirata a fait des études aux Pays-Bas, en France, en Suisse et au Brésil. Il a été chercheur invité au Centre d'études bhoutanaises au Bhoutan, où il voulait approfondir sa compréhension du bonheur national brut. Sa thèse de doctorat en économie s'intitulait *Happiness, Ethics and Economics*. Il est actuellement professeur d'économie à la Fachhochschule à Osnabrück (Allemagne).

La vie commence à 40, 50, 60 et 70 ans

Interrogez les jeunes et les moins jeunes sur le bonheur. Les jeunes s'attendent à être moins heureux lorsqu'ils seront vieux. Les moins jeunes se souviennent qu'ils étaient plus heureux lorsqu'ils étaient jeunes. Les deux groupes croient que la plupart des gens sont de moins en moins heureux en vieillissant. Mais est-ce la réalité? La vraie vie commence à 40, 50, 60 et 70 ans, nous dit le professeur **Margie E. Lachman.**

Les adultes âgés sont plus heureux

En tant que psychologue du développement qui étudie toute la durée de la vie (*life-span*), je me demande comment le bonheur change au cours de l'âge adulte. Être heureux est une chose, le rester en est une autre. On pourrait penser que le bonheur diminue avec l'âge en raison d'une santé plus fragile, d'une mémoire moins sûre et de la perte de personnes chères. Des recherches montrent toutefois que les adultes âgés sont souvent plus heureux que les jeunes adultes. Ce phénomène est appelé le «paradoxe de la vieillesse». Avec l'âge et l'expérience vient aussi la sagesse qui nous permet d'être satisfaits indépendamment des circonstances dans lesquelles nous nous trouvons. Cette approche implique la prise de conscience que le bonheur est une chose fluctuante et que nous sommes responsables de notre bonheur.

Les gens diffèrent entre eux à tout âge, mais les modèles moyens sont éloquents. D'une part, les adultes âgés sont plus satisfaits de leur vie que les jeunes adultes et peuvent mieux prédire leur satisfaction future. Pourtant, les adultes âgés ont moins tendance à penser que leur avenir sera meilleur. Ils s'attendent à ce que tout reste pareil ou se détériore. Ils comptent surtout sur un *statu quo* et sont conscients que l'avenir risque de ne pas être meilleur que le présent. Qui a passé la quarantaine peut cueillir les fruits de son travail et tenter de

garder ce qu'il a gagné, tout en sachant que cela pourrait être pire. Les jeunes adultes par contre partent du principe que les choses continueront à s'améliorer. Ce point de vue les motive à travailler dur, à chercher l'amour, à essayer de nouvelles choses, à explorer, à découvrir et à créer.

Ce qui nous rend heureux diffère d'une personne à l'autre: les rapports avec les amis et la famille, le travail, aider les autres, faire du sport, manger, voyager, etc. Ces sources de bonheur peuvent évoluer avec l'âge et les voies du bonheur sont nombreuses. Une clé pour rester heureux est la conscience que le bonheur n'est pas permanent, qu'il y a toujours des périodes heureuses et des périodes moins heureuses. C'est une utopie de croire que nous pouvons être toujours heureux. Qui se sent mal parce qu'il n'est pas heureux risque d'être la proie d'un désespoir durable. Pour retrouver le bonheur, il faut alors rectifier le tir et mettre l'accent sur le positif. Nous sommes même en grande partie responsables de la «création» de notre bonheur.

Nos recherches aux États-Unis nous ont appris que le sentiment de contrôle que quelqu'un a sur ce qu'il accomplit dans sa vie est étroitement lié au sentiment de bonheur et à son maintien. Beaucoup de choses dans la vie ne sont pas sûres et nous ne savons jamais avec certitude dans quelle mesure nous pouvons changer nous-mêmes quelque chose. Cependant, qui est enclin à croire qu'il peut influencer ce qu'il accomplit dans sa vie est plus heureux. De telles convictions sont adaptives parce qu'elles mènent à des actions et à des efforts qui nous rapprochent réellement des résultats souhaités («Je peux y arriver»). En même temps, il est important d'avoir conscience qu'il peut toujours y avoir des circonstances inattendues sur lesquelles nous n'avons aucune emprise. Si un désir ne peut se réaliser, une personne qui croit en elle-même cherchera une autre solution et poursuivra d'autres buts pour rester heureuse. Celle qui se sent impuissante pensera que ce qu'elle fera ne changera rien et se sentira moins heureuse. La réalité est que nous pouvons parfois exercer une influence sur certaines choses et que le bonheur dépend de la conscience que nous avons de notre potentiel et de nos limites pour créer notre vie.

Les clés

- → **Les adultes âgés sont plus heureux que les jeunes adultes, grâce à la sagesse de la satisfaction.**
- → **Les gens enclins à croire qu'ils peuvent influencer eux-mêmes ce qu'ils accomplissent dans leur vie sont plus heureux.**
- → **Nous pouvons parfois exercer une influence sur certaines choses. Prenez conscience de vos possibilités, mais aussi de vos limites.**

Margie E. Lachman est professeur de psychologie à l'Université Brandeis à Waltham au Massachusetts (États-Unis). Elle a publié deux livres sur le développement au cours de l'âge moyen et elle participe à l'étude longitudinale nationale *Midlife in the United States* (MIDUS). Ses recherches portent sur l'identification de facteurs modifiables favorisant la santé cognitive, psychique et physique.

«Dépensez votre temps, votre argent et votre énergie à ce qui vous intéresse vraiment.»

Le marché du bonheur

Il existe un marché du bonheur – et il ne comprend pas seulement la vente (en hausse constante) de livres sur ce sujet. La plupart des publicités pour les biens de consommation font aussi appel (consciemment ou non) à notre quête du bonheur. Le marché du bonheur est florissant, tous les marchands le savent. **Alexandra Ganglmair-Wooliscroft** étudie les styles de vie des consommateurs. Quelle clé achèterait-elle?

Á chaque serrure sa clé

Écrire sur les différentes manières d'être heureux est une entreprise décourageante et les gens qui travaillent dans le domaine de la consommation comme moi n'ont pas une très bonne réputation à ce sujet, car ils sont souvent accusés de vouloir «vendre du bonheur». Pourtant, l'action et la réaction au sein du système de marché – dépenser du temps, de l'énergie et de l'argent – font partie de la vie de la plupart des gens.

En Nouvelle-Zélande, comme dans de nombreux pays, les gens heureux présentent un certain nombre de caractéristiques démographiques communes: un minimum de revenus, un haut niveau de formation, un emploi (à plein temps), une relation stable. Les Néo-Zélandais considèrent également que le mariage est plus satisfaisant que le concubinage.

Les études sur le comportement des consommateurs analysent les activités, les intérêts et l'opinion de différents groupes de population dans une société et cherchent comment les gens veulent ou doivent dépenser leur argent, leur temps et leur énergie. Elles donnent donc des informations supplémentaires sur ce qui contribue au bonheur des gens. Et que voyons-nous? Ceci: certaines personnes assez riches et ayant un haut niveau de formation trouvent du plaisir à sortir dans des centres commerciaux rutilants, à dîner dans des restaurants avec des amis et à dépenser de l'argent pour de jolies choses. D'autres consommateurs assez riches et ayant aussi un haut niveau de formation préfèrent les événements culturels, les petits repas à la maison et la nourriture biologique. Á chaque serrure sa clé. Un même niveau de bonheur correspond à de nombreuses activités différentes.

Dans un sens plus large, les choix de consommation qui comprennent des activités où d'autres personnes sont impliquées semblent contribuer à un plus grand sentiment de bonheur. Certains préfèrent faire les magasins avec des amis, d'autres choisissent d'organiser des repas chez eux, d'autres encore veulent jouer un rôle actif dans la vie associative locale ou assister à des événements culturels. Une activité physique adaptée au style de vie du groupe de consommateurs et des habitudes alimentaires saines favorisent également la qualité de vie. Conclusion? Pour avoir plus de chances d'être heureux, il est préférable d'avoir une bonne formation, d'être marié, de passer du temps avec d'autres gens, de faire du sport et de dépenser de l'argent, du temps et de l'énergie à ce qui nous intéresse vraiment.

Les clés

- → **L'action et la réaction au sein d'un système de marché (dépenser du temps, de l'énergie et de l'argent) font partie de notre vie.**
- → **Un même niveau de bonheur correspond à de nombreuses activités différentes. Á chaque serrure sa clé.**
- → **En matière de consommation, choisissez des activités saines, qui vous intéressent vraiment et faites-les avec d'autres.**

Alexandra Ganglmair-Wooliscroft est titulaire d'une maîtrise de la Wirtschaftuniversität à Vienne et d'un doctorat de l'Université d'Otago, Dunedin (Nouvelle-Zélande), où elle est maître de conférences. Elle étudie le comportement des consommateurs, en particulier les émotions de consommation positives et la qualité de vie «perçue». Lorsqu'elle n'est pas à l'université, elle fait de la bicyclette, de la marche et de la nage. Elle a déjà participé à plusieurs marathons et à l'Ironman New Zealand.

Les migrants sont-ils gagnants ou perdants?

L'une des principales conclusions des recherches sur le bonheur avance que c'est une erreur de vouloir toujours plus d'argent, surtout lorsqu'on a déjà un niveau de vie assez confortable. La migration internationale pose alors une question particulièrement intéressante: si l'argent est souvent une raison majeure de quitter son pays, cela veut-il dire que les migrants font tous cette même erreur? **David Bartram**, spécialiste et lui-même migrant, a peut-être la réponse.

Exagérer les avantages et sous-estimer les risques

J'ai tendance à penser qu'essayer de hausser son niveau de vie en émigrant dans un pays plus riche n'apporte souvent pas plus de bonheur et entraîne peut-être même davantage de pertes que de gains. Mais cela ne vaut sans doute pas pour les gens les plus pauvres du monde. Avant que l'argent n'apporte plus de bonheur, il faut d'abord avoir atteint un seuil minimum. Toutefois, la plupart des migrants ne font pas partie des gens les plus pauvres: les plus pauvres n'ont pas les moyens de quitter leur pays. Reste que les pays les plus riches du monde exercent un attrait indubitable sur les gens qui n'y vivent pas. Les pays riches sont souvent décrits en termes forts et suggestifs, et les images télévisées qui les présentent sont parfois très alléchantes. Vu que tous les pays riches imposent des conditions d'entrée très strictes, le «fruit défendu» semble encore plus attrayant. Cependant, si ceux qui courent après l'argent dans leur propre pays n'y trouvent pas davantage de bonheur, pourquoi serait-ce le cas de ceux qui, littéralement, vont chercher fortune ailleurs?

Les pays riches ne sont pas simplement plus riches, ils diffèrent aussi sur d'autres aspects. Dans certains États, la journée de travail est bien plus longue, le sens de la communauté est moins fort, le risque de troubles psychiques est plus élevé, etc. Autrement dit, la richesse a un prix, et ce prix peut s'avérer particulièrement élevé pour les migrants. Les avantages de cet argent supplémentaire, quelle que soit leur réalité sous certains aspects, peuvent être mis en doute sous d'autres, en particulier pour les migrants: un revenu plus élevé en valeur absolue va souvent de pair avec un statut relativement inférieur pour ces derniers.
Un migrant qui appartenait à la classe moyenne dans son pays ne trouve souvent dans son pays d'accueil qu'un emploi moins bien rémunéré. Les migrants ont parfois comme seul but de soutenir financièrement leur famille restée au pays natal, mais ces transferts d'argent peuvent-ils compenser l'absence des personnes qui leur sont chères?

Dans son très beau livre *Stumbling on happiness*, Daniel Gilbert décrit notre tendance profondément enracinée à exagérer les avantages et à sous-estimer les risques quand nous envisageons une action. Je n'ai aucune raison de penser que ce n'est pas le cas pour la décision d'émigrer.

Je ne veux pas apporter de l'eau au moulin de ceux qui, dans les pays riches, veulent imposer des conditions d'immigration encore plus strictes. Il n'existe pratiquement aucune

«Je pense que je suis heureux en dépit de la migration plutôt que grâce à elle.»

recherche empirique sur la migration internationale et ses conséquences sur le bonheur. Je peux donc me tromper totalement dans mon raisonnement. Toutes les migrations ne sont pas motivées par des raisons économiques, et même la migration économique peut apporter des avantages immatériels. La liberté contribue au bonheur et le fait d'aller vivre dans un pays riche ou sûr est peut être une chance inestimable pour certains. De toute façon, un contrôle efficace de la migration n'est possible que si les gouvernements prennent des mesures très dures, non seulement à l'égard des aspirants migrants (arrestations, expulsions, etc.), mais aussi parfois à l'égard de leurs propres citoyens. Cependant, si la motivation intime qui conduit à émigrer est surtout basée sur le «désir d'avoir plus», je crains que l'émigration ne satisfasse pas ce désir d'une manière qui apporte plus de bonheur.

Vu que je doute que la migration mène au bonheur et que je suis moi-même un migrant, je risque d'être accusé d'hypocrisie. Mes réflexions sont toutefois fondées en partie sur mes expériences personnelles. J'ai vécu dans quatre pays différents et je suis plus éloigné de ma famille que je ne le voudrais, surtout maintenant que j'ai des enfants. La migration a rendu ma vie intéressante et parfois excitante, mais heureuse? Je pense que je suis heureux en dépit de la migration plutôt que grâce à elle.

Les clés

- → **La richesse a un prix, et ce prix peut s'avérer particulièrement élevé pour les migrants.**
- → **Pour les migrants, un revenu plus élevé en valeur absolue va souvent de pair avec un statut inférieur.**
- → **Si la motivation qui conduit à émigrer est surtout basée sur le «désir d'avoir plus», il y a de fortes chances que l'émigration ne satisfasse pas ce désir d'une manière qui apporte plus de bonheur.**

David Bartram est sociologue à l'Université de Leicester (Royaume-Uni). Il est originaire des États-Unis et vit actuellement en Grande-Bretagne. Il fait des recherches sur les mesures gouvernementales en matière de migration des travailleurs. L'un de ses livres s'intitule *International Labor Migration: Foreign Workers and Public Policy.* Ses articles ont paru dans des publications telles qu'*International Migration Review.* Il s'intéresse particulièrement à la migration internationale, et ses récents travaux portent sur la relation entre migration et bonheur.

«Le matérialisme conditionne et limite nos choix.»

Toujours le mauvais choix

On vous offre deux emplois. Le premier est intéressant, le second est ennuyeux, mais paye 20 % de plus. Lequel choisissez-vous? Vous avez fait une double réservation. Vous devez en annulez une. La première vous donnerait plus de plaisir, mais la seconde vous a coûté deux fois plus. Laquelle choisissez-vous? Des recherches montrent que dans les deux cas, la plupart des gens choisissent la seconde option. De nombreuses décisions similaires affectent notre bonheur à venir, mais nous continuons à faire toujours les mêmes erreurs. **Leon R. Garduno** nous donne six conseils pour choisir ce qui nous rend le plus heureux.

Six conseils pour mieux choisir

→ Les médias nous incitent constamment à consommer. Nos choix ne sont jamais libres de leur influence. Le matérialisme conditionne nos possibilités et limite nos choix. Notre bonheur est donc dépendant de notre consommation. Des recherches sur la relation entre revenu et bonheur ont montré que, outre les contradictions entre les différentes théories, l'argent ne semble pas être le principal facteur de bonheur. De nombreux autres facteurs contribuent également à nous rendre heureux. N'attachez donc pas trop d'importance à l'argent. Il y a des choses plus importantes dans la vie. Découvrez celles qui sont les plus importantes pour vous.

- Ne pensez pas à ce que l'argent pour vous permettre d'acquérir pour vous-même, mais à son effet si vous l'utilisiez au profit d'autres gens. De nombreuses études ont montré que les gens qui dépensent une partie de leur argent dans des activités sociales sont plus heureux que ceux qui dépensent tout pour eux-mêmes. Si vous avez de l'argent, faites quelque chose pour quelqu'un qui a moins que vous. Cela vous donnera beaucoup plus de satisfaction. Veillez toutefois à ce que ce ne soit pas par pure vanité. Faites-le de tout votre cœur, parce que vous souhaitez vraiment aider.
- Considérez la vie comme un gâteau coupé en tranches. Chaque tranche représente un domaine important de votre vie: votre famille, vos amis, votre travail, votre vie intérieure (émotions, désirs, adaptation aux changements, etc.). Évaluez l'importance relative de chaque tranche et essayez d'être conséquent quant à durée et à la qualité du temps que vous y consacrez.
- Acceptez le fait que rien n'est permanent et que tout change. Ne vous accrochez à rien. Vivez au présent et regardez l'avenir avec optimisme. Vous pouvez toujours améliorer les choses. Même si cela va mal, cela finira par s'améliorer.
- Ayez confiance. Améliorez votre opinion de vous-même et votre perception de vos capacités à accomplir les choses qui sont importantes pour votre bonheur. Devenez membre d'un groupe (sport, religion, travail bénévole, etc.) dans lequel vous pouvez développer de forts intérêts communs.
- N'oubliez pas ce que les grands penseurs, philosophes et mystiques ont dit du bonheur. Selon eux, nous ne devons pas chercher le bonheur à l'extérieur de nous, mais en nous. Le vrai bonheur se trouve dans les petites choses de la vie. Ainsi, il nous faut savourer chaque moment et voir le côté positif de tout ce qui nous arrive dans la vie.

Les clés

- **Ne pensez pas à ce que l'argent peut vous permettre d'acquérir pour vous-même.**
- **Considérez l'importance relative de chaque domaine de votre vie et souvenez-vous que rien n'est permanent.**
- **Sentez-vous capable de faire ce que vous voulez faire. Le bonheur ne vient pas de l'extérieur, mais de l'intérieur.**

Leon R. Garduno est directeur du Centre pour l'étude de la qualité de vie et du développement social de l'Université de las Americas, à Puebla (Mexique). Il s'intéresse surtout à l'évaluation des programmes sociaux, à l'éducation et à la qualité de vie. Ses recherches actuelles portent sur l'impact de son programme *Opportunities* sur le bonheur d'un échantillon d'étudiants de faible niveau socioéconomique.

Les enfants nous montrent la voie

«La seule période de ma vie où j'ai vraiment été heureuse a été mon enfance, lorsque j'ignorais encore ce qu'était le bonheur et ce qu'il n'était pas.» Pour vous aussi peut-être. Mais on ne peut revenir en arrière. Quelle est la principale caractéristique du bonheur des enfants? **Teresa Freire** le sait. La question n'est pas ce que nous pouvons leur apprendre, mais ce que eux peuvent nous apprendre.

Jeter des ponts

Trois domaines scientifiques sont d'importance cruciale pour qui veut parler aujourd'hui du bonheur: la psychologie, la recherche et l'enseignement. Bien que ces trois domaines soient liés entre eux, chacun d'eux a été important pour moi grâce à son approche particulière sur ce qu'est exactement le bonheur. Quelle est la chose la plus importante que j'ai apprise? Qu'être ouvert au savoir, aux nouveautés, aux différences, à l'engagement et aux autres est l'une des principales sources de bonheur.

Je ne peux pas dissocier cette idée du bonheur de mon travail avec les jeunes. Les enfants, les adolescents et les jeunes gens ont été mon principal laboratoire pour comprendre ce qu'est le bonheur et quel rôle il joue durant ces années de formation où nous construisons notre vie et où nous apprenons. Les jeunes nous font prendre conscience de la sagesse candide nécessaire si la quête du bien-être est un but important. Ils nous font comprendre comment les processus de croissance et de développement font partie de la quête du bonheur et comment le bonheur est un processus constructif. Les jeunes cherchent toujours la nouveauté, de nouveaux défis, de nouvelles chances pour penser, sentir et passer à l'action. Les enfants nous font comprendre pourquoi les autres sont si importants si nous voulons jeter des ponts sociaux et affectifs avec le reste du monde.

Le bonheur, c'est pouvoir choisir, décider, être avec d'autres et pour d'autres. C'est être conscients de nous-mêmes parce que nous connaissons d'autres gens, que nous vivons avec eux et que nous pouvons nous comparer à eux. Nous avons besoin des autres pour mieux

10
9
7
8
6
4
5
3
2
1

nous connaître. Le bonheur, c'est apprendre à être, à entretenir des relations et à être engagé. C'est surtout, spécialement pour les jeunes, devenir plus complexe et plus conscient de nos limites et du fait que nous sommes déterminés socialement. C'est grandir. C'est nous perfectionner et améliorer nos relations. C'est trouver notre place dans la vie. C'est voir notre propre croissance à travers celle des autres. C'est avoir besoin des autres et c'est partager avec eux. C'est être solidaire et engagé en jetant des ponts vers d'autres gens et d'autres contextes.

Une question importante qui revient toujours est de savoir si le bonheur est un état ou un processus pour atteindre un état. En tant qu'état, le bonheur est subjectif. En tant que processus, il peut aller dans différentes directions en fonction de la manière dont les individus réagissent à leur monde intérieur et extérieur, et à leurs conditions de vie. En considérant cela du point de vue du développement et de la complexité de l'être humain, nous comprenons que le bonheur se construit à partir de processus individuels et sociaux. Dans la perspective développementale, l'engagement social et l'engagement individuel sont deux faces d'une même médaille. Demandez à un enfant: «Pourquoi es-tu heureux?» Demandez à un adolescent: «Pourquoi es-tu heureux?» Et demandez cela finalement à un adulte. Le bonheur est un processus inachevé tant que le développement est inachevé. Stimuler le développement, c'est faciliter le bonheur. Mais alors, qu'est-ce que le bonheur? Le bonheur, c'est jeter des ponts entre des sentiments, des émotions, des perceptions, des actions, des forces, des valeurs, des comportements, des gens, des sociétés… Mais les ponts ne se jettent pas tout seuls. Il faut les construire.

Les clés:

- → **Les enfants nous apprennent qu'être ouvert au savoir, aux nouveautés, aux différences, à l'engagement et aux autres est l'une des principales sources de bonheur.**
- → **Stimuler la croissance et le développement, c'est faciliter le bonheur.**
- → **Le bonheur, c'est jeter des ponts entre des sentiments, des émotions, des perceptions, des actions, des valeurs, des forces, des comportements, des gens, des sociétés… Mais les ponts ne se jettent pas tout seuls. Il faut les construire.**

Teresa Freire est professeur de psychologie sociale à l'Université de Minho (Portugal). Elle est coordinatrice du laboratoire de cognition sociale et du groupe de recherche sur le fonctionnement optimal. Elle travaille souvent avec des enfants et des adolescents. Teresa Freire est membre du Comité directeur du Réseau européen de psychologie positive, où elle représente le Portugal.

«Les choses importantes n'ont rien à voir avec le succès.»

Pas «qui», mais «comment»

«La littérature traditionnelle sur le bonheur traite de la question du "qui". Qui est le plus heureux? Les riches ou les pauvres, les gens mariés, les jeunes, les personnes extraverties ou les gens qui ont un but précis dans la vie? Même s'il est intéressant pour les théories scientifiques de savoir si les Danois sont plus heureux que les Français ou si un divorce est parfois une période difficile, cela n'a guère d'importance pour ma quête personnelle du bonheur», nous dit **Joar Vittersø** de la Norvège. «Je me réjouis donc de la nouvelle tendance soutenue par un nombre croissant de chercheurs qui insistent sur la question du "comment".»

Devenez un spécialiste de votre propre vie

Pratiquement pas un jour ne se passe sans que je ne réfléchisse, en tant qu'universitaire faisant des recherches sur le bonheur depuis plus d'un quart de siècle, sur ce que signifie exactement une vie heureuse. Je ne cesse de me torturer les méninges à la recherche des ingrédients du bonheur, considérant mes possibilités à faire les choix qui, je l'espère, me permettront de mener la meilleure vie possible. Je doute parfois que la littérature scientifique sur le bonheur m'ait rapproché un tant soit peu de cette vie heureuse. Ne croyant pas aux raccourcis pour parvenir à une vie meilleure, je trouve trop superficielles, trop «américaines», certaines parties de la littérature traitant du «comment».

La littérature qui traite du «comment» a pourtant aussi ses perles. L'exemple que j'ai choisi ici date de plus de 60 ans et c'est celui de Joanna Field, le pseudonyme de Marion Milner. Bien que sa vie semble très réussie, Field avait conscience qu'il lui manquait quelque chose. Pour en savoir plus sur elle-même et sur ce qu'elle désirait dans la vie, elle se mit à tenir un journal intime. À partir de 1926, elle consigna soigneusement des moments de sa vie quotidienne afin d'essayer de comprendre ce qui l'empêchait d'être heureuse. Avec une admirable sincérité, elle analysa pendant sept ans ses pensées et ses sentiments. Sa persévérance fut finalement récompensée: elle constata avec surprise que les meilleures choses de son passé lui étaient restées cachées. De manière totalement inattendue, ces événements importants s'avéraient n'avoir aucun lien avec ses succès, ses amitiés, son travail, ses passe-temps. Ce qui la rendait la plus heureuse, c'étaient les brefs moments où elle percevait le monde extérieur et elle-même d'une façon totalement différente. Après avoir tiré au clair ses pensées et changé sa perception du monde et d'elle-même, autrement dit, en étant devenue spécialiste de sa propre vie, Joanna ne puisait plus son bonheur dans les mêmes choses.

Joanna eut cette révélation à la lecture d'un livre du psychologue suisse Jean Piaget. Piaget y expliquait que les enfants semblent incapables de distinguer entre de vrais objets, comme les tables et les chaises, et leurs propres pensées et idées. Cela explique – et c'est important – que **les sentiments des enfants sont beaucoup plus extrêmes**. Lorsqu'une mère laisse un instant son jeune enfant à lui-même, celui-ci croit que c'est pour toujours et se sent submergé de solitude. De manière similaire, Joanna Field constata que quand ses pensées erraient de manière spontanée ou lorsqu'elle éprouvait un sentiment inconnu, elle était incapable d'en limiter la portée et les conséquences imaginaires. Elle qualifia ces processus de «pensées aveugles», dont les effets allaient prendre plus tard une grande place dans la recherche sur les troubles dépressifs. Ne connaissant pas les travaux de Field, Aron Beck appela ces processus des «pensées automatiques». En apprenant mieux à se connaître et en découvrant l'œuvre du psychothérapeute Pierre Janet, Field comprit que ses pensées aveugles étaient une sorte de «jacassement». Elles créaient des états d'inquiétude qui imposaient des exigences impossibles à sa vie. Lorsqu'elle prit conscience que ce jacassement infantile s'interposait entre elle et son environnement et qu'elle apprit à le dompter, elle put alors faire un grand pas en avant: «Quand je suis arrivée à dominer cela – et seulement à ce moment-là –, j'ai pu voir clairement quelles circonstances étaient propices à mon bonheur. J'ai appris par exemple à limiter mes activités, à ne plus courir après chaque nouveauté, à ne plus mettre toute mon énergie à faire ce que faisaient les autres de sorte qu'il ne me restait plus de force pour accomplir ce dont j'avais vraiment besoin.»

La vie de Joanna Field s'est améliorée grâce à la compréhension. Cette sagesse nouvellement acquise lui a permis de développer ses propres règles de vie et de prendre conscience que le bonheur arrivait lorsqu'elle était pleinement consciente de son environnement. Son histoire montre non seulement qu'il faut faire beaucoup d'efforts pour changer, mais confirme aussi la sagesse de la célèbre inscription du temple d'Apollon à Delphes: «Connais-toi toi-même.»

Les clés

- → **Devenir un spécialiste de votre propre vie n'est pas chose facile, mais si vous y parvenez, d'autres choses vous rendront heureux.**
- → **Dompter le jacassement de vos pensées aveugles pour pouvoir voir clairement quelles circonstances sont propices à votre bonheur.**
- → **Le bonheur arrive quand vous êtes pleinement conscient de votre environnement.**

Joar Vittersø est titulaire d'un doctorat en psychologie sociale de l'Université d'Oslo. Il est professeur de psychologie à l'Université de Tromsø (Norvège). Ses recherches portent sur la satisfaction dans la vie, les émotions positives et la mesure du bonheur. Il est membre du comité directeur de l'Association internationale de psychologie positive et a écrit de nombreux articles sur le bonheur et le bien-être subjectif. Sa publication la plus récente s'intitule *Was Hercules Happy?*

Finbarr Brereton

Nuances de vert

L'Irlande est l'un des 20 pays les plus heureux du monde. Partout sur la planète le jour de la Saint-Patrick, tous ceux qui ont des ancêtres irlandais portent du vert. On dit que le pays arbore 40 nuances de cette couleur. **Finbarr Brereton** nous parle de l'influence du vert – ce qui, dans son cas, signifie environnement.

Pour moi, en tant qu'économiste environnemental, la conclusion la plus intéressante des récentes recherches sur le bonheur est l'importance cruciale de l'environnement sur le bien-être des gens. Il ne s'agit pas seulement des grandes fonctions écologiques qui permettent le maintien de la vie humaine sur notre planète, mais aussi de l'environnement local, du milieu dans lequel les gens vivent et travaillent au quotidien. **Ce qui m'a le plus frappé dans ces recherches, c'est le peu d'intérêt que les gens portaient à l'environnement, en grande partie du fait qu'il s'agissait d'une matière première «gratuite».** Vu que les biens environnementaux fondamentaux pour le développement durable et la qualité de la vie, tels qu'un air pur et de beaux paysages, ne sont pas commercialisés sur des marchés libres comme le sont les produits de consommation courants (par exemple les voitures et les téléviseurs), les gens ont tendance à les sous-estimer et à ne pas leur accorder l'importance qui leur est réellement due. J'ai vu récemment un exemple de cet état de fait en Irlande, quand le pays a été paralysé par l'hiver le plus rigoureux de ces 30 dernières années. Pour empêcher le gel des tuyauteries, les gens ont laissé couler leurs robinets de façon continue, ce qui a provoqué un manque d'eau dans tout le pays. Que cela ait empêché ou non le gel des tuyauteries n'est pas important ici. Ce qui compte, c'est que la population ne voyait pas la nécessité d'économiser l'eau parce qu'elle était «gratuite». Le message que j'adresse aux gens est de sortir de chez eux et de prendre conscience de leur environnement, de le préserver et de se sentir concernés – non seulement parce que nous en avons besoin, mais aussi parce que cela les rendra vraiment heureux.

Finbarr Brereton est chercheur à l'UCD Urban Institute à Dublin (Irlande). Il s'intéresse en particulier à l'économie de l'environnement et à l'influence de l'environnement sur le bien-être subjectif.

Intro ou extra ?

Êtes-vous extra ou intro? «Des chercheurs ont constaté que les personnes extraverties étaient plus heureuses que les personnes introverties, déclare **Marek Blatny**. Pourtant, je suis moi-même introverti et je ne suis pas malheureux.» Dans ses travaux portant sur la durée de la vie, Marek Blatny cherche une réponse à cet apparent paradoxe.

L'influence de mon tempérament

Depuis les années 1980, nous avons découvert que le bien-être – ou le bonheur – dépendait beaucoup moins de facteurs et de circonstances externes qu'on ne s'y attendait. Les espoirs réalisés, les bonnes relations interpersonnelles, le fait d'avoir un but dans la vie et le sentiment d'avoir de la valeur en tant que personne joueraient un rôle bien plus grand sur le bien-être subjectif. Le bien-être est influencé surtout par le tempérament, les traits de caractère liés à la manière dont nous considérons le monde qui nous entoure. La psychologie actuelle distingue deux traits de caractère ayant une base biologique innée: extraversion/introversion et stabilité/instabilité émotionnelle. Des recherches ont montré à plusieurs reprises que les gens extravertis et émotionnellement stables avaient tendance à être plus heureux dans leur vie que les personnes introverties et émotionnellement instables.

Au cours des années 1990, j'ai participé à des recherches sur les rapports entre les traits de caractère et le bien-être, et à leur analyse détaillée. J'ai alors constaté que certaines personnes avaient tendance à être tristes, alors que d'autres étaient naturellement portées à voir les choses avec optimisme. Cependant, d'autres recherches, menées à peu près en même temps, ont montré que les gens différaient davantage par leur *degré* de bonheur que par le fait qu'ils étaient heureux ou malheureux. En fait, peu de gens ont déclaré être vraiment malheureux. Je me considère comme une personne introvertie avec un penchant pour la mélancolie (bien que la compagnie des autres puisse me divertir). Je ne peux pas dire, toutefois, que je sois malheureux ni insatisfait. C'est seulement que je ne ressens pas le même bonheur euphorique que mes amis qui ont une nature plus «heureuse».

J'ai assouvi ma soif de connaissances dans la recherche et j'ai peut-être même apporté ma pierre à l'édifice de la science de la personnalité et du bien-être. Toutefois, puisque la psychologie n'est pas seulement une science, mais aussi un métier d'aide et de conseil, j'ai commencé à me demander ce que je pouvais offrir aux gens en tant que psychologue – comment je pouvais aider les autres à ressentir le bonheur et à parvenir à un état de satisfaction.

J'ai trouvé la réponse dans la psychologie humaniste, qui m'a aidé non seulement dans ma vie professionnelle, mais aussi dans ma vie privée. Elle a été l'un des premiers courants de psychologie à aborder de façon systématique les aspects positifs de la vie humaine. Les travaux de Carl Rogers et d'Abraham Maslow ont influencé bon nombre de chercheurs actuels qui étudient le bien-être et le bonheur. La psychologie humaniste est effectivement l'une des principales sources d'inspiration de la psychologie positive, un courant apparu au tournant du millénaire. Les psychologues humanistes pensent que les gens sont nés bons et que seules des conditions externes défavorables peuvent conduire à des situations où le développement n'est pas optimal et ne correspond pas au potentiel inné. La tendance à grandir, à se développer et à s'adapter de manière active est la principale force motivante chez l'être humain, ce qu'ils appellent «épanouissement» ou «actualisation de soi». Selon les psychologues humanistes, chaque individu a un certain potentiel – talents, compétences, aptitudes – qu'il peut développer et réaliser. Les conditions de base d'un développement personnel sain sont un certain degré de sécurité et de bons soins – la conscience d'être acceptés pour ce que nous sommes. Rogers utilise le terme «acceptation positive inconditionnelle». Nous adoptons et intériorisons graduellement ce regard des autres sur nous, lequel nous aide à développer une bonne image de nous-mêmes et une saine estime de soi.
Voilà ce que j'ai appris dans ma pratique de psychologue et dans ma vie privée. Le premier pas vers le bonheur est l'acceptation de soi, s'aimer comme on est, quelles que soient nos forces et nos faiblesses. C'est seulement quand on ne s'inquiète plus de qui l'on est que l'on peut développer son potentiel et grandir, avoir un but, travailler pour les autres – et être heureux.

Les clés

- → **Les facteurs externes sont moins importants que les facteurs internes (espoirs réalisés, bonnes relations interpersonnelles, but dans la vie)**
- → **Les personnes extraverties et stables sont souvent plus heureuses que les personnes introverties et instables. Mais les gens diffèrent surtout par leur degré de bonheur.**
- → **Notre principale force est l'actualisation de soi (épanouissement). Le premier pas est l'acceptation de soi.**

Marek Blatny est directeur de l'Institut de psychologie de l'Académie des sciences de la République tchèque et professeur de psychologie sociale à l'Université Masaryk à Brno (République tchèque). Son projet portant sur le développement au long de la vie est basé sur des recherches menées auprès de personnes suivies depuis 1961. Il participe aussi à une étude longitudinale prospective sur la qualité de vie d'enfants ayant survécu au cancer.

«Créez votre propre monnaie que vous serez le seul à pouvoir acheter.»

La monnaie Takayoshi

«Je me suis basé sur des données japonaises pour chercher s'il existait une corrélation positive entre la croissance économique et la satisfaction dans la vie. La réponse est non, déclare **Takayoshi Kusago**. Après avoir commencé cette étude, j'ai remarqué de nettes différences dans mon comportement et dans mon système de valeurs.» Le professeur présente ici sa «monnaie Takayoshi». Il est le seul à pouvoir l'acheter.

Votre propre système de valeurs

Autrefois, j'étais un rationaliste qui s'intéressait surtout à l'efficacité de son travail. La productivité était l'un des principaux critères de ma vie. J'évaluais mon bien-être comme on le fait avec le produit national brut. La prospérité économique était ma première priorité pour ma famille et moi, et les aspects non économiques de la vie étaient secondaires. Grâce à mon étude interdisciplinaire (psychologie, sociologie, philosophie et économie), je me suis rendu compte de la superficialité de ce mode de pensée. La prospérité économique ne promet pas une plus grande confiance sur le plan social, la création de liens entre les gens et un dialogue permettant le renforcement de ces valeurs essentielles pour l'accroissement de la satisfaction dans la vie et du bonheur.

Je suis convaincu aujourd'hui qu'il est important pour moi d'établir et de développer de bonnes relations avec ma famille, mes amis et mes voisins. Je dois cette découverte notamment à mon interaction avec des collègues bhoutanais et à leur projet de bonheur national brut. Je participe maintenant avec plaisir aux rencontres de ma communauté locale. De plus, j'ai lancé, il y a quatre ans, des réunions familiales mensuelles où tous ont le même droit de parole pour discuter des problèmes.

J'ai aussi créé une monnaie spéciale, la monnaie Takayoshi. Je suis le seul à pouvoir acheter cette monnaie. Sa valeur augmente quand je passe du temps à augmenter mon bonheur. Par exemple, si je rencontre un ami et que je prends plaisir à converser avec lui, la monnaie Takayoski augmente de 1000. Si je passe une journée entière à aider bénévolement des personnes âgées, elle augmente de 20 000. Je n'ai pas besoin de me souvenir du montant exact ni du degré de la hausse. Mais cette manière de mesurer m'aide à fixer mes priorités et à réfléchir sur les façons de mieux utiliser mon temps afin d'accroître ma satisfaction dans la vie et celle des autres. Mon but ultime est d'augmenter la valeur de ma monnaie grâce à la vie que je mène, une vie fondée sur une approche holistique du bien-être, une base économique correcte, la santé, des connaissances, des espoirs, des rêves, une vie communautaire, la culture, la politique et l'environnement.

De plus, j'ai appris à accorder autant d'attention au «processus» qu'au résultat des politiques publiques. Le «processus» exige un engagement public sur une question particulière, en général concernant des gens dans le besoin. Cela demande de la réflexion. J'examine aujourd'hui le bien-être des gens en cherchant à connaître leur opinion sur la manière dont ils subviennent à leurs besoins dans leur contexte social et économique. Les questions subjectives sont devenues les questions centrales de mes recherches sur le terrain qui ont trait au bien-être. Les changements dans le processus de bien-être et l'émancipation personnelle sont maintenant les principaux thèmes de mes recherches. Mieux vaut tard que jamais.

Les clés

- → **La prospérité économique ne garantit pas une plus grande confiance sur le plan social, la création de liens entre les gens et un dialogue permettant le renforcement de ces valeurs essentielles.**
- → **Respectez votre propre système de valeurs et créez vos propres mesures, comme je l'ai fait avec la monnaie Takayoshi.**
- → **En matière de politiques publiques, accordez plus d'attention au «processus» des personnes les plus directement concernées.**

Takayoshi Kusago enseigne la conception de systèmes sociaux à la Faculté de sociologie de l'Université de Kansai (Japon). Ces deux dernières décennies, il a travaillé comme chercheur et praticien. Depuis quelques années, il se consacre aux études sur le bien-être subjectif. Il met au point de nouveaux indicateurs de développement pour les pays développés en intégrant des données subjectives dans les indicateurs de développement humain.

«Le mal est plus fort que le bien.»

Au-delà du bien et du mal

«Il est rare que nous osions répondre par la négative à la question: *"Comment ça va?"* De nombreuses enquêtes effectuées dans le monde entier révèlent que la grande majorité des personnes interrogées rapportent des niveaux de bonheur au-dessus de la moyenne, même celles qui vivent dans des conditions défavorables, comme des personnes âgées, des personnes handicapées ou qui ont vécu de grands malheurs.» Où trouvons-nous la force d'être heureux? Le professeur **Dov Shmotkin** a élaboré une théorie «intégrée» sur la poursuite du bonheur face à l'adversité.

Notre agent secret dans un monde hostile

La tendance à être fondamentalement heureux paraît contraire à diverses traditions philosophiques pessimistes et à de nombreuses preuves empiriques montrant que «le mal est plus fort que le bien». Cette preuve indique que les conséquences indésirables, nocives ou déplaisantes ont un impact psychologique plus grand que les conséquences désirables,

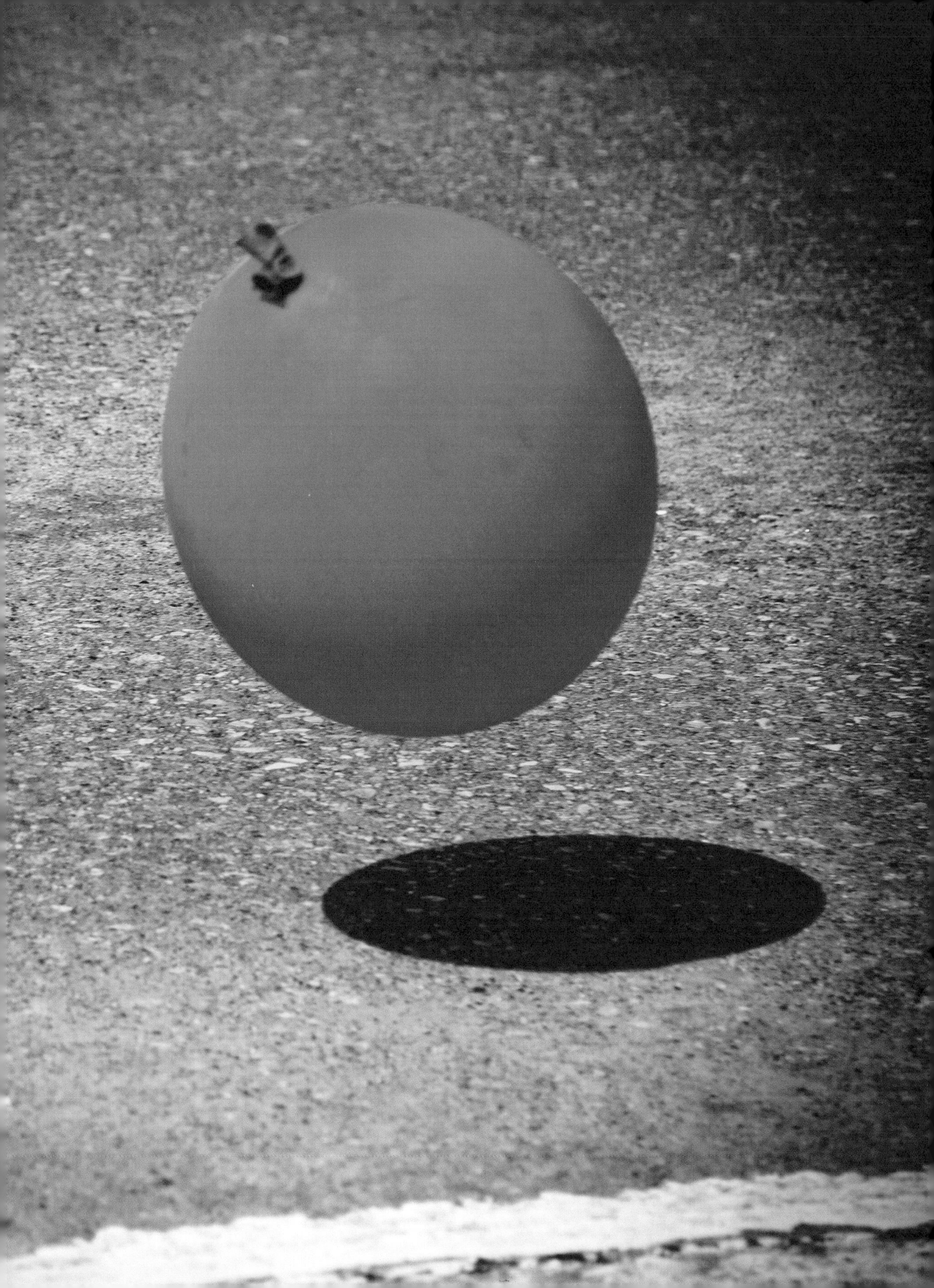

bénéfiques ou plaisantes. Autrement dit, alors que les gens sont en général capables de s'adapter aux circonstances difficiles, certains événements négatifs (par exemple, la survenue d'un handicap ou le chômage) peuvent réduire le bonheur de manière permanente. L'impact d'un traumatisme psychologique, qui est souvent une perte ou une souffrance irréparable, peut être encore renforcé par une brusque diminution des ressources, et nous voilà pris dans une spirale de pertes. Une explication logique de la force prédominante du mal sur le bien est que les expériences négatives risquent de constituer une menace pour l'existence et la sécurité d'une personne.

Comment la plupart des gens peuvent-ils être heureux si le mal dans leur vie est plus fort que le bien? Cette contradiction entre deux faisceaux d'indices ne peut pas être facilement rejetée. Il s'agit en effet d'un réel conflit entre positivité et négativité. Dans mon modèle conceptuel, je propose donc une formulation plus intégrative du rôle du bonheur. Le bien-être subjectif (le terme académique pour bonheur) n'y est pas purement traité comme un résultat souhaité, mais plutôt comme un système dynamique dont le but est de créer un *environnement psychologique favorable* nous permettant de fonctionner de manière normale et compétente avec le minimum de perturbations. Complémentaire au bien-être subjectif, il existe dans ce modèle un système appelé «scénario du monde hostile», renvoyant à une idée de menaces réelles ou potentielles concernant la vie de la personne ou, dans un sens plus large, son intégrité physique et psychique. Ce scénario du monde hostile se nourrit de convictions liées à des désastres comme les accidents, la violence, les catastrophes naturelles, la guerre, la maladie, la vieillesse et la mort. Cette idée de l'adversité met en scène toutes les circonstances négatives possibles ou une situation pire encore que celle prévalant déjà. Utilisé de manière adéquate, ce scénario du monde hostile aide les gens à rester vigilants face à ce qui peut menacer leur sécurité ou leur santé. Cependant, poussé à l'extrême, il génère l'impression de mener une vie précaire dans un monde désastreux.

Le bien-être subjectif et le scénario du monde hostile se régulent l'un l'autre selon divers mécanismes afin de remplir leurs tâches respectives, c'est-à-dire stimuler le plaisir et la réalisation de soi, tout en assurant la sécurité et la protection. Une description détaillée de ces mécanismes dépasse le cadre du présent texte. En général, un état de bien-être subjectif peut contrebalancer, ou même annihiler, les répercussions négatives d'un scénario du monde hostile extrêmement actif. Mais cela n'est pas toujours une réaction adéquate. Si nous sommes face à un réel danger, mieux vaut l'affronter que de rester dans un bien-être illusoire. En fait, il est même justifié dans certains cas d'activer à la fois le bien-être subjectif et le scénario du monde hostile. De nouvelles situations peuvent accroître notre bien-être subjectif, tandis que le scénario du monde hostile nous aide à rester vigilants face aux dangers potentiels. Ces mécanismes parmi d'autres montrent comment le bien-être subjectif ne cesse de négocier avec le scénario du monde hostile pour que nous ne vivions pas notre vie comme un cauchemar où la catastrophe est imminente ni comme un paradis illusoire.

La quête du bonheur est toujours source de grande perplexité. Le bonheur a de nombreuses facettes parfois contradictoires (ce que nous vivons réellement, ce que nous racontons aux autres, ce dont nous nous souvenons). Le bonheur est-il un résultat réaliste à la portée de la plupart des gens, ou est-ce une expérience insaisissable et traîtresse conduisant finalement ceux qui le cherchent à un malheur encore plus grand? Les protagonistes de ces deux idées ne sont pas rares. Mon approche consiste à dire que le bonheur est essentiellement plus dialectique qu'on ne le prétend généralement – car il se comporte comme notre agent secret dans un monde hostile.

Les clés

→ **Le bonheur est un système dynamique dont le but est de créer un *environnement psychologique favorable* nous permettant de fonctionner de manière normale et compétente avec un minimum de perturbations.**

→ **Le scénario du monde hostile aide les gens à rester vigilants face à ce qui peut menacer leur sécurité et leur santé.**

→ **Un état de bien-être subjectif peut contrebalancer, ou même annihiler, les répercussions négatives d'un scénario du monde hostile extrêmement actif.**

Les travaux du professeur Dov Shmotkin comprennent des recherches sur le bien-être subjectif tout au long de la vie (*life-span*) ainsi que sur les traumatismes à long terme des survivants de l'Holocauste. Shmotkin est attaché au Département de psychologie et à l'Institut Herczeg sur le vieillissement de l'Université de Tel-Aviv (Israël). Il est membre de plusieurs équipes ayant mené des recherches sur les personnes âgées en Israël.

«Personne n'est une île.»

La culture des relations heureuses

«Personne n'est une île. Partout dans le monde, les relations sont importantes pour le bien-être des gens. Les échanges sur le plan émotionnel, l'intimité et la bonne communication avec les amis, la famille et les collègues apportent un soutien social, régulent le stress et favorisent le bonheur, le bien-être et la santé. Mais ces pratiques relationnelles et leur influence sur le bien-être des gens diffèrent d'une culture à l'autre.» **Konstantinos Kafetsios** dévoile ces différences.

Deux cultures différentes

Afin de sauvegarder l'ordre social, la culture régule les normes du comportement humain. Les relations ne font pas exception à la règle. Il est donc important de comprendre comment les «règles» culturelles en matière de relations influent sur le bonheur des gens. Dans les cultures qui défendent des valeurs collectivistes et l'interdépendance (en particulier les cultures sud-européennes et orientales), les croyances, les émotions et le comportement d'une personne sont influencés par les opinions des gens qui l'entourent, en général sa famille et ses amis proches. Cela arrive moins souvent dans les sociétés où les valeurs sociales individualistes sont plus fortes (en particulier les cultures nord-européennes et nord-américaines), où la personne peut développer un «moi» indépendant des autres et s'orienter davantage vers ses propres besoins et valeurs.

On pourrait penser que les relations ont plus d'influence sur le bien-être et le bonheur dans les cultures collectivistes que dans les cultures individualistes. Des recherches sont encore en cours, mais les conclusions de nos travaux et de certains autres ne confirment pas cette hypothèse. Aussi paradoxal que cela puisse paraître, nous constatons que, dans les contextes culturels collectivistes, les gens établissent de plus petits réseaux sociaux de famille et d'amis proches, et que des pratiques relationnelles comme les échanges sur le plan émotionnel, la communication et le soutien social ne sont pas nécessairement liées aux sentiments et aux besoins personnels, mais plutôt à la définition des rôles et des règles en matière de relations. Des études récentes effectuées en Grèce, en Corée et en Chine montrent que les relations de soutien ont moins d'effets bénéfiques sur le bien-être personnel et les émotions positives dans ces pays que dans des pays comme les États-Unis, les Pays-Bas ou la Grande-Bretagne.

Dans les pays et les communautés collectivistes, les individus ont des relations avec un nombre limité de personnes, ce qui peut avoir un impact sur leur bien-être. De plus, un lien plus fort avec un nombre limité de personnes (surtout les membres de la famille) signifie que les émotions et les besoins personnels sont plus fortement régulés au quotidien, ce qui risque de nuire à l'expression et au partage d'émotions positives. Dans les pays qui mettent de l'avant l'indépendance, les émotions sont exprimées et partagées plus librement au quotidien, ce qui peut accroître le bonheur et le bien-être.

Cependant, au sein d'une même culture, la conscience indépendante ou interdépendante du «moi» n'est pas uniforme, mais varie d'une personne à une autre en fonction de l'éducation et de la personnalité de chacun. À cet égard, il est intéressant, dans le cadre des études sur le bonheur, de réfléchir à la manière dont quelqu'un est adapté à une culture. Des recherches récentes sur les relations sociales quotidiennes en Grèce et au Royaume-Uni montrent que les gens dont le «moi culturel» se rapproche le plus des valeurs culturelles dominantes (interdépendance en Grèce et indépendance au Royaume-Uni) ressentent des émotions plus positives dans leurs relations quotidiennes que les autres. Quiconque applique des règles relationnelles culturellement inadaptées ou a des relations quotidiennes avec des gens qui ne partagent pas les mêmes règles relationnelles risque de se heurter à des difficultés et d'en souffrir.

Il est donc important non seulement de se demander si l'on suit des pratiques relationnelles indépendantes ou interdépendantes, mais aussi de comprendre les règles relationnelles culturellement déterminées des gens avec qui on est en relation et de la communauté dans laquelle on vit.

Les clés

- → **Recherchez les normes relationnelles dominantes dans le pays où vous vivez. Les gens sont-ils influencés par l'opinion de leur famille et de leurs amis proches (interdépendants) ou pas (indépendants)?**
- → **Prenez conscience des normes relationnelles – indépendance ou interdépendance – que vous appliquez dans vos relations.**
- → **Ayez des relations avec des gens qui partagent les mêmes règles culturelles que vous en matière de relations et choisissez, si possible, des communautés qui partagent les mêmes valeurs et pratiques que vous.**

Konstantinos Kafetsios enseigne la psychologie sociale à l'Université de Crète (Grèce). Il est l'auteur du livre *Attachment, Emotion and Close Relationships* ainsi que de plusieurs articles sur la psychologie sociale des émotions et des relations personnelles.

La politique de l'avenir

La Colombie est un pays surprenant concernant l'indice du bonheur mondial. Malgré les mauvais indicateurs «objectifs», les gens se donnent des scores qui les placent dans le top 20. Avec l'IWG (International Well-Being Group – groupe international pour le bien-être), **Eduardo Wills-Herrera** a créé un réseau de chercheurs du monde entier qui mettent en carte le bonheur d'une nouvelle manière. Il révèle les secrets d'une politique publique orientée vers l'avenir.

Comment te sens-tu?

En tant que chercheur en psychologie de l'organisation et du développement, j'ai appris que le progrès d'un pays ou d'une société ne peut et ne doit pas se mesurer uniquement à l'aide de mesures «objectives» comme le produit national brut ou le revenu par habitant, mais aussi à l'aide de mesures «subjectives» directement testées sur les populations concernées à qui l'on pose de simples questions telles que «Comment vous sentez-vous?» ou «Êtes-vous satisfait de votre vie en général?». Des recherches ont montré que ces mesures sont valides et applicables pour faire des comparaisons interpersonnelles ou interculturelles. Ces nouvelles échelles subjectives permettent de comprendre comment diverses dimensions, comme la sécurité personnelle, la communauté, la santé, le niveau de

«Il faut plus de réseaux sociaux apportant un soutien matériel et affectif aux plus vulnérables.»

vie, etc., contribuent au bien-être d'une personne. Nous avons testé également de nouveaux critères tels que la satisfaction sur le plan spirituel et trouvé que cette dimension, qui n'a pas la même importance pour tout le monde, dépend du contexte culturel dans lequel les gens vivent.

Les réponses à ces questions m'ont appris qu'en évaluant leur satisfaction dans la vie, les gens donnent plus d'importance aux valeurs non matérielles, telles que la qualité des relations sociales, la vie familiale et la recherche de sens. C'est pourquoi on trouve souvent plus de gens satisfaits dans les sociétés considérées comme «sous-développées» selon des critères économiques ou objectifs. Pour ce qui est de mon pays, la Colombie, cette conclusion est particulièrement intéressante et demande davantage de recherches et de compréhension. Malgré de mauvais indicateurs «objectifs», un environnement instable et des conflits sociaux, les gens se tournent vers leurs réseaux sociaux et vers la spiritualité pour trouver de la satisfaction dans leur vie. Ils y cherchent un sens et de l'aide, ce qui leur donne en retour un plus grand sentiment de bien-être, comparé aux gens vivant dans des sociétés plus riches.

Afin d'appliquer des mesures de bien-être subjectif comme indicateurs de la politique publique, il est important de distinguer plusieurs concepts et sens associés à ces indicateurs. Nous ne cherchons pas uniquement à déterminer le degré de «bonheur» – un sentiment hédoniste à court terme –, mais aussi le degré de «bien-être», qui signifie d'un point de vue eudémonique (d'Aristote) la capacité de s'épanouir en tant qu'être humain, de posséder ce qui a le plus de valeur pour soi, d'être fidèle à son propre esprit. Dans ce sens, le bien-être devient le but ultime à la fois de la politique publique et de la réalisation personnelle.

La qualité du travail et la satisfaction au travail sont des dimensions importantes du bien-être. Ces facteurs dépendent tant d'attributs internes (lieu de contrôle, optimisme, extraversion, motivation intrinsèque) que d'attributs externes (salaire, développement de carrière, autonomie des tâches, rétroaction). Le chômage, au contraire, entraîne en général de plus hauts taux de maladie mentale et de stress, et plus de risques d'être malheureux. Les entreprises dont les employés se sentent en meilleure santé et plus heureux sont plus productives. Il est aussi important de connaître et d'évaluer l'impact des entreprises commerciales et privées sur la population en général, de voir comment le secteur commercial peut contribuer à accroître les niveaux de bien-être et à réduire les dommages environnementaux et sociaux. De plus, les réseaux sociaux au sein des organisations peuvent contribuer à créer une énergie positive pour le travail, ce qui, en retour, peut avoir une influence positive sur la performance.

Je voudrais insister aussi sur l'importance, pour les politiques publiques, des mesures du bien-être subjectif dans le cadre du «mouvement des indicateurs sociaux». Les problèmes mondiaux, tels que les changements climatiques, l'épuisement progressif des ressources naturelles, la hausse des inégalités et l'insécurité sociétale, mettent en évidence l'importance accrue du mouvement des indicateurs sociaux, qui cherche de nouvelles mesures pour expliquer le développement et le progrès d'une société. L'accent mis sur les mesures subjectives de bien-être entraînera à court terme un changement dans les méthodes de formulation, de conception et de mise en œuvre de nouveaux objectifs de politique publique. Il est crucial que le gouvernement aide la population, en particulier les groupes pauvres et vulnérables, à atteindre un meilleur niveau d'autoefficacité, d'estime de soi et de contrôle perçu. Nous devons évaluer si ces buts sont atteints à l'aide d'indicateurs subjectifs indiquant l'importance du développement social et humain. L'établissement de réseaux sociaux apportant un soutien affectif et matériel aux personnes les plus vulnérables doit devenir un important objectif de la politique publique.

Les clés

→ **Lorsqu'ils évaluent leur satisfaction dans la vie, les gens donnent plus d'importance aux valeurs non matérielles: les relations sociales, la vie familiale et la recherche de sens.**

→ **La qualité du travail et la satisfaction qu'il apporte sont des dimensions importantes du bien-être.**

→ **L'accent mis sur les mesures subjectives du bien-être entraînera un changement dans la formulation, la conception et la mise en œuvre de nouveaux objectifs de la politique publique.**

Eduardo Wills-Herrera est chercheur dans le domaine de l'organisation et du bien-être à l'École de management de l'Université des Andes à Bogota (Colombie). Il participe à des recherches sur le bien-être subjectif dans la société et les organisations colombiennes. Il est titulaire d'une maîtrise en études du développement de l'Institut des sciences sociales de La Haye (Pays-Bas) , et d'un doctorat en comportement organisationnel de l'Université Tulane à La Nouvelle-Orléans. Il considère que chaque être humain a le droit de chercher sa propre voie vers l'épanouissement et le bonheur.

«L'économie est une discipline qui sert le mieux les riches.»

La perte du bonheur

Depuis plus d'un demi-siècle, **Robert E. Lane** est l'un des spécialistes des sciences politiques les plus respectés et les plus créatifs des États-Unis. Il pose finalement la «grande» question: «Pourquoi y a-t-il tant de gens malheureux et déprimés dans les pays riches?»

L'érosion tragique

Les économies de marché accroissent le bien-être subjectif dans les pays les moins développés parce qu'elles apportent la prospérité, qu'elles sortent les gens de la pauvreté et de l'oppression. Mais elles commencent à perdre leur utilité dans les pays industrialisés parce qu'elles ne fournissent pas nécessairement des biens qui accroissent le bien-être, ou seulement de manière occasionnelle. Les principales sources de bien-être dans les économies avancées sont l'amitié et une bonne vie de famille. Dès que l'on dépasse le seuil de pauvreté, un revenu plus élevé ne contribue presque plus au bonheur. En fait, quand la prospérité augmente, la solidarité familiale et l'intégration dans la communauté s'érodent tragiquement, et les individus font de moins en moins confiance aux autres et à leurs institutions politiques. Il faut changer d'urgence nos priorités afin d'augmenter nos contacts sociaux, même au risque d'une baisse de revenu.

Faisons d'abord deux remarques: 1. les neurones des centres émotionnels du cerveau sont activés avant ceux des centres cognitifs; 2. la plus grande partie de la «pensée» est inconsciente. Les recherches et les théories basées sur ces constatations indiquent clairement que les raisons ne sont pas des causes, mais des rationalisations de ce que les réponses émotionnelles précédentes ont «décidé». Comme seuls les processus rationnels sont accessibles à ce que nous appelons la «conscience», on leur attribue une force causale et on crée un monde mental raisonnable basé sur ce que nous «savons». Le Siècle des lumières a fourni les fondements philosophiques de cette structure rationnelle imaginaire. L'économie, la discipline qui sert le mieux les riches, a donné une sorte de légitimité morale à ce point de vue illusoire en justifiant un choix rationnel en fonction de son utilité, utilité définie comme bien-être matériel. Ce n'est que quand les recherches sur le bien-être ont montré que celui-ci dépend beaucoup plus des relations sociales que des biens matériels, qu'il est devenu clair que le réseau complexe d'économie et de choix rationnel appartient au grand monde imaginaire issu de nos limitations cognitives.

Les résultats des recherches combinées sur la neurologie et la vie émotionnelle commencent peu à peu à percer à jour les erreurs épistémologiques fondamentales de l'économie, du droit, des sciences politiques et de la philosophie. Il n'est pas sûr que la recherche fournisse ses résultats à temps pour empêcher l'homme rationnel de détruire l'habitat humain. Un retour à la «rareté» risque de renforcer l'interprétation du bien-être en termes de biens matériels et d'accroître l'anxiété et la dépression qui caractérisent actuellement l'Occident. Si le génome humain disparaît avec l'habitat humain, le long processus évolutionnaire pour créer de la conscience risque de ne jamais aboutir.

Les clés

→ **Dès que les gens dépassent le seuil de pauvreté, l'augmentation de leurs revenus ne contribue presque plus à leur bonheur.**
→ **Les principales sources de bien-être dans les économies avancées sont l'amitié et une bonne vie familiale.**
→ **Nous devons changer d'urgence nos priorités afin d'augmenter nos niveaux de contacts sociaux, même au risque de voir baisser nos revenus.**

Robert E. Lane est professeur émérite de sciences politiques à l'Université Yale (États-Unis) et Fellow de la British Academy. Il a été président de l'Association américaine des sciences politiques et de la Société internationale de psychologie politique. Son dernier ouvrage s'intitule *The Loss of Happiness in Market Democracies.*

L'indice «confiance»

Luisa Corrado, de l'Université de Cambridge, dirige des recherches internationales sur l'analyse de la géographie sociale du bien-être, en se basant sur des données de l'Enquête sociale européenne menée dans 15 pays d'Europe. Dans le cadre de cette étude, 20 000 personnes dans 180 régions évaluent régulièrement le niveau de leur bonheur en général et de leur épanouissement à long terme (satisfaction de la vie). La chercheuse a trouvé un puissant indice de bonheur: la confiance.

Au-delà des stéréotypes

La carte du bien-être européen pourfend certains stéréotypes nationaux traditionnels. En particulier, l'idée que les gens sont plus heureux sur la côte ensoleillée de la Méditerranée est fausse. La plupart des pays du Sud de l'Europe comptent parmi les pays aux scores les plus bas en ce qui concerne cette enquête, alors que ce sont les pays froids comme la Suède, la Finlande et les Pays-Bas qui marquent les plus hauts scores. Les Danois sont les plus heureux. Les femmes se considèrent en général comme étant plus heureuses que les hommes, tandis que les jeunes et les personnes âgées sont plus heureux que les gens d'âge moyen.

Nous analysons actuellement les éléments qui rendent les gens plus heureux dans certains pays que dans d'autres. L'une des tendances les plus nettes est que les gens les plus heureux déclarent avoir confiance dans le gouvernement, la police et le système judiciaire de leur pays. Ils ont aussi beaucoup d'amis et de connaissances, ainsi qu'au moins un très bon ami ou un partenaire de vie. Le rapport confirme le vieil adage disant que l'argent ne fait pas le bonheur. Dans les pays où la population en général fait confiance au gouvernement et aux autres institutions, un revenu élevé rend les gens encore plus heureux. Mais dans les pays où cette confiance n'existe pas, même les gens les plus riches ont tendance à être moins heureux. Le niveau d'instruction a également un impact limité sur le bien-être général. Mais le degré de respect de soi que les gens puisent dans leur travail influence leur niveau de bonheur.

Le monde politique accorde de plus en plus d'attention à l'augmentation du bien-être individuel. La principale raison pour compléter les données économiques existantes par des «comptabilités de bien-être» nationales est la prise de conscience que la satisfaction de la population résulte de facteurs à la fois individuels, sociaux et institutionnels. Ce que mes recherches dans ce domaine m'ont appris, c'est que le bien-être d'un pays et le bien-être de ses citoyens ne sont pas indépendants l'un de l'autre.

Le niveau personnel – les relations sociales, les amis, la famille et les personnes aimées – est un excellent point de départ pour indiquer le niveau de satisfaction. L'essentiel pourtant est que nous puissions réaliser nos objectifs et nos aspirations à un niveau social plus large. C'est pourquoi il est très urgent de mettre en place un soutien institutionnel et des mesures politiques à cet égard. Une politique nationale qui reconnaît l'importance de la mesure et de la promotion du bien-être individuel en tirera des bénéfices substantiels sur les plans économique et social: les travailleurs seront plus productifs et la cohésion sociale sera plus forte. Ainsi, la stimulation du bien-être entraînera la stimulation de la croissance, ce qui est le but politique ultime.

Somme toute, les habitants de l'Union européenne sont relativement heureux. La raison première n'est pas de nature financière. Les principaux facteurs qui influent sur notre bonheur sont la qualité de nos relations et de nos contacts sociaux ainsi que la confiance que nous avons dans les institutions de notre pays.

Les clés

→ **Le degré de respect de soi que les gens puisent dans leur travail joue un rôle important.**
→ **Les principaux facteurs qui influent sur le bonheur sont la qualité de nos relations et de nos contacts sociaux ainsi que la confiance que nous avons dans les institutions de notre pays.**
→ **Il est très urgent de mettre en place un soutien institutionnel et des mesures politiques.**

Luisa Corrado a reçu le Prix européen pour la recherche scientifique pour son excellente étude internationale sur la géographie sociale des revenus et du bien-être. Actuellement, elle est Marie-Curie Fellow à la Faculté d'économie de l'Université de Cambridge (Royaume-Uni) et professeur à l'Université Tor Vergata de Rome (Italie).

Quand les besoins entrent en conflit

L'être humain est une espèce sociale. Notre cerveau a évolué sur la base de besoins liés au désir de communiquer avec les autres. Il n'est donc pas étonnant que les religions ainsi que les théories sur le bonheur et le bien-être s'intéressent au rôle des relations sociales. Mais que se passe-t-il si les besoins des uns et des autres entrent en conflit? **Martin Guhn** et **Anne Gadermann** ont étudié la question.

Un plus haut niveau de bonheur collectif

Selon la théorie de l'autodétermination, trois besoins humains universels doivent être satisfaits si nous voulons être heureux (les besoins de base que sont l'alimentation, le logement, la santé physique et la sécurité étant supposés déjà satisfaits). Ces trois besoins humains universels sont:

→ le besoin d'avoir dans notre vie des gens que nous aimons et qui nous aiment (appartenance);
→ le besoin de se sentir compétent dans des activités appréciées par d'autres (compétence);
→ le besoin de sentir que l'on est maître de son propre comportement (autonomie).

Ces trois besoins font l'objet de nombreuses recherches. Une étude sur le sentiment d'appartenance (ou sur ses variantes, comme l'attachement ou le soutien social) a montré que le soutien social (famille, amis, voisins et collègues) est associé au bonheur, au bien-être subjectif, à la satisfaction dans la vie et à la santé. De la même manière, la perception que l'on a de ses propres compétences (ou des concepts similaires comme l'efficacité ou l'ambition) est associée au bien-être, tout comme un haut degré d'autonomie (ou de concepts apparentés, comme l'assurance d'avoir du contrôle).

La question de savoir pourquoi et comment certaines personnes, mais pas d'autres, ont un grand sentiment d'appartenance ainsi qu'un haut degré de compétence et d'autonomie a entraîné des recherches dans divers domaines. Du point de vue développemental, il est essentiel que les enfants grandissent avec un solide sentiment d'attachement vis-à-vis des personnes qui prennent soin d'eux. Ce sentiment est nourri quand ces personnes leur apportent des soins et un soutien prévisibles et suivis, ont des attentes élevées (mais réalisables) et appliquent des règles (morales) claires. Autrement dit, les enfants ont besoin d'une relation aimante durable avec un ou plusieurs adultes qui prennent soin d'eux et entreprennent avec eux des activités.

Mais le sentiment d'appartenance et l'autonomie sont-ils des besoins contraires? Pas forcément. Selon la théorie de l'autodétermination, l'appartenance et l'autonomie peuvent coexister. D'un point de vue développemental, on considère que l'idéal est de développer un état d'«appartenance autonome». Cependant, les besoins d'appartenance et d'autonomie sont parfois perçus comme contraires ou même incompatibles. Un cadre social qui engendre un conflit entre les besoins de base crée les conditions propices à l'aliénation et à la psychopathologie.

Dans nos sociétés de plus en plus multiculturelles, la coexistence de plusieurs sous-cultures et de leurs systèmes de valeurs respectifs peut engendrer des conflits entre les besoins d'appartenance et d'autonomie parmi les membres d'une même sous-culture ou entre les membres de différentes sous-cultures. Entre autres, un conflit peut naître dans une famille d'immigrants lorsqu'un des enfants veut avoir des activités importantes pour ses pairs de la «nouvelle» culture (par exemple sortir le soir), mais qui sont inacceptables dans la culture de sa famille ou de son pays d'origine. De la même manière, des membres de différentes sous-cultures peuvent se sentir restreints, soit dans leur autonomie, soit dans leur désir d'appartenance, lorsque les coutumes et les attentes vis-à-vis des rôles de chacun se heurtent (par exemple le code vestimentaire, les droits de l'être humain, les rôles de l'homme et de la femme).

Comment des individus ou des sociétés entières peuvent-ils résoudre les conflits entre leurs besoins d'appartenance et leurs besoins d'autonomie, conflits issus de différentes valeurs et attentes? La clé est de comprendre comment les compétences sociales (empathie, entraide, écoute) permettent aux gens et aux groupes de différentes sous-cultures d'adapter leurs attentes et leurs valeurs afin qu'elles ne soient plus contraires, mais complémentaires. Les sociétés doivent fournir plus de soutien et de moyens structurels pour favoriser l'interaction entre les gens, de sorte que cette interaction constitue une source de joie et de fierté, par exemple en organisant dans les écoles et les groupes communautaires des activités auxquelles participent les enfants et leurs parents sur la base de leur milieu culturel: musique, art ou cuisine. Bref, nous devons comprendre comment les gens utilisent leurs compétences sociales pour résoudre un conflit entre autonomie

et appartenance. Nous devons créer aussi des activités qui stimulent le comportement social dans les écoles, les centres communautaires et les autres endroits publics.

Les expériences de groupe de Muzafer et Carolin Sherif fournissent un cadre pour les principes de base de telles activités communes. Ainsi, les enfants d'un camp de vacances qui participaient constamment à des activités de groupe ayant un élément compétitif (par exemple le sport) avaient un comportement agressif et asocial envers les enfants des autres équipes, même en dehors de ces activités (par exemple pendant le petit-déjeuner), mais quand les enfants étaient devant un problème qui les touchait tous (on avait fermé la conduite d'eau alimentant le camp), non seulement ils coopéraient pour le résoudre, mais ils étaient plus gentils et plus serviables envers les enfants auxquels ils avaient manqué de respect quelques jours auparavant.

De nombreuses sociétés disposent d'importantes ressources pour satisfaire les besoins humains universels, par exemple un système d'éducation, un service d'hygiène publique, une sécurité sociale, des garderies, un congé parental et des structures démocratiques. Ce qui, selon nous, est sous-représenté et sous-estimé dans nos sociétés postindustrielles est la mesure dans laquelle les structures et les moyens d'une communauté sont utilisés pour impliquer régulièrement les citoyens dans des activités sociales et multiculturelles communes, et offrent aux enfants de nombreuses possibilités pour développer leurs compétences sociales.

Les clés

- **Trois besoins humains universels doivent être satisfaits pour que nous puissions être heureux: le sentiment d'appartenance, la compétence et l'autonomie.**
- **Pour satisfaire ces besoins à un haut niveau, il est important de bien éduquer nos enfants afin qu'ils développent leurs compétences sociales.**
- **Des besoins contraires peuvent devenir des besoins complémentaires quand les sociétés fournissent un soutien structurel et des moyens pour inciter les gens à participer à des activités sociales et interculturelles communes.**

Martin Guhn est chercheur postdoctoral à la fondation Michael Smith for Health Research & Human Early Learning Partnership, de l'Université de la Colombie-Britannique (Canada). Il s'intéresse en particulier aux facteurs culturels et contextuels ainsi qu'aux compétences émotionnelles et sociales des enfants. Anne Gadermann est chercheuse postdoctorale au Département de santé publique de l'Université Harvard (États-Unis). Elle s'intéresse particulièrement au bien-être des enfants et des adolescents.

Le gâteau européen

Les pays européens affichent des niveaux de bonheur assez différents. Coupez en quatre le gâteau européen et relevez les contrastes entre l'Est et l'Ouest, le Nord et le Sud. **Ingrida Geciene** a comparé le bonheur des gens vivant dans 31 pays d'Europe. Pour chaque part du gâteau, elle révèle les liens avec le contexte politique et religieux.

Quatre parts différentes

Selon certaines approches récentes du bien-être subjectif, une haute sécurité économique conduit les pays européens très développés à mettre «plus fortement l'accent sur le bien-être subjectif et la qualité de vie. Pour beaucoup de gens, ce sont des priorités plus grandes que la croissance économique». Afin de vérifier ces hypothèses, nous avons comparé les opinions de personnes vivant dans 31 pays de l'Ouest, du centre et de l'Est de l'Europe, sur des indicateurs subjectifs de la qualité de vie, tels que la satisfaction dans la vie et le bonheur.

Les résultats de cette analyse révèlent deux formes d'évaluation subjective de la qualité de vie: une évaluation hautement positive du bien-être dans les pays d'Europe occidentale (8-7 points sur 10) et une évaluation plus négative dans les pays d'Europe centrale et d'Europe orientale (6-4 points sur 10). Ces résultats reflètent en grande partie l'abîme entre les pays économiquement avancés d'Europe occidentale et les pays postcommunistes économiquement moins développés. Ces données mettent ainsi en évidence le grand impact des facteurs économiques sur l'évaluation subjective de la qualité de vie. Autrement dit, les gens qui vivent dans les pays plus pauvres sont moins satisfaits de leur existence. Toutefois, certains pays postcommunistes, comme la Slovénie et la République tchèque, sont au même niveau de bien-être subjectif que les pays européens latins, comme l'Italie, l'Espagne, le Portugal et la France, ce qui ne cadre pas avec le raisonnement ci-dessus. Les facteurs économiques ne suffisent donc pas à expliquer le niveau de bien-être subjectif.

En Europe occidentale comme en Europe centrale et orientale, le facteur économique ayant la plus forte influence sur la satisfaction dans la vie est le revenu (plus le revenu est élevé, plus la satisfaction dans la vie est grande). Les liens entre les indicateurs subjectifs (satisfaction dans la vie et bonheur) et d'autres facteurs sont moins clairs. Des facteurs tels que des relations interpersonnelles stables et un sentiment d'appartenance sont plus importants dans les pays d'Europe occidentale que dans les pays postcommunistes. On peut supposer que les gens qui vivent dans les pays postcommunistes plus pauvres souffrent davantage d'un manque de sécurité financière que ceux qui vivent dans les pays avancés d'Europe occidentale; donc, pour les premiers, les besoins tels qu'un sentiment d'appartenance et des relations stables comptent moins que le revenu pour ce qui est de la satisfaction dans la vie.

Dans notre examen de diverses traditions culturelles dans les deux parties de l'Europe, nous avons trouvé d'autres facteurs importants ayant une influence sur le bien-être subjectif. La distinction porte surtout sur l'autodétermination des individus en matière de relations avec les autres personnes, l'État et le monde. On peut parler ici de deux grands groupes de pays se caractérisant par différents modèles culturels: *les pays dans lesquels on s'oriente vers l'État,* où les gens pensent que l'État a pour tâche de satisfaire les besoins de chacun (en particulier dans les pays postcommunistes), et *les pays dans lesquels on s'oriente vers soi-même*, où les gens ont le sentiment de faire des choix libres et d'avoir leur vie en main

«Il ne faut pas sous-estimer l'importance de facteurs culturels sous-jacents totalement différents.»

(surtout dans les pays d'Europe occidentale, et en particulier les pays nordiques). Les données indiquent qu'une plus forte orientation vers l'État a un impact négatif sur le niveau de bonheur, alors qu'une plus forte orientation vers soi-même a un fort impact positif sur la satisfaction dans la vie.

Nous avons toutefois trouvé de grandes différences dans les niveaux de bonheur entre les pays postcommunistes. Cela s'explique en partie par la durée variable de l'influence idéologique communiste sur la population de ces pays. Les gens les moins heureux vivaient en Ukraine, en Russie et en Biélorussie, et c'est justement ces pays qui ont été exposés le plus longtemps (presque 70 ans) à cette idéologie. Plusieurs générations se sont vu imposer la passivité et devaient obéir sans mot dire aux règles gouvernementales. Pendant plusieurs décennies, cette vision du monde a été normale. Après la chute du communisme, cette vision a empêché les gens de s'adapter à la nouvelle situation socioéconomique et politique. Par conséquent, les gens qui s'attendent toujours à ce que l'État satisfasse leurs besoins de base constatent un décalage entre leurs attentes et la réalité. C'est particulièrement évident dans les États postcommunistes qui se sont appauvris lors du processus de transformation et sont dans l'impossibilité de maintenir leur ancienne politique sociale. Pour les habitants des pays postcommunistes, ce décalage engendre de l'insatisfaction face aux changements, à la politique gouvernementale et à leur propre vie.

L'importance de la vision du monde pour la satisfaction dans la vie se révèle aussi en partie dans les différences entre les pays d'Europe occidentale. Les pays européens latins, qui ont une longue tradition catholique, montrent des niveaux de satisfaction dans la vie plus bas que les pays de l'Europe nordique ayant une tradition protestante ou mixte. Bien que les résultats de recherche ne révèlent aucune relation directe entre protestantisme ou catholicisme et la satisfaction dans la vie, on peut supposer que les différentes traditions religieuses exercent une influence indirecte. L'influence de la tradition dominante peut être en partie démontrée, par exemple, par le fait que les pays latins comptent un plus fort pourcentage de personnes fatalistes (qui considèrent que peu de choses dans la vie dépendent d'une intervention personnelle), alors que les pays de l'Europe nordique comptent un plus fort pourcentage de personnes volontaristes (qui ont l'impression de faire des choix libres et d'avoir leur vie en main). Néanmoins, ces hypothèses sont trop imprécises pour permettre de tirer des conclusions significatives.

Après avoir analysé l'impact de la nouvelle tradition culturelle postmatérialiste sur l'évaluation subjective de la qualité de vie, nous n'avons trouvé aucune relation significative entre les indicateurs subjectifs du bien-être et certaines des principales valeurs postmatérialistes, telles que l'importance des amis et des loisirs dans la vie personnelle. Dans tous les cas, cette relation est clairement un facteur plus faible (presque 10 fois plus faible) que le revenu. De plus, il n'y a pas de différence significative à cet égard entre l'Europe occidentale, d'une part, et l'Europe centrale et orientale, d'autre part. Cette conclusion remet en cause l'hypothèse selon laquelle le bonheur serait plus étroitement lié à une orientation postmatérialiste dans les pays riches que dans les pays pauvres.

Malgré la complexité des déclarations sur l'évaluation subjective de la qualité de vie dans différents pays européens, il s'avère que les niveaux de satisfaction dans la vie et de bonheur dépendent surtout des facteurs économiques (en particulier le revenu) et beaucoup moins de l'existence de relations stables ou de certaines visions culturelles du monde, telles que le niveau d'autonomie ou de dépendance envers l'État. Nous pouvons donc supposer que la stabilisation de la situation politique et l'amélioration des conditions socioéconomiques dans les pays postcommunistes entraîneront à l'avenir une augmentation du niveau de bien-être subjectif de ces populations. Pourtant, il ne faut pas sous-estimer l'importance de facteurs sous-jacents, souvent très différents, favorables à la satisfaction dans la vie et au bonheur. Pour l'intégration culturelle de l'Europe occidentale, centrale et orientale, il est important que les pays postcommunistes abandonnent leur ancienne vision du monde basée sur la dépendance totale envers l'État et la remplacent graduellement par une orientation vers l'épanouissement personnel et l'actualisation de soi.

Les clés

- → **Les habitants des pays plus pauvres sont en général moins satisfaits de leur vie que les habitants des pays riches, mais l'étude de l'impact des facteurs économiques ne suffit pas pour expliquer cette insatisfaction.**
- → **Une orientation plus forte vers l'État a une influence négative sur le niveau de bonheur, alors qu'une orientation plus forte vers soi-même a une influence positive sur la satisfaction dans la vie.**
- → **Les personnes volontaristes sont plus heureuses que celles qui sont fatalistes.**

Ingrida Geciene est directrice de l'Institut pour l'innovation sociale à Vilnius (Lituanie) et professeur à la Faculté de communication de l'Université de Vilnius. Elle dirige des recherches sur les jeunes, la migration et le changement d'identité dans les pays postcommunistes.

«Les malheurs arrivent,
mais se concentrer sur eux
ne fait que les aggraver.»

High five

Le *high five* est un geste cordial que font deux personnes qui lèvent en même temps la main et pressent, tapent ou font glisser leur paume sur celle de l'autre. C'est un symbole de compréhension, de réussite, de satisfaction et de bonheur. **David Watson** a cherché toute sa vie les *high five* du bonheur.

Souligner les principes

La majeure partie de nos recherches sur le bonheur a été axée sur les différences individuelles. Nous nous sommes surtout intéressés à la question de savoir pourquoi certains considèrent le bonheur comme quelque chose de très normal, alors que d'autres ont beaucoup plus de mal à être heureux. Pourtant, tout le monde peut améliorer son niveau de bonheur en suivant quelques principes de base. Je voudrais souligner ici cinq principes qui se sont révélés très importants dans notre recherche. Tout le monde peut bénéficier de ces principes, même ceux pour qui le bonheur ne coule pas de source.

→ Le premier principe consiste à reconnaître que le bonheur est un état d'esprit subjectif, plutôt qu'une circonstance objective. Le bonheur reflète surtout la disposition d'esprit d'une personne à l'égard de la vie. Il s'agit de se concentrer au maximum sur les aspects agréables et positifs de la vie, au lieu de s'attarder sur les aspects négatifs. Il est très difficile d'être heureux si l'on passe beaucoup de temps à ressasser les erreurs passées, les insultes ou les frustrations, ou à s'inquiéter de ce qui peut arriver demain. Les malheurs arrivent, mais se concentrer sur eux ne fait que les aggraver.

→ Le deuxième principe, c'est que l'envie est un très puissant ennemi du bonheur. Bertrand Russell a écrit un jour: «Si je pouvais me guérir de l'envie, je serais heureux et enviable.» Une personne qui ne cesse de comparer sa situation à celle des autres trouve presque toujours quelqu'un qui, sous certains aspects, est mieux placé qu'elle (davantage d'argent, de succès, de possessions, de compétences, etc.). Les gens qui passent leur temps à se comparer aux autres ont donc beaucoup de mal à être heureux. Concentrez-vous sur ce que vous avez, plutôt que sur ce qu'ont les autres (ou sur ce que vous n'avez pas).

→ Le troisième principe est que l'être humain est un animal social. Nous sommes plus heureux quand nous nous sentons liés à d'autres personnes. Presque chaque activité – ordinaire ou pas – est plus agréable quand d'autres y participent. Il est donc extrêmement important de rencontrer des gens, d'entretenir les anciennes relations ou d'en établir de nouvelles, même quand on n'en a pas vraiment envie. L'un des aspects les plus terribles des troubles comme la dépression, c'est que la personne qui en souffre se détourne des autres, maintient ses distances et s'isole socialement. Une telle attitude peut créer un cercle vicieux de malheurs. Il est très important de développer des relations sociales stables et durables (amitiés, relations amoureuses), car elles seront une source de conseils et de soutien pour traverser les périodes difficiles. Les gens qui ont de bons réseaux de soutien résistent mieux au stress. Aider les autres est une autre bonne manière de se sentir mieux dans sa peau et dans sa vie.

→ Et voici le quatrième principe: il est important d'avoir des buts, des intérêts et des valeurs qui donnent un sens à sa vie. Certains trouvent ce sens dans la foi et la religion, d'autres dans leur travail ou leur carrière, d'autres encore dans leurs passe-temps ou leurs relations intimes avec leur partenaire de vie. Peu importe la source où l'on puise ce sens. Ce qui est très important pour l'un peut paraître insignifiant pour l'autre. L'essentiel est de trouver quelque chose qui donne un but à la vie et permette de poursuivre ce but chaque jour avec une énergie renouvelée. Beaucoup de chercheurs sur le bonheur ont relevé un paradoxe intéressant: les gens consacrent une bonne partie de leur vie à se battre pour obtenir certaines choses (argent, études, succès) qui, finalement, ont peu d'influence sur leur bonheur. Cela ne veut pas dire pourtant que cette lutte soit une perte de temps. La poursuite de ces buts peut aider à donner à un sens à la vie.

→ Nos recherches soulignent également un cinquième principe, à savoir que l'activité physique contribue à améliorer le bien-être psychique. Les gens se sentent mieux lorsqu'ils sont actifs physiquement. Quelqu'un qui est actif physiquement a un plus haut niveau global de bonheur et de satisfaction dans la vie. Il est prouvé que le sport est très efficace pour accroître le bien-être et réduire la dépression. Il faut ajouter aussi que l'exercice physique ne doit pas nécessairement être long ou intense pour être efficace. Des recherches, dont les nôtres, montrent qu'un exercice bref et modéré est extrêmement efficace pour améliorer l'humeur et l'attitude face à la vie. Moi-même, je remarque qu'une petite promenade de 15 à 20 minutes suffit souvent pour que je me sente à nouveau frais et dispos.

Les clés

- → **Reconnaissons que le bonheur est un état d'esprit subjectif: concentrons-nous sur ce qui va bien et n'envions pas les autres.**
- → **L'être humain est un animal social. Nous sommes plus heureux quand nous sommes en relation avec les autres.**
- → **Il est important de faire de l'activité physique et d'avoir des buts, des intérêts ou des valeurs qui donnent un sens à notre vie.**

David Watson est professeur de psychologie et chef du Personality and Social Psychology Training Programme à l'Université de l'Iowa (États-Unis). Il a obtenu un doctorat en Personality Research and Assessment à l'Université du Minnesota en 1982. David Watson s'intéresse à la personnalité, à la santé et à la psychologie clinique. Il a publié de nombreux articles dans des revues de premier plan. Il a été membre de la rédaction de nombreuses revues et éditeur associé du *Journal of Abnormal Psychology*.

«Leur revenu est beaucoup plus bas, mais les Kenyans se sentent en aussi bonne santé que les Américains.»

Partout dans le monde

Ces dernières années, **Carol Graham** a étudié le bonheur un peu partout dans le monde. Ses recherches l'ont conduite dans des pays très pauvres et très riches, et dans des pays de cultures très différentes, du Chili à l'Ouzbékistan, des États-Unis à l'Afghanistan. «Ce qui m'a le plus frappée, c'est de voir à quel point les éléments essentiels du bonheur sont comparables dans des pays pourtant très différents les uns des autres, allant de ceux qui vivent dans l'abondance à ceux qui sont aux prises avec la pauvreté et l'adversité.»

Tout est une question d'adaptation

Finalement, les facteurs qui déterminent le bonheur semblent similaires pour l'humanité tout entière, indépendamment de l'environnement contextuel. Il existe une relation constante entre le bonheur et l'âge. La courbe est en U, le point le plus bas se trouvant, dans la plupart des pays, au milieu de la quarantaine. Une autre relation forte et constante est celle qui lie le bonheur et la santé: les gens en bonne santé sont plus heureux, et les gens heureux sont en meilleure santé. Le travail joue également un rôle: presque partout où nous avons étudié le bonheur, les chômeurs étaient moins heureux que ceux qui travaillaient. Il y avait bien quelques exceptions à cette règle, notamment en Afghanistan, où la ligne de démarcation entre travail et chômage est très vague. Les gens mariés étaient plus heureux que la moyenne dans la plupart des pays, y compris les États-Unis, l'Europe, l'Amérique latine et l'Asie centrale. Les exceptions étaient la Russie et l'Afghanistan, ce qui peut s'expliquer par l'inégalité entre les sexes dans ces pays.

Il n'est pas étonnant que la relation entre bonheur et revenu domine les discussions sur le bonheur parmi les économistes. Mes résultats relevés dans le monde entier confirment la conclusion que d'autres chercheurs ont tirée: l'argent influe sur le bonheur individuel, mais seulement de manière limitée. Presque partout, les gens riches sont plus heureux que les pauvres, mais à partir d'un certain point, d'autres choses (y compris les différences relatives de revenus) deviennent au moins aussi importantes que le revenu. Mes recherches montrent que cette inquiétude vis-à-vis des différences de revenus (autrement dit: ne pas vouloir être en dessous de ses voisins) joue un rôle dès un niveau de revenu très bas, également dans les pays pauvres d'Amérique du Sud et parmi les migrants pauvres en Chine.

L'une des raisons qui expliquent que les corrélations de base du bonheur soient si similaires dans tous les pays, c'est que la définition du bonheur est ouverte et dépend de la personne interrogée. Les gens à Kaboul définissent le bonheur comme *ils* le voient et ceux de New York, comme *ils* le voient, eux aussi. Cela permet de comparer le bonheur dans différents pays et cultures; dans ce contexte, les enquêtes sur le bonheur deviennent un puissant outil de recherche pour étudier l'effet d'autres éléments sur le bien-être, notamment les mesures institutionnelles et des phénomènes tels que la criminalité, la corruption et la pollution.

L'absence de définition absolue du bonheur rend toutefois les résultats quelque peu relatifs. Les gens s'adaptent étonnamment bien aux bonnes et aux mauvaises circonstances. Quelqu'un qui est habitué à une mauvaise santé ou à l'omniprésence de la criminalité et de la corruption se dira moins malheureux vis-à-vis de ces événements que quelqu'un qui vit dans un milieu où les normes concernant la santé et la sécurité sont plus élevées. Les Kenyans, par exemple, sont aussi satisfaits de leur santé que les personnes interrogées aux États-Unis où les conditions de santé sont mille fois meilleures. La liberté est plus importante pour le bonheur des gens qui vivent dans des pays où ils sont libres que pour celui des gens qui vivent dans des contrées où la démocratie est quasi inexistante. Les individus s'adaptent tant vers le haut que vers le bas. Quelqu'un qui est habitué à plus de liberté et à un revenu plus élevé doit avoir plus de liberté et plus de revenu pour arriver au même niveau de bonheur que quelqu'un qui possède moins de ces biens publics et privés.

La capacité humaine à s'adapter est sans doute une force positive qui préserve le bien-être psychologique individuel face à l'extrême adversité, comme en Afghanistan. Les niveaux moyens de bonheur en Afghanistan sont supérieurs à la moyenne mondiale et comparables aux niveaux des pays d'Amérique du Sud, même si les circonstances objectives dans la plupart des domaines de la vie y sont bien pires. Contrairement à la plupart des gens partout dans le monde, les Afghans ne sont pas malheureux à cause de la criminalité et de la corruption, tant ils sont habitués à ces phénomènes. Il semble donc que le même pouvoir d'adaptation individuel à l'adversité puisse déboucher sur une tolérance collective face à de très basses normes de santé, de sécurité et de gouvernance. Cela peut expliquer pourquoi certaines sociétés restent prisonnières d'un mauvais équilibre, même si elles coexistent – dans un monde où l'information est globalisée – avec d'autres niveaux de vie bien meilleurs.

L'histoire universelle de l'adaptation est un exemple de la manière dont la compréhension du bonheur peut aider à démêler les puzzles du développement humain. En même temps, elle nous incite à traduire ces résultats dans des lignes politiques concrètes, à moins que l'on n'accepte que les gens en Afghanistan méritent des normes de santé, de sécurité et de liberté bien inférieures à celles ayant cours au Canada ou au Chili.

Pourquoi les Afghans continuent-ils à sourire?

L'Afghanistan a été en guerre plus ou moins continue pendant plus de 30 ans. Le pays a été de nombreuses fois envahi et détruit. Mais nos recherches récentes montrent que, par rapport aux normes internationales, les Afghans restent des gens étonnamment heureux. Dans notre enquête, 81 % des Afghans ont dit avoir souri la veille. La question de savoir si quelqu'un a souri la veille est souvent utilisée comme instrument de mesure du bonheur inné. Les Afghans qui avaient souri la veille avaient sans doute souri l'avant-veille aussi. Nous avons mené des enquêtes dans huit régions d'Afghanistan, en collaboration avec des chercheurs à Kaboul. Nous avons constaté que le niveau général de bonheur était élevé. Les raisons du sourire de tant d'Afghans nous intriguaient. Leur accoutumance à la criminalité et à la corruption s'est avérée fondamentale. Seulement 11 % des 2000 personnes interrogées étaient des femmes: la peur de la violence empêche beaucoup de femmes de parler à des hommes inconnus; 25 % des 2000 personnes interrogées ont déclaré avoir été victimes de corruption dans les 12 mois précédents, et 11 %, d'un acte criminel. Pourtant, ces gens n'étaient pas moins heureux que la moyenne, même ceux qui disaient ne pas se sentir en sécurité dans leur quartier. Cela fait une nette différence avec les autres endroits du monde où être victime d'un crime ou ne pas se sentir en sécurité dans son quartier rend les gens malheureux. Quand la criminalité et la corruption deviennent la norme, ces phénomènes ne semblent plus avoir les effets habituels sur le bien-être. La capacité de s'adapter à l'adversité est bonne d'un point de vue individuel, mais d'un point de vue social, elle peut mener à l'acceptation de la criminalité et de la corruption.

Carol Graham, *The Washington Post*

Les clés

- → **Les facteurs qui déterminent le bonheur semblent similaires pour l'humanité toute entière, indépendamment de l'environnement contextuel.**
- → **Les êtres humains peuvent s'adapter de façon remarquable, tant aux bonnes situations qu'aux circonstances désastreuses.**
- → **La capacité de s'adapter à l'adversité est bonne d'un point de vue individuel, mais d'un point de vue social, elle peut mener à l'acceptation de la criminalité et de la corruption.**

Carol Graham est directrice de recherche à la Brookings Institution, Université du Maryland (États-Unis). Ses recherches portent sur la pauvreté, les inégalités, la santé publique et les nouvelles mesures du bien-être. Son dernier livre s'intitule *Happiness Around the World: The Paradox of Happy Peasants and Miserable Millionaires.*
La Brookings Institution est une organisation sans but lucratif de politique publique, menant des recherches indépendantes de haute qualité pour fournir au gouvernement des recommandations pratiques innovantes, faisant la promotion d'un système international plus sûr, plus ouvert, plus prospère et plus coopératif. Cet organisme est considéré comme l'un des groupes de réflexion les plus respectés, les plus cités et les plus fiables.

Développer les muscles du bonheur

Les grands athlètes savent qu'ils doivent se concentrer sur la réussite et non sur l'échec. Pourquoi tant de gens qui veulent accroître leur bonheur se concentrent-ils sur leur malheur? **Miriam Akhtar** est l'une des premières psychologues positives en Grande-Bretagne. Elle a élaboré un plan en 12 étapes pour développer les muscles du bonheur.

L'esprit, le corps et l'âme

Ce que mon travail de psychologue positive m'a appris sur le bonheur, c'est que l'«on obtient ce sur quoi on se concentre». Le bonheur est comme un muscle que l'on peut développer et qui se renforce quand on se concentre sur lui. Nous savons qu'environ 40 % de notre bonheur dépend de notre volonté, c'est-à-dire que nous pouvons vraiment faire des choses pour être plus heureux. Savourons nos bonnes expériences, exprimons notre gratitude, apprécions les bonnes choses de la vie (le verre n'est pas à moitié vide, mais à moitié plein), passons du temps avec ceux que nous aimons (de bonnes relations personnelles et une vie sociale active sont des caractéristiques des gens heureux), trouvons de nouvelles manières d'utiliser nos forces et soyons optimistes (l'autodéfense naturelle de l'esprit contre la dépression).

Le bonheur est une poursuite holistique qui engage non seulement l'esprit, mais aussi le corps et l'âme. L'alimentation et l'activité physique influent sur notre humeur. Si vous êtes dépressif et manquez de motivation pour appliquer les techniques cognitives permettant

ON
OBTIENT
CE SUR
QUOI
ON SE
CONCENTRE

de développer vos muscles du bonheur, entreprenez une activité physique, allez danser ou vous promener. Cela amènera votre organisme à libérer des endorphines et vous constaterez une amélioration de votre humeur sans avoir fait un grand effort mental. La spiritualité est importante aussi: elle donne un but ou un sens à la vie. Elle permet de se sentir relié à quelque chose de plus grand que soi et de se tourner vers les autres. Il existe des recherches étonnantes sur la méditation. Nous savons, par exemple, que la pratique régulière de la méditation de la «pleine conscience» développe le cortex préfrontal gauche, le siège des émotions positives dans le cerveau. Plus on médite, plus on développe sa capacité à éprouver des émotions positives.

Je constate souvent chez mes clients que, bien qu'ils désirent accroître leur bonheur, ils se concentrent sur leur malheur. Lorsqu'ils me parlent de ce qui entrave leur bien-être, je leur demande de se concentrer sur ce qu'ils désirent vraiment. S'ils sont concentrés sur une source de stress, nous déplaçons leur concentration sur ce qu'ils désirent, par exemple la détente, et nous cherchons comment atteindre ce but. Je le répète: on obtient ce sur quoi on se concentre.

Ma recherche a débouché sur un programme en 12 étapes pour accroître le bonheur: exprimez votre gratitude, utilisez vos capacités, poursuivez un but, trouvez votre force, bougez, essayez la «diète du bonheur», cultivez votre optimisme, améliorez votre résilience, prenez soin de vos relations, nourrissez votre vie spirituelle, dormez suffisamment et accordez-vous des moments de détente, et ayez du plaisir. Tout le monde peut appliquer ces stratégies pour augmenter son bien-être. Notre but? Développer votre bonheur personnel afin que nous puissions, tous ensemble, accroître la quantité totale de bonheur sur notre planète.

Les clés

→ **Le bonheur est comme un muscle que l'on peut développer. Entraînons-le et il deviendra plus fort.**

→ **Le bonheur est une poursuite holistique qui engage non seulement l'esprit, mais aussi le corps et l'âme.**

→ **Un programme en 12 étapes peut nous aider à développer nos muscles du bonheur.**

Miriam Akhtar est psychologue positive, thérapeute, coach et auteur. Elle vit à Bristol (Grande-Bretagne). Elle est spécialiste des stratégies pouvant mener au bonheur. Elle détient une maîtrise en psychologie positive appliquée et est membre de l'Association internationale de psychologie positive.

Après le choc

Les événements cruciaux de notre vie – le mariage, la naissance d'un enfant, le divorce, la mort d'un conjoint, un handicap, une augmentation de revenu, etc. – ont une grande influence sur notre bonheur. L'effet de ces changements importants est-il temporaire ou durable? **Katja Uglanova** révèle un substitut au bonheur: l'habitude.

À son instar s'habillait-elle
Tant à la mode qu'avec goût ;
Pourtant, malgré ses pleurs, la belle
Se vit offerte à son époux.
Et lui, pour couper court au drame,
Jugea bon d'emmener sa femme,
Sans trop attendre au sein des champs,
Où, entre Dieu sait quelles qens,
Elle hurla, se crut démente,
Divorça presque à la saison
Puis s'occupa de la maison,
S'habitua et fut contente.
Car l'habitude est du Seigneur,
Un substitut pour le bonheur.

A. S. Pouchkine, *Eugène Onéguine*
(traduction d'André Markowicz, Actes Sud)

L'habitude: un substitut du bonheur?

L'héroïne d'*Eugène Onéguine* supporte son mariage sans amour grâce à un important mécanisme psychologique, à savoir «l'adaptation hédonique», c'est-à-dire qu'après un certain temps, des circonstances favorables ou défavorables produisent des réactions émotionnelles plus faibles. L'adaptation est un don du ciel dès lors que nous devons vivre des expériences potentiellement dommageables, comme une rupture amoureuse ou la perte d'un emploi. Mais il y a aussi un inconvénient: la joie que nous éprouvons au début d'événements positifs comme une augmentation de salaire, l'acquisition d'une maison plus grande ou même un mariage, s'estompe avec le temps. L'adaptation hédonique remplit plusieurs fonctions importantes. Des états émotionnels intenses et durables (surtout négatifs) peuvent avoir de graves conséquences psychologiques. Il est donc important que de nouvelles expériences «s'inscrivent» sur les précédentes. Elles fournissent de nouvelles informations sur lesquelles nous pouvons baser notre comportement et fonctionner plus efficacement.

Pouvons-nous nous adapter à tout? Oui. Notre capacité d'adaptation est très grande. Dans le «modèle de gestion hédonique», nous partons de l'idée que les gens possèdent un niveau stable de bonheur (*set-point*), en partie inné et en partie déterminé par les premières expériences de la vie. Les événements cruciaux de notre vie ne modifient pas ce niveau de bonheur. Certains sont plus heureux après une promotion professionnelle, mais cet effet aussi s'estompe avec le temps. Des recherches montrent que la plupart des gens s'adaptent étonnamment vite au mariage, au divorce, à la naissance d'un enfant, à une augmentation de revenu et au veuvage. Ces constatations ébranlent nos convictions profondes sur les sources du bonheur, car il semblerait que nous surestimions toujours le bonheur que nous espérons tirer de divers événements, activités et réalisations.

Cela veut-il dire que tous nos efforts pour trouver un meilleur logement, le bon partenaire ou un meilleur emploi sont vains? Non. L'adaptation n'est pas une loi de fer. La vitesse du processus d'adaptation et sa trajectoire dépendent de plusieurs dimensions: les événements, la personnalité et le contexte. Premièrement, les modèles d'adaptation varient selon les événements; par exemple, les gens s'adaptent plus rapidement et plus complètement à la dissolution d'un mariage qu'au chômage. Bien sûr, il y a des expériences auxquelles les gens ne s'adaptent jamais. Qui se retrouve brusquement handicapé s'habitue rarement à ce changement. Certaines circonstances, comme le bruit, suscitent même une réaction plus forte avec le temps. **La bonne nouvelle, c'est que certaines choses ne cessent de nous procurer de la joie** – nos rencontres entre amis, nos passe-temps, nos chansons préférées. Voici un exemple personnel: je suis allergique aux chats et, pourtant, j'en ai plusieurs. Heureusement, nous pouvons vivre avec une allergie, car les émotions positives que procure un animal domestique ne s'estompent jamais. Une importante clé du bonheur est de trouver et de poursuivre des activités qui restent gratifiantes.

La personnalité est le deuxième indice très important de la vitesse à laquelle un individu s'adapte. Après la mort de leur partenaire, certaines personnes sont très résilientes, d'autres souffrent mais retrouvent ensuite leur humeur habituelle, d'autres encore plongent dans une dépression chronique dont elles ne se remettent jamais complètement. La personnalité peut «fonctionner» de différentes manières. Notamment, elle influence notre stratégie d'acceptation. Les personnes névrosées (instables sur le plan émotif et présentant des états émotionnels surtout négatifs) choisissent en général des stratégies inefficaces (comme le déni), alors que les personnes extraverties choisissent des stratégies plus efficaces (comme la recherche de soutien social). De plus, c'est notre personnalité qui nous dicte si le verre est à moitié vide ou à moitié plein: les personnes névrosées se concentrent sur les événements négatifs, alors que les personnes extraverties donnent plus d'importance aux expériences positives. Le névrotisme risque de rendre moins heureux, alors qu'une grande extraversion favorise le bonheur. Par ailleurs, la personnalité influence certains événements. Par exemple, **les gens heureux et optimistes sont plus convoités sur le «marché du mariage»** que les gens dépressifs et pessimistes. Les gens qui divorcent n'étaient peut-être déjà pas très heureux avant leur mariage.

Pour finir, les caractéristiques du contexte socioéconomique et culturel jouent aussi un rôle, bien qu'il existe peu de matériel de comparaison à ce sujet. Une analyse comparative de l'adaptation aux événements cruciaux de la vie en Allemagne et en Russie a révélé un fait intéressant: en Allemagne, les hommes retrouvent leur niveau de bonheur «habituel» après deux ans de mariage, alors qu'en Russie, ils semblent s'adapter plus lentement et, par conséquent, tirer plus de bonheur des premières années de leur mariage. Cet exemple montre que nous réagissons différemment à un même événement quand le contexte est différent.

En résumé, l'adaptation hédonique n'est pas une loi immuable du fonctionnement psychologique humain. Les gens ne sont pas obligatoirement liés à leur *set-point* de bonheur, comme on le croyait jadis. Mieux nous comprenons le phénomène d'adaptation, plus nous découvrons de flexibilité. Les réactions des gens aux événements cruciaux de leur vie sont dictées jusqu'à un certain point par la société dans laquelle ils vivent et par leurs capacités personnelles. Nous ignorons toujours pourquoi les gens réagissent si différemment à un même événement. Le défi pour l'avenir proche est de trouver quelles sont les ressources personnelles et les caractéristiques contextuelles qui peuvent aider les gens à supporter les tragédies et à savourer plus longtemps l'effet d'un événement positif.

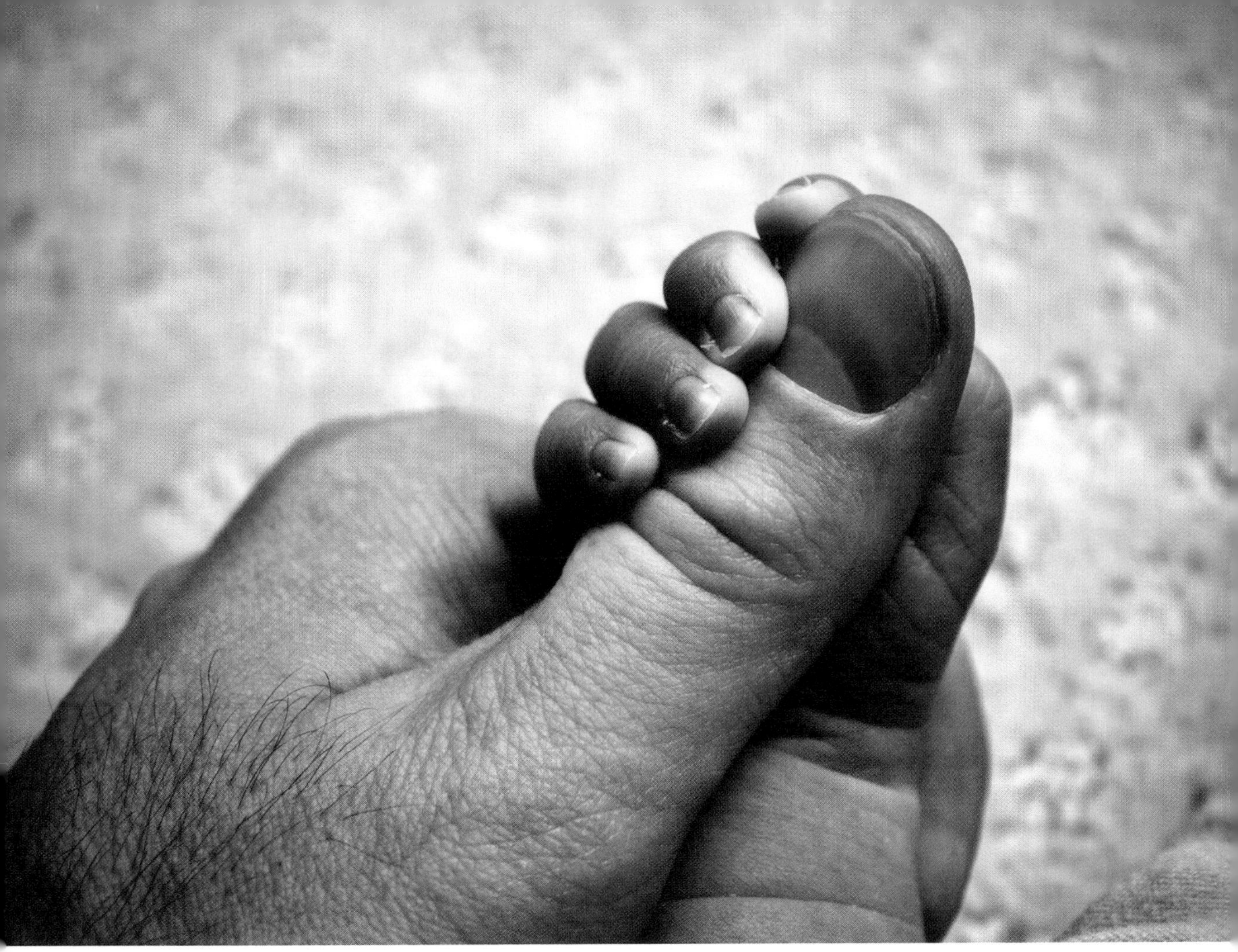

Les clés

- → **La plupart des gens s'adaptent étonnamment vite au mariage, au divorce, à la naissance d'un enfant, à une augmentation de revenu et au veuvage.**
- → **L'adaptation n'est pas une loi de fer. La vitesse du processus et sa trajectoire varient en fonction de plusieurs facteurs : événements, personnalité et contexte.**
- → **Trouver et poursuivre des activités qui restent gratifiantes est une clé du bonheur, même après un événement traumatisant.**

Katja Uglanova est chercheuse à l'École supérieure d'économie de Saint-Pétersbourg (Russie). Son domaine de recherche est l'adaptation aux grands événements de la vie. Elle prépare actuellement une thèse à la Bremen International Graduate School of Social Sciences (BIGSSS) en Allemagne.

«Il n'y a pas de buts au-delà de nos désirs.»

Le mélange des ex et des in

Le soleil brille-t-il sur vous ou est-ce vous qui brillez? L'endroit où vous êtes né joue-t-il un plus grand rôle que le corps dans lequel vous êtes né? Le bonheur vient-il de l'extérieur ou de l'intérieur? Le professeur **Joaquina Palomar** cherche l'équilibre.

De l'intérieur ou de l'extérieur?

Les facteurs extérieurs renvoient au milieu dans lequel un individu naît, grandit et se développe. Ils incluent notamment la pauvreté ou la richesse du pays, la sécurité du milieu, la liberté de s'exprimer et de choisir ce que l'on veut, les possibilités de développement et l'égalité sociale. Des recherches sur les facteurs extérieurs ont montré que les circonstances objectives de la vie des gens ont une grande influence sur leur bonheur. C'est le cas en particulier quand les conditions matérielles empêchent les gens d'avoir une vie digne, quand le pays est mal gouverné ou connaît de graves conflits sociaux. Des enquêtes nationales menées dans divers États ont montré que les scores de bonheur sont plus élevés dans les pays développés que dans ceux qui sont en voie de développement: l'impact du revenu sur le bien-être subjectif est plus fort quand le niveau de revenu est plus bas. Les «événements cruciaux de la vie» qui génèrent de nombreuses expériences personnelles font aussi partie des facteurs extérieurs ayant un fort impact sur le bonheur. Certains événements, tels qu'un accident, ont un caractère fortuit, mais ce que les gens font ou non après cet événement dépend en grande mesure de leurs capacités personnelles.

Les facteurs ou ressources intérieurs des individus sont d'une importance décisive pour leur bien-être subjectif, même quand les circonstances de la vie sont très défavorables. Des variables comme l'intelligence, la santé et le tempérament jouent un grand rôle. Les ressources intérieures peuvent être acquises ou innées. On peut parler ici de compétences pour la vie, de résilience ou de qualités personnelles développées au cours du processus de socialisation. De nombreuses recherches montrent que ceux qui ont plus de compétences pour la vie ou de capacités personnelles sont plus heureux.

Mon expérience de psychologue et de chercheuse m'a appris que certaines qualités permettent de mieux fonctionner au travail, en famille et dans les relations sociales, à savoir: un lieu de contrôle interne, l'identification des sentiments, la régulation des émotions, la motivation pour réussir et l'approche directe des problèmes. Qui peut identifier ses émotions peut attribuer le résultat de ses actes à son comportement plutôt qu'à des événements fortuits. Qui est motivé et plein d'enthousiasme, persévère dans la poursuite de ses buts, résout rapidement les problèmes qui se présentent, est sincère, cherche l'aide qui lui est nécessaire et dit clairement de quoi il a besoin aux gens au sein du réseau complexe de ses relations de travail, d'amour et d'amitié, aura beaucoup de chances d'être heureux. De la même manière, qui apprécie à sa vraie valeur son travail, ses efforts et ses réalisations se comparera moins aux autres et son bien-être dépendra moins de comparaisons sociales.

Il est prouvé par contre que sera sans doute malheureux celui qui ignore ce qu'il veut ou ce qu'il ressent, n'a pas conscience de ses problèmes ou les refoule, est incapable de formuler clairement ses buts, ment, ne voit pas à quel point les réalisations peuvent être gratifiantes et ne veut donc pas en payer le prix, est frustré lorsqu'un but est hors de portée et rejette la faute sur les autres. Cette personne a peu de chances de pouvoir changer quelque chose au présent et dans un avenir proche.

Pourtant, nous ne restons pas toute notre vie dans le même état de bonheur ou de malheur. Les changements de circonstances ou dans nos cycles de vie ont une influence. Toute leur vie, les gens évaluent consciemment ou inconsciemment ce qu'ils font et ce qu'ils ont accompli.

Ils adaptent leur comportement pour pouvoir se sentir mieux ou être plus heureux. Il n'est pas facile, bien sûr, d'accroître son bien-être, car il y a trop de facteurs essentiels sur lesquels on n'a aucune influence, notamment le contexte socioculturel. Certains facteurs au sein du contexte individuel ne peuvent être modifiés qu'après un effort long et intensif. Il n'y a pas de buts au-delà de nos désirs. Demandons-nous quels sont nos désirs les plus profonds et essayons de les réaliser.

Les clés

→ **Les circonstances objectives extérieures de notre vie ont une grande influence sur notre bonheur (argent, sécurité, liberté, chance, égalité, etc.).**
→ **Nos capacités et nos ressources subjectives intérieures ont aussi une grande influence sur notre bonheur (lieu de contrôle interne, régulation des émotions, motivation et acceptation).**
→ **Un changement dans les conditions intérieures et extérieures de notre vie peut modifier notre bien-être. Certains de ces changements sont à notre portée, d'autres non.**

Joaquina Palomar-Lever est professeur à l'Université ibéro-américaine de Mexico (Mexique). Elle est titulaire d'une maîtrise et d'un doctorat en psychologie de l'Université nationale autonome du Mexique. Elle est membre du Système national des chercheurs et a publié dans diverses revues nationales et internationales des articles sur les valeurs, la famille, la pauvreté et la qualité de vie.

«Plus nous vieillissons, mieux nous gérons nos émotions.»

Les quatre questions

Le public a écouté avec ferveur sa conférence sur la psychologie du bonheur. Le moment est venu de poser des questions. **Reynaldo Alarcón** sait que quatre questions reviennent tout le temps. Voici les réponses.

L'âge, le mariage et la personnalité

Qu'est-ce qui nous rend heureux? À Lima, les gens de différentes tranches d'âge répondent dans l'ordre suivant: «être en bonne santé, être en bons termes avec Dieu, avoir une bonne famille». Ces trois éléments changent en fonction du sexe, de l'âge et de l'état civil. Pour les jeunes étudiants universitaires dans la tranche des 20-30 ans, le bien le plus convoité est «une brillante carrière», alors que les sexagénaires choisissent d'abord «une bonne famille» et «être en bons termes avec Dieu». Évidemment, ce qui est bon pour l'un ne l'est pas forcément pour l'autre. Le bonheur est très personnel.

Quelle est l'influence de l'âge? Nous croyons souvent que les personnes âgées sont moins heureuses que les jeunes. Cette hypothèse est basée sur certains faits: en vieillissant, notre santé décline, nous nous retrouvons seuls si notre partenaire meurt, nos amis et notre famille disparaissent peu à peu et de nombreux autres problèmes surgissent. Toutefois, des recherches sur les corrélations entre âge et bonheur montrent que les sexagénaires et les septuagénaires sont souvent plus heureux. Une explication fréquemment donnée est que les personnes âgées gèrent mieux leurs émotions. Elles ont appris à maîtriser leurs réactions aux événements négatifs et positifs. Elles ne sont pas surexcitées en apprenant qu'elles ont gagné à la loterie et ne sont pas ébranlées outre mesure en entendant une mauvaise nouvelle. Elles intègrent le stimulus émotionnel surtout par la pensée cognitive.

Cette constatation s'applique aux personnes âgées qui vivent encore chez elles ou en famille. Par contre, celles qui vivent dans des maisons de retraite doivent faire face à des symptômes dépressifs, à la solitude, à l'aigreur et à d'autres problèmes qui les rendent malheureuses.

L'état civil influence-t-il le bonheur? Nous constatons que les gens mariés sont plus heureux que les célibataires. Le niveau de bonheur diffère peu entre les sexes. Nous pensons que les gens mariés, les hommes comme les femmes, vivent des expériences affectives satisfaisantes et agréables pendant leur vie conjugale. Un équilibre affectif au sein du couple et une gratification mutuelle contribuent à la stabilité de l'union. Par contre, des expériences négatives et l'égocentrisme peuvent engendrer une crise. Des chercheurs ont constaté que les hommes et les femmes malheureux en ménage subissent des changements mentaux comparables: neuroticisme (tendance à éprouver des émotions négatives), autoritarisme, comportement agressif, etc.

Quelles caractéristiques personnelles nous rendent heureux? Nous avons trouvé quelques facteurs psychologiques nettement favorables au bonheur, par exemple l'extraversion. Les personnes extraverties ont un plus haut score de bonheur que les personnes introverties.

Qui est satisfait de sa vie, de ce qu'il est et de ce qu'il a accompli, détient les clés du bonheur. Sur la base de cette autoévaluation positive, les gens se considèrent comme ayant une certaine «valeur»: ils pensent avoir assez de qualités et de capacités pour affronter la vie et choisir leurs actes futurs. Il existe donc une étroite corrélation entre bonheur et estime de soi, ce qui pourtant ne doit pas conduire au narcissisme, c'est-à-dire à une admiration exagérée de soi-même. Finalement, nous avons constaté que la «fréquence de l'affect positif» contribue à un état de bonheur personnel. Autrement dit, dans nos relations quotidiennes, récompenser quelqu'un, lui exprimer notre admiration et reconnaître sa valeur rendent heureux. Nous aspirons tous à la reconnaissance. Les affects positifs sont des émotions modérées qui accroissent le bonheur. Des expériences émotionnelles intenses ne favorisent pas le bonheur. Les philosophes grecs savaient déjà que les plaisirs sensuels ne rendent pas heureux. Au contraire, ils empêchent de mener une vie heureuse, car une vie heureuse a besoin d'équilibre. Et c'est là une grande vérité, que vous soyez jeune ou vieux, homme ou femme, marié ou célibataire.

Les clés

→ **Vieillir ne rend pas malheureux. En vieillissant, nous apprenons à mieux gérer nos émotions.**
→ **Les hommes et les femmes mariés ont en général un plus haut score sur l'échelle du bonheur.**
→ **Certaines caractéristiques personnelles favorisent le bonheur: l'extraversion, une bonne estime de soi et la capacité de donner et de recevoir des affects positifs.**

Reynaldo Alarcón est docteur en psychologie et en philosophie, et professeur émérite à l'Université nationale majeure de San Marcos à Lima (Pérou). Il a publié 8 livres et 173 articles de psychologie, notamment des recherches empiriques et des rapports théoriques. Il est docteur *honoris causa* de l'Université Ricardo Palma et membre de la Société interaméricaine de psychologie et de l'Association américaine de psychologie. Depuis 2000, il travaille dans le domaine de la psychologie positive, publie divers articles et donne des conférences. Son dernier livre s'intitule *Psychology of Happiness.*

«La manière dont nous racontons notre histoire a une grande influence sur notre bonheur.»

Votre histoire

Le monde entier est un théâtre
Où les hommes et les femmes ne sont que des acteurs.
Et un homme dans sa vie joue différents rôles…
William Shakespeare

Shakespeare n'a pas inventé cette métaphore. Elle était d'usage commun au XVIe siècle et il devait s'attendre à ce que son public la reconnaisse. **Jonathan Adler** fait de même en parlant des attentats du 11 septembre à New York. Nous jouons tous le rôle principal de notre histoire et nous la racontons nous-mêmes. Cette prise de conscience est la clé du bonheur. Même face à l'adversité.

La fiction la plus importante

Les épreuves n'épargnent personne. Toute existence est truffée d'événements désagréables inattendus. Ces événements nous obligent à nous demander comment continuer à donner un sens à notre vie après ce qui est arrivé. Les épreuves inattendues nous mettent au défi de reconsidérer notre vie.

Il existe un intérêt croissant pour la recherche interdisciplinaire appelée *«narrative study of lives»* (analyse narrative des vies), selon laquelle chacun de nous porte en lui une histoire en constante évolution. Cette histoire nous permet de nous perfectionner. Elle relie la personne que nous étions à celle que nous sommes actuellement et à celle que nous serons. Elle unifie, alors que tant de choses dans la vie moderne fragmentent et compartimentent. L'histoire donne un sens à notre vie – elle répond à la question fondamentale du «pourquoi?».

Les épreuves qui nous arrivent remettent en question l'histoire que nous racontons. Elles nous font dévier de sa trame et mettent en doute le sens de chaque chapitre déjà écrit. L'une des raisons majeures de notre grand malaise face aux difficultés de la vie est qu'elles nous privent de l'unité et du sens que nous trouvons si rassurants. Mais c'est justement pourquoi les épreuves nous permettent aussi de sortir un peu de notre histoire et d'échanger notre rôle principal contre celui du narrateur.

Dans mes recherches, j'ai étudié comment les gens abordent plus ou moins bien les tournants de leur vie. Je me suis surtout intéressé aux histoires de gens malheureux qui luttent pour retrouver le bonheur. J'ai constaté que, lorsqu'il s'agit du bien-être psychique, toutes les histoires ne sont pas élaborées pareillement. La manière dont nous racontons notre histoire a une grande influence sur notre bonheur.

L'un des exemples les plus éloquents de la manière dont notre histoire est liée à notre bonheur est la façon dont le personnage principal est décrit. Vous êtes le personnage principal de votre histoire et votre rôle est très important. Le personnage principal peut être présenté comme quelqu'un qui maîtrise la situation ou comme quelqu'un d'impuissant devant les caprices du destin. Dans les récits où les gens sont aux prises avec des difficultés, ce thème est appelé «agence» et prédit le bonheur d'une personne, indépendamment d'autres facteurs (comme les traits de caractère). Dans une de mes recherches, des gens qui consultaient un psychothérapeute pour résoudre un problème racontaient leur histoire avant le début du traitement et après chaque séance de thérapie. La description du personnage principal évoluait au fil du traitement en incluant de plus en plus le thème de l'agence. Plus intéressant encore est que les changements dans l'histoire se produisaient avant que les gens n'aient dit qu'ils étaient plus heureux. On peut en déduire que quand nous vivons des difficultés, nous pouvons retrouver le bonheur en construisant une bonne histoire et en tentant de vivre cette nouvelle version.

Les histoires que nous fabriquons sur nous-mêmes ne sont que cela: des histoires. Les souvenirs, surtout les souvenirs d'événements très émotionnels, ne rendent pas avec exactitude la réalité passée. Mais les imperfections des récits ne les rendent pas moins efficaces pour notre bien-être. Les histoires que nous racontons sur notre vie donnent justement un but et un sens à notre vie quotidienne. C'est pourquoi je considère chacune d'elles comme la «fiction la plus importante». Concevoir notre histoire comme l'une des clés d'une vie heureuse et sensée est une idée merveilleusement forte, car, indépendamment des circonstances de notre vie, nous pouvons à notre gré en modeler le récit.

Les clés

- → **Souvenez-vous que les épreuves vous permettent de prendre vos distances et de reconsidérer l'histoire de votre vie.**
- → **Prenez conscience que vous êtes à la fois le personnage principal et le narrateur de l'histoire de votre vie. Vous pouvez donc inventer vous-même le récit que vous allez vivre.**
- → **Un changement dans la trame de l'histoire peut provoquer un changement dans votre bonheur. Reconsidérez votre histoire et vivez cette nouvelle version.**

Jonathan M. Adler est professeur adjoint de psychologie au Collège d'ingénierie F.W. Olin à Needham au Massachusetts (États-Unis). Il étudie comment les méthodes avec lesquelles on aborde les problèmes stimulent l'épanouissement de la personnalité et le bien-être. Il a publié des articles scientifiques sur la relation entre le bien-être et les récits de vie, les récits de psychothérapie et les récits des attentats du 11 septembre aux États-Unis.

«Nous puisons notre bonheur surtout dans l'affection et dans l'opinion des autres.»

Mariage ou célibat?

Cleverly pose une question sur Internet: «Qu'est-ce qui est mieux: le mariage ou le célibat?» Voici la première réponse qu'elle a reçue: «Ni l'un ni l'autre, en fait. (Ironhead).» Le professeur **Leonard Cargan** a suivi des gens mariés et des célibataires sur une période de 22 ans. A-t-il trouvé une meilleure réponse?

Célibataire dans l'arche de Noé

Comme nous pensons généralement que les célibataires ont moins de responsabilités que les gens en couple, nous croyons souvent qu'ils sont plus heureux que ces derniers. Pour savoir s'il s'agit d'un mythe ou d'une réalité, nous devons d'abord déterminer les facteurs essentiels au bonheur. Pour les gens mariés, les premières choses qui contribuent au bonheur sont le mariage, l'amour et les enfants. Pour les célibataires, ce sont les amis et l'épanouissement personnel. La grande différence entre les facteurs de bonheur des gens mariés et ceux des célibataires touche donc au mariage et aux enfants. Aussi étrange que cela puisse paraître, la plupart des célibataires donnent peu d'importance au mariage comme source de bonheur, mais ils sont persuadés qu'ils se marieront un jour. Nous avons constaté en même temps qu'ils accordent beaucoup d'importance aux enfants. Cela peut expliquer la croissance du nombre des adoptions et des naissances chez les célibataires.

Pour ce qui est du stéréotype sur le bonheur, nous pouvons répondre maintenant à la question de savoir qui peut se vanter d'être le plus heureux. Nos résultats montrent que nous puisons notre bonheur surtout dans l'affection des autres et dans leur opinion sur nous. Il n'est donc pas étonnant que le stéréotype sur les célibataires et le bonheur soit un mythe, même si les deux catégories disent être heureuses. Les recherches nationales, mais également les nôtres, montrent toujours que les gens mariés sont plus heureux que les célibataires.

Autre question: l'état civil et le sexe ont-ils une influence sur le bonheur des célibataires et des gens mariés? La catégorie «gens mariés» comprend ceux qui se marient pour la première fois et ceux qui se remarient, alors que la catégorie «célibataires» comprend les gens qui n'ont jamais été mariés et les divorcés. Les quatre groupes étudiés ont été subdivisés aussi selon le sexe. Bien que les différences entre gens mariés soient limitées, l'ordre de bonheur est le suivant: les femmes mariées pour la première fois, les hommes mariés pour la première fois, les hommes remariés et les femmes remariées. Le premier mariage semble donc apporter plus de bonheur que le remariage. Chez les célibataires également, nous remarquons quelques différences. Les plus heureux sont les hommes divorcés, puis les femmes jamais mariées, puis les hommes jamais mariés et finalement les femmes divorcées. Les femmes divorcées semblent moins heureuses que les hommes divorcés. Ce fractionnement selon le score de bonheur permet de faire un classement final pour toutes les combinaisons. Ici aussi, les différences sont faibles, mais les femmes mariées viennent en tête des gens heureux, suivies des hommes mariés. En bas de la liste se trouvent les hommes célibataires et les femmes célibataires. Le lecteur est libre de chercher l'interprétation qui lui convient, car toute réponse à cette question est forcément influencée par nos convictions personnelles.

Les clés

- → **Les principales sources de bonheur pour les gens mariés sont le mariage, l'amour et les enfants. Pour les célibataires, ce sont les amis et l'épanouissement personnel.**
- → **Les gens mariés sont plus heureux que les célibataires. Le premier mariage apporte un plus grand sentiment de bonheur que le remariage.**
- → **Les hommes divorcés sont plus heureux que les femmes divorcées.**

Leonard Cargan est professeur émérite à l'Université Wright de Dayton, en Ohio (États-Unis). Il a publié de nombreux articles et livres sur la sociologie, les célibataires, le mariage et la famille. Il a aussi fondé un programme pour célibataires. Son dernier livre s'intitule *Being Single on Noah's Ark*.

«Notre bonheur ne dépend pas des conditions extérieures»

Être heureux sans raison

Comment expliquer que nous soyons toujours prêts à nous extasier devant les publicités *glamour* du dernier sandwich mis sur le marché? Cette attitude est incompréhensible, à moins d'admettre que nous passons notre temps à attendre le produit miraculeux qui nous apportera le bonheur instantané. Voilà ce que nous dit le psychanalyste jungien **Guy Corneau**.

Le bonheur instantané

Lorsque j'ai commencé mes études universitaires, un professeur en psychologie de la publicité m'avait choqué en affirmant: «Le journal télévisé apporte les mauvaises nouvelles, la publicité apporte les bonnes.» Je me révoltai devant une idée aussi simpliste. Elle me semblait un affront à l'intelligence humaine. Pourtant, que de sagesse dans ces mots! Comment expliquer autrement que nous soyons toujours prêts à nous extasier devant les publicités *glamour* du dernier sandwich mis sur le marché? Cette attitude est incompréhensible, sauf si nous reconnaissons qu'inconsciemment nous passons notre temps à attendre le produit miraculeux qui nous apportera le bonheur. Pas n'importe lequel: le bonheur instantané qui arrive «tout cuit dans le bec». En réalité, notre attente témoigne du fait que nous refusons de prendre conscience que nous sommes responsables de notre bonheur. Du même coup, nous mettons de côté notre pouvoir de le créer. Nous préférons demeurer des victimes faussement innocentes, et nous défendons chèrement cette identité.

Et lorsque nous arrêtons de jouer au jeu des bonnes et des mauvaises nouvelles, qu'arrive-t-il? Nous nous retrouvons face au vide de nos existences apparemment si bien remplies. Nous nous débattons avec des sentiments d'ennui, de solitude et de détresse qui ne font que cacher notre véritable frayeur de vivre dans un monde de plus en plus menaçant. Nous nous rendons compte alors que ce qui motive une vie de performance où l'on n'a pas le temps de souffler est la peur de ne pas exister.

Peut-être même que les mesures extrêmes auxquelles nous recourons pour mettre l'angoisse en échec correspondent à l'ampleur de celle-ci. Avez-vous remarqué que les compensations que nous utilisons pour endormir notre doux malheur se doivent d'être de plus en plus radicales? Nous répondons ainsi à l'angoisse extrême par le sport extrême, la pornographie *hard*, l'hyperactivité professionnelle, le chocolat intense. Mon club sportif offre même des cours de yoga extrême!

La joie résulte d'un choix

Tout récemment, un ami me racontait une aventure extrême à souhait. Il revenait d'une expédition au mont Kailash en territoire tibétain. Au cours de ce voyage, rien ne s'était passé comme prévu. Il faisait jusqu'à -15 °C la nuit, alors qu'il aurait dû faire un agréable 12 °C. Des mets identiques ont été servis à son groupe 15 jours durant. Le groupe a même fini par manquer d'eau, ce qui a causé des problèmes allant jusqu'à l'évanouissement de l'un des participants.

«Quelle déception! lui dis-je.
— Pas du tout, me répondit-il. J'ai rarement été aussi heureux dans ma vie. J'ai appris une chose étonnante: notre bonheur ne dépend pas des conditions extérieures. Nous avons eu faim, nous avons eu froid, nous avons eu soif, nos désirs habituels, sensuels et autres, ne pouvaient être satisfaits, et pourtant, la joie était au rendez-vous.»

C'est que la joie est toujours là, en nous. Les Tibétains disent même qu'elle est le sol lumineux sur lequel s'établit toute vie humaine, et que chacun de nous peut le réaliser lors d'états spontanés de béatitude ou d'extase. Alors, puisqu'elle est déjà là, pourquoi attendre la faveur d'une expérience difficile pour la reconnaître? Pourquoi ne pas mettre le cap dessus volontairement en modifiant nos états intérieurs? Le sage ne prétend pas contrôler ce qui se passe autour de lui, il décide plutôt d'agir sur ce qui se passe en lui en choisissant ses états intimes. Cette décision est accessible à tous. Comme le peintre choisit les couleurs qui vont orner son tableau pour créer harmonie et beauté, de la même façon nous pouvons choisir les couleurs et les teintes qui vont colorer notre existence. C'est ainsi que l'on devient l'artiste de son bonheur.

À partir d'un certain niveau de bien-être et de conscience, un être humain ne doit son malheur ou son bonheur qu'à lui-même. Il n'est victime d'aucun passé dont il ne peut se dégager. Il est créateur de sa vie à un degré qui peut donner le vertige. À bien y penser, je dirais que **l'une des seules décisions qui puisse faire une différence réelle dans une existence est celle qui consiste à choisir consciemment le bonheur.**

Chacun de nous a un choix réel à faire par rapport au bonheur: attendre que la vie lui présente la facture de ses abus, ou bien s'offrir régulièrement des périodes de lâcher-prise. Ainsi, bien qu'elle demande un effort, une promenade dans la nature nous remplit de joie. Pourtant, elle n'a rien d'extrême. De même, une méditation quotidienne durant laquelle on déguste le simple fait d'exister en goûtant à l'abondance d'air, d'eau et de lumière, réjouit le cœur et rassure. S'il y a une chose que j'ai apprise à travers les différentes épreuves de ma vie, c'est qu'il ne sert à rien d'attendre d'avoir atteint tel ou tel plateau de réalisation personnelle pour respirer à l'aise. Il faut plutôt épouser un rythme qui permette de se rappeler de soi et inspirer librement à chaque pas. Car aucun accomplissement, si grandiose soit-il, ne peut mettre en échec la peur de n'être rien.

La paix intérieure

En réalité, nous restons prisonniers de nos angoisses tant que nous avons de la difficulté à épouser la réalité du moment présent. Ces épousailles demandent que l'on abandonne ses attentes. C'est un peu comme si vous choisissiez de n'attendre plus rien, voire de n'être plus rien, c'est-à-dire de ne plus prétendre incarner ceci ou cela. Car les attentes que nous avons par rapport à nous-mêmes et par rapport aux autres nous projettent sans cesse dans le passé et le futur, si bien que nous oublions de répondre à l'instant. Il ne s'agit pas de ne rien faire, il s'agit simplement de s'associer à ce qui stimule une sensation de bonheur en soi, en ne perdant pas de vue que ce bonheur est déjà là, l'a toujours été et le sera toujours.

En dernière analyse, il ne reste qu'une solution: être heureux sans raison, aimer sans raison, goûter à la plénitude et à la paix intérieure sans raison. Simplement pour satisfaire notre goût tout naturel du bonheur.

Les clés

→ **Notre bonheur ne dépend pas des conditions extérieures.**
→ **Nous avons le pouvoir de modifier nos états d'âme.**
→ **La joie est déjà en nous, l'a toujours été et le restera.**

Psychanalyste jungien, formé à l'Institut Carl Gustav Jung de Zurich et vivant à Montréal (Canada), Guy Corneau a écrit *Revivre!*, *Le meilleur de soi*, *Victime des autres, bourreau de soi-même*, *La guérison du cœur*, *L'amour en guerre* (publié en Europe sous le titre *N'y a-t-il pas d'amour heureux ?*) et *Père manquant, fils manqué*. Tous ces ouvrages ont été traduits dans plusieurs langues. Au cours des 20 dernières années, il a donné des centaines de conférences et dirigé de nombreux ateliers de développement personnel dans divers coins du globe, autant d'activités qu'il poursuit aujourd'hui. Relevant d'un cancer de grade 4, il s'attache également à revivre et compte retoucher à l'expression poétique et théâtrale, sa première passion.

«Être heureux, ce n'est pas nécessairement confortable.»

La paix intérieure est d'intérêt public

L'informatique n'a pas de mystère pour nous, nous parlons une seconde langue et pratiquons un sport sans difficultés particulières, mais qu'en est-il de notre aptitude au bonheur? Savons-nous être heureux? Savons-nous, surtout, ce qu'il convient de faire pour le devenir? C'est ce que **Thomas d'Ansembourg** nous invite à découvrir dans cette réflexion sur la vie, nos sociétés et l'élan vital qui anime chacun de nous…

Quitter nos *enfer*mements…

Lorsque je demande, en conférence, qui connaît une personne heureuse, de 35 à 50% des membres de l'assemblée lèvent un bras. Je demande alors qui connaît deux personnes heureuses, à ce moment-là, de 20 à 35% de la salle réagit. Puis je demande qui en connaît cinq, et là, il ne se trouve plus que 1 ou 2% des personnes pour lever le bras. Il s'agit d'auditoires rassemblant de 300 à 800 personnes de tous horizons dans nos pays dits développés. Je poursuis mon sondage en demandant successivement qui connaît cinq personnes conduisant une voiture, parlant une langue étrangère ou pratiquant un sport un peu technique comme le ski ou le tennis, ou utilisant l'informatique. J'obtiens alors, pour chacune de ces questions, entre 65 et 85% de réponses positives. Manifestement, *nous avons plus appris à faire qu'à être*!

Quelle est l'origine de cet état de choses que j'ai pu constater à de multiples reprises dans des pays différents? S'il est utile et agréable de conduire une voiture, de parler une autre langue ou de s'adonner à un sport, et de savoir utiliser l'informatique, nous sentons bien que ce n'est pas en cela que réside l'enjeu fondamental de notre existence. Serions-nous plus compétents dans ces sphères utiles et agréables, mais non essentielles, que dans un domaine aussi fondamental que l'accès à un état d'être plus heureux?

En fait, il ne s'agit pas de compétences, car chacun de nous dispose de multiples capacités d'apprentissage. Il s'agit de choix: toutes les personnes qui, petit à petit, ont acquis une certaine maîtrise dans un nouveau domaine, ont généralement décidé d'en faire l'apprentissage; elles ont inscrit l'activité concernée à leur agenda et s'y sont impliquées; elles ont repéré des séquences, intégré des automatismes, identifié des dysfonctionnements, accepté le processus d'essais et d'erreurs; elles ont consciemment consacré du temps à cet apprentissage, piochant dans des manuels pratiques et se donnant à l'occasion un budget pour prendre quelques leçons... Et tôt ou tard, elles savourent le plaisir inégalé que cette nouvelle maîtrise, intégrée à leur façon d'être, leur procure.

Pour ce qui est du bonheur, la plupart de nos contemporains (dés-)espèrent qu'il leur soit livré en prêt-à-porter, sans qu'ils aient besoin de travail ou d'apprentissage. Or, sans le savoir, ils sont pris dans différents pièges *anti-bonheur*. Il m'a fallu personnellement plusieurs années d'observation de ma propre difficulté à être heureux durablement – et d'accompagnement des personnes à travers cette même difficulté – pour comprendre les deux enjeux que voici:

→ Nous ne pouvons pas sortir d'un piège si nous ignorons que nous sommes pris dedans! C'est la première étape vers la liberté: ouvrir notre conscience pour tenter de comprendre ce qui, *en nous*, nous empêche d'aller de l'avant, nous freine, voire nous enferme. Faisant cela, nous réalisons généralement que nous sommes pris au piège de nos habitudes de pensée, de nos automatismes de fonctionnement, de nos systèmes de croyances et de représentations. Ainsi, ce qui nous pose problème, ce ne sont pas tant nos conditions de vie que les conditions (conditionnements) de notre esprit, soit notre «système de programmation» intérieur, notre «logiciel» personnel. Mais s'il y a eu programmation, il peut y avoir déprogrammation!
→ Pour oser quitter notre confort et entrer dans le processus du changement, nous avons besoin d'apprendre à fréquenter l'élan de vie qui nous est propre, celui qui anime notre être profond au-delà de notre personnage conditionné.

La démarche d'éveil est donc double. Comme pour un voyage en voilier, nous aurons à *quitter l'*enfer*mement* dans nos habitudes et automatismes, il nous faudra «larguer les amarres»; or, plonger dans la vase de notre inconscient n'est pas nécessairement confortable, ce qui explique que si peu de personnes se remettent en question. Puis, nous aurons à *entrer dans l'ouverture de cœur et de conscience* afin de nous enraciner dans notre élan vital propre, et d'en capter le souffle, soit hisser le mat et la voile.

L'esprit a beau souffler sur les barques amarrées, il ne porte loin que les cœurs qui acceptent de défaire les entraves de l'ego et de s'ouvrir à l'Être.

Un des pièges les plus récurrents dans nos cultures est le double vaccin *anti-bonheur*, mécanisme d'autosabotage subtil et donc difficile à identifier et à démanteler. J'ai personnellement ressenti durant des années cette impression d'être *vacciné contre le bonheur*; dès que le bonheur se présentait un peu durablement, je sentais mon immunité s'activer pour le saboter. J'ai ensuite observé chez des centaines de personnes cette même réaction mécanique. Elle résulte d'une *double injonction contradictoire* dispensée dans nos cultures et que nous assimilons très tôt. La première injonction est «On n'est pas là pour rigoler». Dans cette optique, la vie est à subir en attendant la retraite, le paradis et le bonheur sont quasiment interdits. La seconde est «Il faut être heureux avec ce qu'on a». Dans cette optique, le bonheur est obligatoire: on ne pleure pas, on ne se plaint pas. Les spécialistes de l'école de Palo Alto font un lien entre les doubles injonctions contradictoires et la genèse de la schizophrénie. Je constate quant à moi que nombre d'entre nous – et j'en ai longtemps fait partie – ont un rapport schizophrénique avec le bonheur: nous le cherchons et cependant nous sommes les premiers à nous empêcher d'y accéder, comme si le bonheur comportait un risque. Le seul risque, à vrai dire, est de quitter une culture du malheur dans laquelle l'individu n'a appris à se sentir exister intensément que dans le drame et la souffrance.

À force d'accompagner les êtres à travers les cycles et les saisons de la vie, j'ai acquis cette conviction que nous ne cherchons pas autre chose qu'à goûter une paix intérieure croissante, et susceptible d'être transportée car nous la porterions en nous, à l'abri des intempéries et des circonstances de la vie; une paix qui se révélerait contagieuse parce qu'elle serait intense et féconde.

C'est le travail que nous faisons avec notre intériorité qui nous permet d'ouvrir notre conscience et de puiser dans cette ressource intérieure dont toutes les traditions spirituelles nous parlent, qu'elles l'appellent le Souffle, l'Esprit, la Grâce, la Présence, la Conscience ou Dieu. Cette démarche se révèle d'intérêt public. L'écologie commence dans l'intimité de nos cœurs, car notre développement psychospirituel profond est la clé d'un développement social durable.

Aujourd'hui, devant les enjeux du monde, l'intériorité est citoyenne.

Les clés :

- → **Dans nos cultures, nous avons plus appris à faire qu'à être. Inversons !**
- → **Le processus d'éveil menant à la paix intérieure contagieuse consiste en un double apprentissage ouvert à chacun de nous : quitter nos *enfer*mements et nous ouvrir à notre être profond.**
- → **Cette démarche de pacification et d'ouverture est d'intérêt public : aujourd'hui l'intériorité est citoyenne.**

Thomas d'Ansembourg a été avocat, puis consultant juridique en entreprise pendant 15 ans, tout en étant responsable d'une association pour jeunes en difficulté une dizaine d'années durant. Il a été formé à diverses approches psychothérapeutiques, notamment à la méthode de la Communication NonViolente (CNV) par son fondateur, Marshall Rosenberg, aux États-Unis. Depuis 1994, il travaille comme psychothérapeute, consultant en relations humaines et formateur certifié en Communication Consciente et NonViolente. Auteur des best-sellers *Cessez d'être gentil, soyez vrai*, *Être Heureux ce n'est pas nécessairement confortable*, et *Qui fuis-je ? Où cours-tu ? À quoi servons-nous ?*, il donne des conférences dans de nombreux pays. Il anime également des ateliers d'éveil et de transformation, au cours desquels il propose un travail de connaissance de soi et de pacification permettant de déjouer les pièges de l'ego, de s'enraciner dans son élan vital propre et de mettre ses talents au service de la communauté.

«Le bonheur s'acquiert grâce à une gymnastique du cerveau.»

Le bonheur extraordinaire des gens ordinaires

Certaines personnes semblent prédestinées à voir le monde sous son «beau jour». Leurs pensées agissent comme des prophéties autoréalisantes; elles prédisent un avenir heureux qui finit par arriver. Observons-les afin d'en tirer des leçons pour chacun de nous. La psychologue **Lucie Mandeville** s'est demandée comment des gens *ordinaires* peuvent réussir à vivre un bonheur *extraordinaire* malgré un quotidien quelconque.

Le bonheur ne se trouve pas là où on le cherche

Nous pensons que le bonheur surviendra lorsque nous rencontrerons l'homme ou la femme de notre vie ou, au contraire, lorsque nous aurons réglé notre divorce. Nous imaginons que nous serons enfin heureux lorsque nous obtiendrons un emploi bien rémunéré ou, au contraire, lorsque nous prendrons notre retraite. Au fond, nous présumons que les événements ont le pouvoir de nous rendre heureux. Nous nous trompons.

Par une nuit sombre, un homme était penché près d'un lampadaire. Un passant lui demande:

«Que cherchez-vous, Monsieur?

— Je cherche mes clés.

— Où les avez-vous perdues?

— Là-bas, près de ma voiture.

— Alors pourquoi les cherchez-vous près de ce lampadaire?

— Eh bien voyons! Parce qu'ici j'y vois plus clair.»

Nous cherchons le bonheur dans des choses qui, malgré ce que nous croyons, ont peu à voir avec celui-ci. Nous le cherchons dans le grand amour, l'emploi rêvé, l'argent, les biens matériels, la nourriture, l'instruction, les voyages... Il est vrai que ces circonstances génèrent un plaisir réel et savoureux. Celui-ci est toutefois éphémère. Il dure quelque temps, puis il s'estompe.

C'est l'état d'esprit des personnes qui détermine leur bonheur.

Le bonheur dépend de la personne que nous sommes et il repose sur la façon bien particulière dont nous percevons le monde. Nous héritons de traits personnels qui forment notre tempérament. Ce tempérament détermine en grande partie notre personnalité qui, à son tour, définit notre état d'esprit, c'est-à-dire notre façon de réagir aux circonstances. Là ne s'arrête pas le cycle, car notre état d'esprit a un effet sur notre organisme. Il donne des commandes à notre cerveau qui produit des hormones. Ces hormones ont un effet positif ou négatif sur notre système immunitaire, elles augmentent notre taux d'anticorps dans le sang ou elles en provoquent la chute. Voilà pourquoi notre état d'esprit peut nous apporter la santé ou nous rendre malades!

Des gens voient la vie en rose, d'autres broient du noir. Les uns sont optimistes, ils savent rire d'eux-mêmes et de la vie. Ils sont plus heureux. Leur santé est meilleure et ils vivent plus longtemps. Les autres sont pessimistes. Parmi eux, certains ne peuvent s'empêcher de trouver des raisons de se sentir misérables. Ils donnent parfois l'impression de courir après le malheur, et celui-ci les rattrape inévitablement.

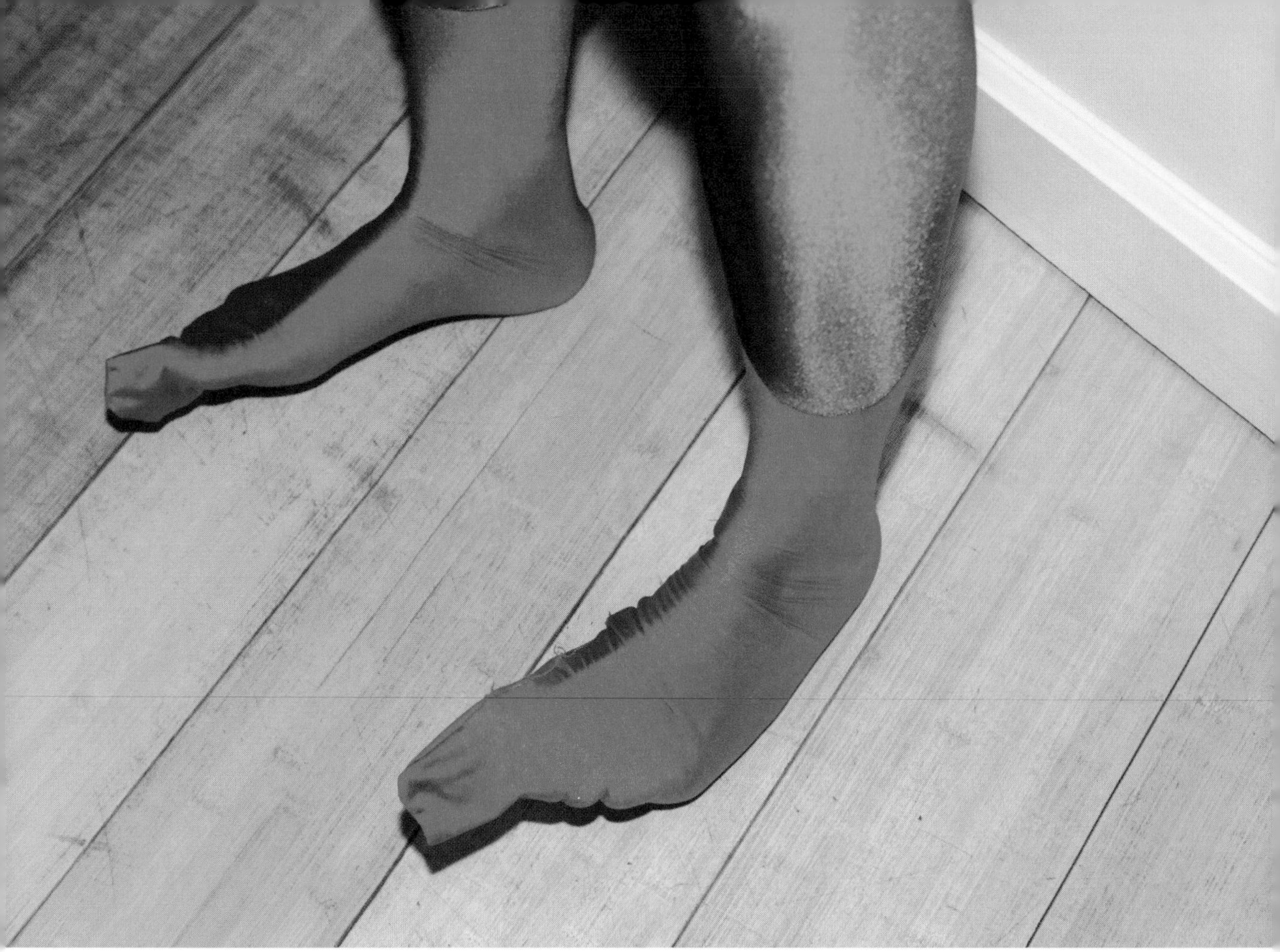

Les gens qui ont une propension au bonheur ont une façon de voir la vie qui les rend heureux. Ces gens remarquent les aspects positifs des événements. Ils voient le bon côté des choses, là où d'autres voient le mauvais. Et ils donnent un sens positif à ce qui leur arrive, quoi qu'il leur arrive. Ils appliquent l'équation du bonheur:

Bonheur = sélection positive de l'attention + interprétation positive des événements

Tout comme le conditionnement physique contribue à notre bonne forme, le bonheur s'acquiert grâce à une «gymnastique du cerveau». Portons davantage attention aux bonnes choses de notre quotidien et choisissons d'attribuer une signification bienfaisante, c'est-à-dire qui nous fait du bien, aux situations qui s'offrent à nous.

De cette façon, nous ne sommes plus à la merci des événements, mais nous générons un bonheur durable. L'essentiel est d'adopter une attitude positive vis-à-vis de la vie et de nous-mêmes qui nous affranchisse de notre tendance à la négativité.
Voilà la recette du bonheur!

Changer notre façon de voir la vie nous amène à remettre en question certaines «vérités» sur le bonheur:

→ Croire qu'acquérir des biens matériels nous rend heureux, alors que donner de nous-mêmes apporte un plus grand bonheur.
→ Croire que «tomber en amour» nous conduira au septième ciel… jusqu'à ce que le ciel nous tombe sur la tête!
→ Croire qu'il faille travailler sur nos faiblesses pour devenir une personne meilleure, alors qu'il est plus agréable de cultiver nos forces.
→ Croire qu'il soit nécessaire de revisiter notre passé pour comprendre nos difficultés actuelles, alors que de regarder droit devant, vers le futur, engendre plus d'espoir.
→ Croire que le bonheur survient lorsque nous réalisons nos aspirations. Cela est vrai dans une certaine mesure. Mais, c'est encore mieux d'apprendre à apprécier chaque instant de la vie présente qui passe car il ne reviendra jamais, plus jamais.

Des gestes d'une simplicité désarmante peuvent nous apporter un bonheur extraordinaire au quotidien.

Les clés

→ **Cessez de vous laisser contaminer par des alarmistes. Côtoyez les gens qui vous font du bien.**
→ **Cessez d'en vouloir toujours plus, encore plus. Appréciez ce que vous possédez déjà.**
→ **Cessez de vouloir devenir un autre, un «super-héros». Vivez une vie qui vous ressemble.**

Lucie Mandeville est psychologue. Elle est professeur titulaire au Département de psychologie de l'Université de Sherbrooke (Canada). Au Québec, elle est reconnue comme étant une spécialiste éminente dans le domaine de la psychologie. Elle est l'auteur du livre *Le Bonheur extraordinaire des gens ordinaires. La psychologie positive pour tous.*

«Les gens heureux ont besoin d'espace pour respirer.»

Les trois conditions

«J'étudie le bonheur de manière scientifique depuis presque 20 ans. Au cours de ma carrière, j'ai lu et réfléchi sur le bonheur, et je l'ai étudié sous presque tous les angles, écrit le professeur **Eunkook M. Suh**. Vu ma profession, on me demande souvent: "Alors, finalement, quels sont les principaux déterminants du bonheur?" À ma grande honte, je dois avouer qu'en général, je tourne autour du pot. La question n'est pas facile! Mais pour ce livre, j'ai finalement trouvé une réponse.»

Les conditions fondamentales

Les recherches recensent un nombre infini de facteurs contribuant d'une certaine manière au bonheur (dont avoir un chien). Cependant, la plupart de ces corrélations sont limitées et dues à d'autres facteurs sous-jacents. Les trois conditions auxquelles je pense ont une grande influence sur le niveau de bonheur, indépendamment du travail, de la religion, du revenu, de la couleur de la peau ou de l'âge.

→ Avoir un tempérament joyeux et optimiste est sans doute le facteur le plus déterminant pour le bonheur. Qu'on le veuille ou non. Celui qui nie cela fait l'autruche. Des centaines d'études le confirment, y compris celles sur le bonheur comparé des jumeaux.

Diverses recherches montrent peu de différences dans les conditions de vie objectives des gens heureux et des gens malheureux. La principale différence réside dans la manière dont les gens heureux et les gens malheureux réagissent aux événements et les interprètent – des facteurs fortement déterminés par la personnalité. Si vous pensez être né avec le gène «moins heureux», essayez de briser le cercle vicieux des pensées amères sur vous-même. Acceptez cette partie de vous (comme le fait que vous avez des yeux bruns et non bleus), et imitez le style de vie positif et énergique des gens heureux. Cela peut marcher.

→ Une autre constante est que les gens heureux ont une vie sociale beaucoup plus riche. Le comportement standard d'une personne heureuse est de chercher le contact avec d'autres. Un état dépressif, par contre, renforce le désir d'être seul. Imaginez le destin d'une personne incapable de trouver du plaisir dans ses relations avec les autres. Les individus de ce genre disparaîtront peu à peu au fil du processus évolutionnaire, vu que nos semblables sont d'une importance cruciale pour notre survie à long terme. C'est pourquoi bonheur et interaction sociale sont soudés par les forces évolutionnaires les plus primitives. Contrairement à une idée très répandue, même les personnes introverties sont plus heureuses en société. Autrement dit, notre vie relationnelle doit être en haut de notre liste des conditions du bonheur si nous voulons être heureux. Notre vie est-elle intrinsèquement gratifiante, agréable et sensée, ou est-elle surtout faite de tensions et d'obligations?

→ Un sentiment de liberté personnelle est ma dernière condition fondamentale pour trouver le bonheur. C'est peut-être la plus maîtrisable des trois. Je ne parle pas de liberté par rapport à des contraintes physiques (comme un emprisonnement), mais de la liberté subjective cultivée dans l'esprit. En tant qu'êtres sociaux et culturels, nous nous soucions trop souvent de l'opinion des autres sur nous. Une vie dont le seul but serait d'être populaire et bien considéré par les autres serait épuisante et vide de sens. Je ne peux pas imaginer qu'une telle vie apporte le bonheur. De fait, les membres des sociétés collectivistes et hiérarchiques (comme celle du Japon) enregistrent de faibles scores sur l'échelle du bonheur. Le conditionnement induit par ces sociétés conduit les gens à donner trop d'attention aux autres au détriment de leur sentiment de liberté personnelle. Pour être heureux, nous avons besoin d'espace pour respirer et transgresser les attentes, les règles et les normes imposées par d'autres.

Je ne veux pas dire que ces trois conditions suffisent pour mener une vie heureuse. Pourtant, je suggérerais à ceux qui veulent accroître leur bonheur de commencer par elles. Elles sont d'une importance cruciale, le reste n'est que détail.

Les clés

- → **Le facteur essentiel est un tempérament positif, optimiste et joyeux. Si vous n'êtes pas comme cela, essayez d'imiter ceux qui le sont.**
- → **Construisez-vous une vie sociale riche, non par obligation, mais parce que c'est gratifiant, agréable et sensé.**
- → **Cultivez votre liberté personnelle: créez de l'espace pour respirer et transgressez les attentes, les règles et les normes imposées par d'autres.**

Eunkook M. Suh est professeur de psychologie à l'Université Yonsei à Séoul (Corée du Sud). Il est titulaire d'un doctorat de l'Université de l'Illinois (États-Unis), où il a étudié auprès d'Ed Diener, le renommé spécialiste du bonheur. Suh a publié des articles scientifiques de premier plan sur le bonheur, la culture et le moi, auxquels d'autres chercheurs ont fait référence.

Le moteur du progrès

«La société occidentale moderne est toujours présentée comme la voie la plus courte vers le malheur et la dépression, déclare **Jan Delhey.** Ce n'est pourtant pas ce que révèlent nos recherches.»

La modernité est meilleure que sa réputation

En tant que sociologue, je m'intéresse surtout à l'influence des conditions de vie sur le bonheur. Il est vrai que les recherches montrent toujours que notre bien-être subjectif n'est pas un simple reflet de nos conditions de vie – notre richesse ou le prestige que nous procure notre travail. Ces conditions sont filtrées par notre personnalité, nos valeurs et nos buts, nos attentes et nos comparaisons avec nos voisins. Autrement dit, l'adaptation entre en jeu. En général, les gens s'adaptent plus facilement aux bonnes situations qu'aux mauvaises. Malgré ces filtres et ce processus d'adaptation, les conditions de vie influent pourtant jusqu'à un certain point sur notre sentiment de bonheur.

À l'intérieur d'un pays, les recherches montrent toujours que les gens qui, objectivement parlant, vivent dans l'aisance sont plus satisfaits de leur vie que les gens pauvres. Il existe un écart net en matière de satisfaction entre les gens qui se trouvent en haut de l'échelle sociale et ceux qui sont en bas. La sagesse traditionnelle dit que l'argent ne fait pas le bonheur. Il semble pourtant que le bonheur aille bel et bien de pair avec le revenu et la richesse. Cependant, l'écart de satisfaction entre les riches et les pauvres n'est pas partout aussi grand. Il est d'ailleurs beaucoup plus faible dans les sociétés riches que dans les sociétés pauvres.

Entre les pays, de grandes lignes se dessinent: le bonheur se rencontre surtout dans les pays où les conditions de vie sont bonnes. En général, les gens sont plus heureux dans les pays riches, libres, bien gouvernés, égalitaires, tolérants et possédant un fort capital social. Il n'est donc pas étonnant que les plus hauts scores de bonheur se trouvent au Danemark

et en Suisse, et les plus bas, en Irak et au Zimbabwe. De plus, les conditions qui engendrent un plus haut score moyen de bonheur sont les mêmes que celles qui réduisent l'écart entre les gens d'un même pays. Que nous apprennent ces résultats?

Premièrement, les conditions de vie objectives, bonnes ou mauvaises, influent sur notre appréciation subjective de la vie. Des indicateurs souvent utilisés, comme la satisfaction dans la vie, nous révèlent quelque chose sur la situation prévalant dans un pays – ils sont donc importants pour les responsables politiques. Deuxièmement, des comparaisons entre différents pays nous donnent une idée assez claire des conditions favorables au bonheur. Nous pouvons donc relever le niveau national de bonheur en créant au mieux ces conditions. Vouloir à tout prix accroître le PIB n'est pas forcément la bonne réponse. La meilleure solution est un bien-être croissant qui imprègne toutes les couches de la société. Troisièmement, la société moderne actuelle contribue en grande mesure au bien-être, bien qu'il soit de mise actuellement dans les analyses sociologiques de fustiger la modernité. Nouvelle «cage de fer» de la macdonaldisation, perte du sens moral et disparition de valeurs communes, corrosion du caractère dans une économie de plus en plus flexible et changeante – la société occidentale moderne est constamment décrite comme la voie la plus courte vers le malheur et la dépression. Ce n'est pourtant pas ce qu'indiquent les études sociologiques. **Dans les sociétés modernes avancées, la plupart des gens estiment être assez heureux et satisfaits de leur vie.** Les analyses sociologiques ne se trompent pas complètement pour autant, mais elles sous-estiment les avantages de la modernité, notamment notre plus grande autonomie et notre plus grande liberté dans la vie. Ces avantages correspondent à la transformation des valeurs humaines dans les sociétés riches, au passage du matérialisme au postmatérialisme.

Sommes-nous donc sûrs d'être heureux dans l'avenir? Pas forcément. **Le progrès ne se crée pas lui-même,** il doit être créé par l'homme. Il est fort possible que les gens heureux jouent ici un rôle important, justement parce que ce sont souvent eux qui critiquent le plus la société dans laquelle ils vivent. Ils ont des normes plus élevées concernant ce qu'est le progrès et ils défendent plus que les gens malheureux les principes qui contribuent au bonheur. Le fait qu'un grand pourcentage de gens sont heureux ne conduit donc pas à l'autosatisfaction décadente et à la stagnation. Au contraire, les «nombreux heureux» (*happy many*) sont peut-être le vrai moteur du progrès.

Les clés

- → **Les conditions de vie objectives, bonnes ou mauvaises, influent sur notre appréciation subjective de la vie. Des comparaisons entre différents pays nous donnent une idée assez claire des conditions favorables au bonheur.**
- → **Dans les sociétés modernes avancées, la plupart des gens estiment être assez heureux et satisfaits de leur vie.**
- → **Les «nombreux heureux» *(happy many)* sont peut-être le vrai moteur du progrès.**

Jan Delhey est professeur de sociologie à l'Université Jacobs à Brème (Allemagne). Il a étudié la sociologie à Bamberg, à Groningue et à Berlin. Son directeur de thèse était Wolfgang Zapf, l'un des principaux représentants du mouvement des indicateurs sociaux. Il s'intéresse aux comparaisons entre pays en matière de bonheur humain, de confiance interpersonnelle et de changements sociaux. Le moteur de son bonheur personnel est composé de son épouse Andrea et son fils Niklas.

«Plus de 90 % des gens situent leur sens de l'humour dans la moyenne ou au-dessus de la moyenne. Mais nous avons tous plus ou moins peur d'être ridiculisés.»

La double face de l'humour

«L'humour est une épée à double tranchant. Il peut soit aider, soit blesser», déclare **Willibald Ruch**. Il a étudié l'humour et le rire pendant plus de 30 ans. De récentes recherches, impliquant quelque 15 000 personnes, ont démontré pour la première fois de manière scientifique la relation entre l'humour et la satisfaction dans la vie.

Améliorons notre sens de l'humour

La moquerie et le sarcasme peuvent avoir des effets négatifs durables. Nos récentes recherches dans plus de 70 pays ont montré qu'une grande majorité des gens des quatre coins du monde ont plus ou moins peur d'être ridiculisés. Ils souffrent de gélotophobie, une crainte pathologique provoquée ou renforcée par le fait qu'ils ont souvent été ridiculisés durant leur enfance ou leur adolescence. Bien que les cultures utilisent des termes spécifiques comme le sarcasme, l'ironie, la moquerie et la dérision pour décrire des phénomènes qui nous mettent mal à l'aise, nous présumons que le fait de tout voir du bon côté, de ne pas trop se prendre au sérieux, les blagues, l'hilarité, l'amusement, le plaisir, la gaieté, la joie, l'extravagance et l'humour sont intrinsèquement «bons» pour l'homme. Le sens de l'humour obtient le plus haut score: des chercheurs qui étudient la désirabilité sociale des traits de caractère remarquent que les gens placent souvent l'humour en tête, même dans des listes de plus de 500 mots. Dire que quelqu'un n'a pas d'humour est une

insulte, et des recherches montrent que faire preuve d'humour est l'une des manières les plus efficaces d'attirer un partenaire désirable ou d'être soi-même perçu comme un partenaire séduisant. Des études fiables montrent que plus de 90 % des gens situent leur sens de l'humour dans la moyenne ou au-dessus de la moyenne. Tout le monde veut donc avoir le sens de l'humour, mais à quoi est-ce bon?

Durant plusieurs années, j'ai étudié diverses facettes de ce sujet: l'humour comme conception esthétique, comme talent pour créer des situations amusantes, stratégie d'acceptation, vision du monde, vertu, tempérament, humeur dominante, etc. Nous avons constaté que **ce qui amuse les gens révèle leur vrai caractère**. L'humour peut aider à surmonter l'adversité, et les gens qui font des commentaires amusants sont souvent créatifs. L'humour a un effet immédiat, mais bref, sur l'humeur et l'attitude générale, rend les gens plus ludiques et plus gais. Il peut faire éclater de rire, ce qui crée un bonheur de courte durée sous forme d'hilarité ou de joie. L'humour nous protège des affects négatifs (en nous aidant à composer avec les épreuves, à avoir moins peur) et stimule les affects positifs (en nous procurant amusement et joie). Moins bien documentée est la façon dont l'humour réduit les facteurs biologiques négatifs (comme les hormones du stress) et renforce les facteurs biologiques positifs (comme la tolérance à la douleur).

L'humour peut-il nous offrir plus que de courts moments de joie et nous aider à réduire nos moments de cafard? Peut-il contribuer au bonheur durable? Au cours d'une récente étude impliquant 15 000 personnes, nous avons constaté que plus les gens avaient d'humour, plus ils étaient satisfaits de leur vie. Cependant, une corrélation n'étant pas une preuve de causalité, nous avons élaboré une série de tests pour voir si nous pouvions améliorer leur sens de l'humour et en mesurer les effets. On croit souvent que le sens de l'humour est immuable et il existe même des preuves empiriques que l'humour est héréditaire. Pourtant, grâce à un programme en huit étapes, nous avons réussi à augmenter le sens de l'humour de plus de 100 participants, en allant du niveau facile (l'humour au quotidien, redécouvrir l'enfant en soi, l'humour verbal) vers le niveau difficile (rire de soi-même, l'humour dans des situations stressantes). De façon frappante, leur satisfaction dans la vie augmentait à mesure que leur sens de l'humour s'améliorait. Dans une autre étude, nous avons constaté que la tenue d'un «journal de l'humour» – écrire chaque soir les choses amusantes qui sont arrivées dans la journée – avait un effet similaire. Ces résultats impliquent que **l'humour peut se développer et qu'il a un effet positif sur notre satisfaction dans la vie**, autrement dit sur le jugement cognitif que nous menons bien notre vie.

Développer notre humour et accumuler des souvenirs drôles ont donc un effet bénéfique sur notre bien-être. L'humour est associé à la joie de vivre: il nous aide à maximaliser les affects positifs et à minimiser les affects négatifs. Il est bon d'adopter un regard plus posé sur la vie et de relativiser. N'y a-t-il pas toujours de l'ironie ou de l'humour caché dans tout ce qui nous arrive? Un sens philosophique de l'humour nous aide à ne pas prendre tout trop au sérieux et à accepter les épreuves. Cependant, l'humour se partage. Parfois, nous devons aider les gens trop sérieux à alléger leurs problèmes et les égayer lorsqu'ils sont tristes. Aider les autres est aussi une source de satisfaction, et l'humour est souvent un bon moyen pour ce faire. Nous devons donc cultiver l'humour dans l'intérêt de chacun, de notre milieu et de la société en général. L'humour peut détruire ou construire la vie. Il peut influencer le bonheur à court et à long termes. Rien d'étonnant à ce qu'il ait été considéré au XIXe siècle comme une vertu cardinale. La science commence seulement maintenant à voir que l'humour n'est pas un simple divertissement: c'est un facteur précieux pour améliorer l'existence.

Les clés

- → **Nous voulons presque tous avoir le sens de l'humour, mais nous avons peur d'être ridiculisés.**
- → **L'humour nous protège contre les affects négatifs et stimule les affects positifs.**
- → **L'humour se développe et influe sur la satisfaction de la vie.**

Willibald Ruch est né en Autriche. Il est actuellement professeur de psychologie au Département de psychologie de l'Université de Zurich (Suisse). Depuis 30 ans, il étudie l'humour et le rire. Il s'intéresse à la perspective qu'offre la psychologie positive pour la recherche et ses applications.

À gens différents…

Même les jumeaux ne suivent pas la même voie vers le bonheur. Alors pourquoi un conseil devrait-il être le même pour votre ami, votre voisin ou votre collègue? «J'ai vu des amis suivre le même conseil pour être heureux et réussir plus ou moins bien, et j'ai compris que le point de départ de ma recherche sur le bonheur devait être nos différences individuelles, déclare **Andreja Avsec**. Ce qui est bon pour moi ne l'est peut-être pas pour l'autre.»

… recettes différentes

Je ne peux pas imaginer que toutes les recettes de bonheur conviennent à tout le monde. Des conseils pour bien organiser sa vie, comme dresser des listes, ne rien reporter à plus tard, faire des projets et réaliser des objectifs, n'aident pas vraiment une personne déjà perfectionniste. Pour une femme qui se sacrifie chaque jour pour sa famille, ses enfants ou d'autres personnes, les relations interpersonnelles positives sont peut-être essentielles à son bonheur, mais il lui faut probablement un petit «extra» pour qu'elle puisse vraiment être heureuse: quelques plaisirs hédonistes. Une personne qui a une grande confiance en elle, beaucoup d'estime de soi, voire des tendances narcissiques, n'a nullement besoin de faire des exercices d'affirmation de soi devant le miroir pour être vraiment heureuse!

C'est sur cette base que j'ai commencé à étudier nos prédispositions naturelles et ce qu'elles nous apprennent sur les gens heureux et les gens malheureux. Elles nous apprennent beaucoup de choses, ai-je conclu. J'ai même été déçu au début de découvrir à quel point la personnalité était déterminante pour le bonheur, la gaieté et la satisfaction. Si vous êtes extraverti, vous vivez sans doute beaucoup d'émotions positives. Si vous êtes névrosé, l'insatisfaction est votre pain quotidien. Bien sûr, cette constatation simpliste ne me satisfaisait pas. Je suis moi-même un peu névrosé et souvent insatisfait, et je ne pouvais accepter d'avoir 50 % de risques d'être malheureux! Ce pourcentage montrait clairement qu'il valait la peine de faire quelques efforts pour mieux se connaître. Par exemple, si je sais que je considère certains stimuli comme une menace, que je suis d'une nature inquiète, je serai plus conscient de mes tendances naturelles et pourrai regarder une situation donnée d'un œil averti.

Les gens suivent parfois (consciemment ou non) des conseils pour être heureux qui renforcent leurs prédispositions naturelles au lieu de les contrecarrer. Des recherches sur des traits de caractère stéréotypés liés au sexe indiquent que des traits extrêmes contribuent rarement au bonheur. Les traits de caractère orientés vers l'action, traditionnellement attribués aux hommes, sont notamment l'indépendance, la compétitivité, le courage et la dominance, alors que les traits orientés vers la communauté, traditionnellement attribués aux femmes, sont notamment la tendresse, la sensibilité aux besoins des autres, l'affection, la chaleur humaine, l'attention et la compassion. Les traits de caractère orientés vers l'action et ceux orientés vers la communauté sont positifs pour le bien-être d'un individu tant qu'ils ne sont pas extrêmes. La confiance en soi et la dominance sont bénéfiques pour le bien-être, mais l'arrogance et l'agressivité (formes extrêmes d'orientation vers l'action) ne le sont pas. Cette orientation extrême vers le moi entre en conflit avec l'orientation vers les autres. Être chaleureux et compréhensif est bénéfique pour votre bien-être et celui des autres, mais être servile et crédule (formes extrêmes d'une orientation vers la communauté) ne l'est pas, car ces traits empêchent l'orientation vers l'action.

«La confiance en soi est bénéfique au bien-être, pas l'arrogance.»

Fait intéressant, de nombreuses recherches ont confirmé que les traits de caractère orientés vers l'action contribuent au bien-être, contrairement à ceux orientés vers la communauté. Cela n'est-il pas égocentrique et opposé à ce à quoi l'on s'attendait? Le problème dans ces recherches, c'est que le bien-être est mesuré en général à l'aide de questions sur l'estime de soi. Heureusement, la psychologie positive incite les psychologues à analyser le véritable contenu du bien-être. Des méthodes plus précises de mesure montrent que les deux formes d'orientation sont importantes pour le bonheur. Un individu doit être indépendant, courageux, même dominant, mais doit aussi garder l'équilibre entre l'orientation vers le moi et l'orientation vers les autres à l'aide de caractéristiques telles que la chaleur humaine, la tendresse et la compassion.

Les clés

→ **Prenez conscience de vos traits de caractère et autres prédispositions, et tenez-en compte en choisissant votre voie vers le bonheur.**
→ **Soyez conscient qu'en général, il n'est pas bénéfique pour votre bien-être de pousser à l'extrême vos prédispositions naturelles.**
→ **Essayez de trouver un équilibre entre les deux orientations de base: vers le moi et vers les autres.**

Andreja Avsec est professeur au Département de psychologie de l'Université de Ljubljana (Slovénie). Son programme de recherche porte sur la personnalité, les différences entre les sexes et la psychologie positive.

La focalisation de notre énergie

«En Inde, les gens cherchent à atteindre l'état de bonheur permanent *(annanda)*, appelé aussi *kevalya, nirvana, samdhi*, etc., selon les divers textes fondateurs de l'hindouisme.» **Hardik Shah** relie la focalisation de notre énergie à notre quête du bonheur.

La *Bhagavad-gita* est considérée comme l'un des grands textes de l'histoire de la littérature et de la philosophie. Ce texte sacré fait partie du *Mahâbhârata* et il dit notamment: «Le don le plus précieux est une bonne santé. La plus grande richesse est le contentement. Entre membres d'une même famille, le plus important est la confiance. La liberté *(nibbána)* est le bonheur ultime.» L'ancienne *Upanishad de la Taittiriya* décrit les différents degrés de bonheur que peuvent ressentir les êtres vivants. «La vie est un art, et toute la vie humaine est une histoire d'expression de soi. Nous souffrons si nous ne nous exprimons pas.» Cela semble indiquer que nous sommes heureux si nous pouvons nous exprimer pleinement.

Une étude récente de l'Université du Wisconsin-Madison a montré que **les gens peuvent développer leur compassion** et que des changements physiques se produisent dans le cerveau lorsqu'ils pensent et agissent avec compassion. Si nous pouvons apprendre à compatir avec les autres et à nous sentir impuissants ou tristes, pourquoi ne pourrions-nous pas apprendre à être heureux? Certains de nos actes sont ambigus, faits avec peu ou pas d'émotion, sans but conscient et sans qu'il y ait intégration de notre moi et des objectifs poursuivis. Ces actes nous rendent malheureux. Par contre, les actes dont les objectifs sont en cohérence avec nous-mêmes, qui sont faits dans un effort délibéré et avec des émotions sincères, nous rendent heureux. L'effort délibéré nous fait prendre conscience d'au moins un sens (ouïe, toucher, vue, odorat, goût) durant ces actes. Un effort délibéré, une solidarité émotionnelle consciente et de l'entraînement peuvent contribuer à notre bonheur et nous aider à découvrir finalement l'art d'être heureux.

Nombreuses sont les forces obscures qui ombragent notre vie et constituent une entrave passive à notre bonheur. Elles rendent nos actes plus mécaniques et moins conscients. La psychologie positive explore l'origine de ces forces afin que nous puissions remplacer les parties automatiques et inconscientes de notre vie par des efforts conscients. Ainsi pouvons-nous découvrir et réaliser notre potentiel de bonheur. **La sensibilité et les émotions jouent un rôle crucial dans ces actes.**

Hardik Shah

Nous devons être ouverts aux besoins et aux attentes des personnes qui nous sont chères et fournir les efforts conscients qui nous aideront à réaliser notre but. Développer notre bonheur signifie nous concentrer sur les éléments conscients de notre être: instincts, mouvements, pensées, émotions et sexe. Nous ne devons pas dépenser uniquement notre énergie pour les choses qui rendent les gens heureux, mais nous devons aussi chercher les racines profondes qui, si nous les nourrissons et les développons, peuvent rendre heureuse l'humanité entière.

Hardik Shah est titulaire d'un doctorat en gestion de l'Université Nirma à Ahmedabad. Il travaille comme professeur adjoint à l'Académie du développement des ressources humaines, l'une des principales institutions dans ce domaine en Inde. Il s'intéresse en particulier à l'impuissance acquise, à la méthode de l'analyse positive et au renforcement des compétences.

Changement d'orientation

Dans les classifications internationales sur le niveau de bonheur, la Thaïlande a de meilleurs scores que la France ou l'Italie. L'économiste **Sauwalak Kittiprapas** s'est demandée pourquoi. Elle a participé à la définition d'une politique publique orientée vers l'accroissement du bonheur dans son pays natal. «Alors que nous cherchons le bonheur à l'extérieur, nos recherches ont montré que le vrai bonheur est en nous.» Un changement d'orientation au niveau international.

Le nouveau poids

Pour parler du bonheur, les gens de différentes cultures utilisent des notions et des valeurs différentes. De plus, le bonheur a plusieurs niveaux, allant du niveau le plus bas – celui du gain matériel – au niveau le plus haut – celui de l'esprit éclairé. Pourtant, les facteurs induisant un plus grand bonheur sont intangibles: un sentiment de liberté, des valeurs positives, la sagesse et un certain état d'esprit, etc. La politique traditionnelle axée sur l'accroissement des richesses matérielles (exprimées par le PIB) ignore les aspects plus

Nous **CHERCHONS** *le* **BONHEUR** *à* **L'EXTÉRIEUR.**

Mais le vrai bonheur vient de **L'INTÉRIEUR.**

importants qui contribuent à un niveau plus élevé de bonheur humain. Les responsables politiques dépensent beaucoup d'argent pour stimuler la croissance économique, car ils sont convaincus qu'elle rend les gens plus heureux, alors que le vrai bonheur peut s'accroître de l'intérieur à faible coût.

Le message des programmes d'échanges nationaux et internationaux auxquels j'ai collaboré est clair: nous devons changer de paradigme pour repenser et développer les hypothèses économiques traditionnelles sur le comportement humain. L'économie bouddhiste semble offrir un paradigme intéressant pour atteindre le bonheur. Les critères objectifs traditionnels ne suffisent plus à évaluer le bien-être et le bonheur des gens. Des critères du bien-être subjectif sont nécessaires pour créer de meilleures politiques. Les conclusions des recherches sur le bien-être subjectif peuvent être utiles aux responsables des pays. Les objectifs peuvent être notamment la réduction de la pauvreté ainsi que des inégalités sociales et économiques, la satisfaction des besoins de base des pauvres, l'élévation du niveau de vie, le maintien de la santé et la promotion de l'éducation, l'amélioration du bien-être général par la technologie, l'amélioration des conditions de travail, la coopération, la stimulation du capital social par la confiance, l'unité, les relations familiales et les réseaux sociaux, la promotion de la liberté, la protection de l'environnement, les valeurs positives, le contentement de soi, le bien-être spirituel et le développement intellectuel.

Il n'y a pas de solution toute faite et pouvant convenir à tous. La combinaison idéale de mesures gouvernementales diffère d'un pays à un autre et dépend des conditions de vie spécifiques à chaque État (niveau de développement socioéconomique, culture, religion, système politique, degré d'ouverture, etc.). C'est pourquoi la microrecherche sur le bonheur est importante: elle ouvre de nouvelles perspectives permettant de développer des lignes politiques détaillées, adaptées aux différents groupes, sociétés et pays de différentes cultures.

Bien que des recherches aient montré que la richesse n'est pas sans importance, son impact sur le bonheur diminue à mesure que le revenu augmente et peut même être nul à la longue. Une politique publique orientée vers le bonheur implique que les responsables politiques doivent accorder moins d'attention au PIB et donner plus de poids à d'autres questions comme la réduction de la pauvreté, en particulier dans les pays à bas salaires et dans les sociétés où le niveau de revenu moyen est trop bas pour satisfaire les besoins de base. Cette satisfaction des besoins de base non seulement augmente directement le bonheur des pauvres, mais elle réduit aussi la différence de bonheur entre les riches et les pauvres, car on n'est pas plus heureux avec plus d'argent si on en a déjà beaucoup. De plus, la comparaison sociale et les inégalités de revenus ont un impact négatif sur le bonheur individuel et social. Pour accroître le bonheur général d'un pays, la politique publique doit donc réduire les inégalités de revenus et la pauvreté. Pour réduire l'impact négatif de la comparaison sociale, nous devons aussi stimuler le contentement de soi ainsi que le développement intellectuel et spirituel.

L'économie et la philosophie bouddhistes nous apprennent que le bonheur est lié à un certain état d'esprit et à la sagesse. Autrement dit, un esprit bien entraîné peut apporter le bonheur. Chacun peut appliquer cette philosophie à sa vie personnelle et observer les changements dans son esprit. Bien que nous cherchions le bonheur hors de nous, nous comprenons finalement que le vrai bonheur se trouve en nous.

Les clés

→ **L'attention mise traditionnellement sur la richesse matérielle n'est pas toujours propice au bonheur.**
→ **Nous pouvons stimuler à faible coût le vrai bonheur qui est en nous.**
→ **Les politiques gouvernementales doivent être orientées vers la réduction de la pauvreté et les inégalités de revenus, plutôt que vers la croissance économique exponentielle.**

Sauwalak Kittiprapas est fondatrice et directrice de l'International Research Associates for Happy Societies (IRAH) et ancienne directrice du Public Policy Development Office (PPD) à Bangkok (Thaïlande). Elle est économiste et a publié de nombreux articles sur le bonheur de même que le livre *Happiness: New Paradigm, Measurement, and Policy Implications*. Elle affirme que ses études sur le bonheur l'ont rendue plus heureuse.

Le nouveau cadre

Il existe un problème structurel dans les recherches sur le bonheur, à savoir l'absence de cadre accepté par tous. Dans le monde universitaire occidental, la psychologie et la neuroscience expliquent les sentiments et le comportement humain en termes scientifiques. Dans le monde universitaire oriental, par contre, la spiritualité et la religion sont essentielles pour comprendre la dimension subtile et subjective du comportement et du milieu humains,

→

sur les plans matériel et social. J'ai tenté de définir un cadre permettant de cerner le bonheur en utilisant les conceptions à la fois occidentale et orientale du bonheur. Les deux principales théories appliquées sont l'«utilité expérimentée» et l'«économie bouddhiste». Malgré leurs grandes différences, ces deux théories mettent l'accent sur le bonheur en tant que connaissance.

La conclusion est que **quand le corps, l'esprit et l'environnement d'un individu sont en harmonie, cette harmonie mène au bonheur.** Autrement dit, les variables de la dimension personnelle ne sont pas les seules qui importent, car les facteurs environnementaux comme la société et la nature ont aussi une grande influence. Ce cadre pour le bonheur est une construction qui permet d'expliquer le bien-être humain dans une perspective holistique, en relation avec les cultures orientales. Selon les conceptions de l'économie bouddhiste, le bonheur au niveau du moi ou comme relation entre corps et esprit peut s'acquérir par l'entraînement à la sagesse, à la concentration et à la perception, qui sont les principaux éléments de l'enseignement du Bouddha. Les facteurs environnementaux comme la famille, la communauté, la société et la nature favorisent le bonheur parce que l'être humain est un animal social. L'analyse du bonheur doit donc tenir compte de facteurs à la fois internes et externes.

Les recherches sur le bonheur doivent créer un nouveau cadre pour étudier ses aspects objectifs et subjectifs, ainsi que les contraintes culturelles. Cela posera les bases de l'étude sur le bonheur pouvant créer un nouveau paradigme pour changer le modèle économique traditionnel.

Kanokporn Nitnitiphrut (Thaïlande) est titulaire d'un doctorat en économie. Sa thèse portait sur le bonheur. Elle a défini un cadre pour le bonheur, commun à l'Orient et à l'Occident. Elle est membre de l'International Research Associates for Happy Societies (IRAH).

«Qui parvient à survivre sur une île déserte?»

Le sens de la cohérence

Le contraire de «mauvais» est «pas mauvais» et non «bien». Le contraire de «malade» est «pas malade», et non «en bonne santé». Dans nos recherches sur la santé et le bonheur, nous ne devons pas nous concentrer sur la maladie et le malheur, mais sur leurs contraires. **Sakari Suominen** nous dévoile les sources de la santé: la salutogenèse et le sens de la cohérence. Les problèmes sont inévitables. Ce qui importe, c'est la façon de les résoudre.

L'origine de la santé

Dans la vie de tous les jours, nous sommes inévitablement confrontés à des problèmes. Qui plus est, sans problèmes, nous perdrions ce qui fait que la vie vaut la peine d'être vécue. La mesure dans laquelle ces «confrontations» détériorent à la longue notre bien-être dépend des moyens de résistance dont nous disposons. Ces moyens permettent de résoudre les problèmes quotidiens. Ils peuvent nous être propres, par exemple nos talents et l'éducation reçue, ou mis à notre disposition par notre environnement, par exemple l'aide des amis. S'ils sont suffisants, les problèmes peuvent être résolus. La résolution des problèmes favorise le bien-être. Nous connaissons tous le sentiment agréable d'avoir mené à bien une tâche difficile. Dans le cas contraire, nous ressentons un sentiment désagréable de tension et de stress. Et c'est justement ce stress qui affecte à la longue la santé et le bien-être.

J'ai basé mes recherches sur les travaux d'Aaron Antonovsky. Il a dévoilé le mystère de la santé et introduit le terme «salutogenèse», qui peut se traduire par «origine de la santé». Il concentre son attention sur les causes de la santé ou, de manière plus générale, sur les causes du bien-être, plutôt que sur le contraire, à savoir la maladie et le malheur. Une notion fondamentale de sa théorie est le «sens de la cohérence», soit la mesure dans laquelle un individu perçoit sa vie comme étant compréhensible, maniable et pourvue de sens. Il s'agit de trois dimensions de la vie humaine.

→ **La compréhensibilité** est la capacité intellectuelle d'un individu à mémoriser, à apprécier et à tirer ses propres conclusions.
→ **La maniabilité** est la capacité d'interaction d'un individu avec la communauté dans laquelle il vit, c'est-à-dire la capacité de coopérer avec d'autres pour réaliser des choses dans sa vie.
→ **La signifiance** est la perception d'un individu que la vie a un sens profond qui va au-delà des trivialités quotidiennes. Nous pouvons par exemple acquérir ce sentiment en prenant soin d'enfants et de personnes chères.

Qu'est-ce qu'un fort sens de la cohérence? C'est la capacité d'une personne à tirer le maximum des ressources à sa disposition. Un exemple: deux personnes se retrouvent sur une île déserte. L'une a un sens très fort de la cohérence et l'autre pas. La première utilisera mieux les moyens que la nature lui offre et aura plus de chances de survivre et d'être sauvée que la seconde. Dans les recherches, un fort sens de la cohérence est lié de manière indépendante à une bonne santé. Cette association ne doit donc pas être attribuée à d'autres facteurs sociaux sous-jacents expliquant à la fois un fort sens de la cohérence et la santé (par exemple le niveau de scolarisation), mais au fait qu'un fort sens de la cohérence protège la santé. Cependant, nous ne savons pas encore exactement comment faire pour renforcer ce sens; cela exige des recherches plus poussées.

Par ailleurs, on distingue deux types de bonheur: d'une part, une expérience émotionnelle intense, parfois momentanée, et, d'autre part, une sensation plutôt basée sur la pensée, se caractérisant par un contentement ou par un sentiment de satisfaction dans la vie. Cette dernière composante est liée à la mesure dans laquelle l'individu a l'impression que ses divers objectifs personnels sont réalisés.

Quelle est la relation entre le sens de la cohérence et le bonheur? Les recherches montrent que c'est une relation très étroite. Par exemple, tant les gens qui se disent heureux que ceux qui ont un fort sens de la cohérence souffrent moins de dépression. Cependant, ces deux concepts diffèrent d'une manière intéressante sur le plan théorique. On pourrait penser qu'une personne ayant un fort sens de la cohérence est presque toujours heureuse, mais ce n'est pas forcément le cas. Au contraire. Une personne qui a un fort sens de la cohérence se caractérise par le fait qu'elle ne se décourage pas et croit pouvoir surmonter à la longue ses difficultés, même lorsqu'elle est confrontée à de nombreuses tensions ou à des événements désagréables comme un divorce. Par ailleurs, une personne heureuse ne peut pas trouver que la situation où elle se trouve est difficile ou insatisfaisante. Le concept de sens de la cohérence couvre donc les moyens pouvant être utilisés pour créer le bonheur, autrement dit comment quelqu'un se sent. Inversement, des expériences heureuses et un fort sens de la cohérence ne vont pas forcément de pair. Une personne heureuse qui a un faible sens de la cohérence verra son bonheur affaibli par les moindres problèmes. Ce n'est pas le cas quand le sens de la cohérence est fort.

Les concepts de bonheur et de salutogenèse ne se contredisent pas, ils se complètent. Le premier se rapporte au résultat, et le second, au mécanisme pouvant à la longue mener au bonheur. La théorie de la salutogenèse fournit donc une approche intéressante des conditions nécessaires au bonheur.

Les clés

- → **Les problèmes sont inévitables. Les résoudre apporte le bien-être.**
- → **Le sens de la cohérence – un sentiment général exprimant la mesure dans laquelle un individu perçoit sa vie comme compréhensible, maniable et pourvue de sens – favorise la santé et le bien-être.**
- → **Le bonheur est un résultat. La salutogenèse et le sens de la cohérence nous permettent de créer du bonheur.**

Sakari Suominen est professeur agrégé au Département de santé publique de l'Université de Turku (Finlande). Il est médecin, chercheur dans le domaine de la santé publique et donne des cours aux étudiants en médecine. Ses études portent sur le sens de la cohérence et la santé, la santé des enfants et des adolescents, et les soins de santé. Il a travaillé aussi comme superviseur et consultant dans des services sociaux et médicaux.
Sakari Suominen a une passion pour les bateaux en bois.

Vivre dans le mensonge

Faites le test. Regardez un feuilleton, un film ou une pièce de théâtre à la télévision et notez combien de problèmes sont causés par une personne malhonnête. Sans mensonges, il n'y aurait pas de pièces de théâtre. Nous disons au moins de deux à cinq mensonges par jour. Ce sont souvent de petits mensonges pour nous faciliter la vie. **Claire Beazley** pointe du doigt un mensonge qui peut gravement entraver le bonheur: le mensonge sur l'échec.

Sincérité et échec

Pour notre bien-être intérieur, il est essentiel d'être toujours honnêtes sur nous-mêmes – avec nous-mêmes et avec les autres –, dans ce que nous disons et ce que nous faisons. Cette sincérité devrait être un mode de vie constant. La sincérité, c'est écouter vos sentiments et vos idées, et agir en conséquence. **Vos sentiments sont vos amis:** ce sont des rapports d'étape qui vous disent de minute en minute quelle est votre relation avec le monde qui vous entoure. Les sentiments vous avertissent très tôt des réussites et des échecs, et vous permettent de rectifier le tir.

J'ai mené des recherches sur l'absentéisme pour maladies bénignes, que les employeurs considèrent souvent comme du laxisme, de l'égoïsme ou de la paresse. J'ai constaté que les gens qui écoutent leurs sentiments et font des choix qui correspondent à leurs besoins internes sont moins souvent en arrêt de maladie. La sincérité, c'est aussi comprendre que quand vous ressentez quelque chose comme vrai, c'est vrai pour vous dans l'état actuel de

«La sincérité est un ami mal compris.»

votre être et de votre conscience. C'est aussi accepter que ce qui est vrai pour l'un ne l'est peut-être pas pour d'autres. Être sincère signifie-t-il alors que nous pouvons tout dire sans tenir compte de rien ni de personne? Non. Selon l'un de mes mentors, tout ce que nous disons doit satisfaire à deux des trois critères suivants: cela doit être sincère, utile ou gentil.

Si c'est une si bonne idée d'être toujours sincère, pourquoi ne le sommes-nous pas? Parce que nous devons être sincères tant en ce qui a trait à nos échecs qu'en ce qui concerne nos réussites. Dans maintes sociétés, les gens qui prétendent être plus malins que les autres et avoir souvent raison jouissent d'un grand prestige et sont récompensés sur le plan matériel. Ce prestige et cette récompense ne seraient plus justifiés si ces personnes échouaient autant que leurs voisins. Le problème, c'est que l'échec est inévitable: personne ne sait assez de choses pour pouvoir toujours prédire avec précision ce qui va lui arriver, encore moins ce qui arrivera à un autre. Ainsi, plus nous devenons riches et plus nous nous croyons intelligents, plus nous craignons de perdre, plus nous diabolisons l'échec et plus la sincérité nous répugne. Mon expérience m'a appris que l'échec sincèrement reconnu est un ami mal compris que nous devrions accueillir comme un camarade et un maître, comme une source d'inspiration. Diverses recherches montrent que les organisations et les entreprises qui traitent sur le même plan le succès et l'échec et qui apprennent des erreurs commises au lieu de les sanctionner, réussissent mieux. La satisfaction au travail de leurs employés est plus grande que sur les lieux de travail où l'échec n'est pas toléré. Des échecs partagés permettent à tous d'apprendre. Saviez-vous que les papillons Post-It et la bakélite (le premier plastique) sont le fruit d'expériences ratées? Si vous saviez tout, si vous aviez toujours raison et si vous ne vous trompiez jamais, vous ne vivriez jamais rien de nouveau, vous n'apprendriez jamais rien et vous ne seriez pas en train de lire ce livre.

Où mène la répression de la vérité? Mon expérience avec l'épidémie de patients stressés devenus incapables d'assurer leur travail m'a appris qu'ils savent ce qui ne va pas et ce qui doit changer, mais qu'ils refoulent ce savoir parce qu'**ils pensent que les conséquences de leur sincérité seraient plus douloureuses que le fardeau quotidien qui consiste à vivre dans le mensonge.** Au lieu de les cataloguer comme dépressifs et angoissés, comme c'est d'usage dans le monde médical moderne, je leur dis que leur détresse est un système d'alarme sain et fiable qui les supplie d'être sincères, parce que le poids du mensonge est devenu trop lourd. Ce point de vue alternatif crée presque un sentiment de soulagement et de libération. Dès qu'ils se sentent assez libres pour être sincères, ils peuvent cesser leurs efforts pour vivre dans le mensonge et reconnaître ouvertement un échec (l'absentéisme pour cause de stress est le plus grand échec de notre époque) ou avoir le courage de dévoiler l'échec d'autres gens.

Éloges et flatteries

Les gens se connaissent étonnamment bien. Ils ont souvent conscience que la flatterie n'est pas sincère et conduit à la méfiance. Pour ce qui est des éloges, Carol Dweck a constaté qu'il vaut mieux louer les qualités d'un acte ou d'un événement plutôt que la personne qui en est responsable. Cela crée moins de pression pour arriver chaque fois au même résultat. Les gens auront plus vite tendance à persévérer devant des difficultés et à tenter de nouvelles choses. Ainsi, il vaut mieux dire «Quel délicieux gâteau!» plutôt que «Tu fais toujours des gâteaux délicieux». Si vous devez faire face à une affaire qui a mal tourné, commencez par décrire concrètement ce que vous ressentez, ou demandez à l'autre personne de décrire concrètement ses actes et ses sentiments. Vous obtiendrez de meilleurs résultats que si vous vous contentez de donner votre opinion.

Les clés

- → **Soyez toujours sincère sur vous-même – avec vous-même et avec les autres –, dans ce que vous dites et ce que vous faites.**
- → **Soyez sincère aussi au sujet de vos échecs. Les échecs partagés permettent à chacun d'apprendre.**
- → **Dès que les gens sont libres de ne plus réprimer la vérité, ils peuvent cesser leurs efforts pour vivre dans le mensonge et reconnaître ouvertement un échec.**

Claire Beazley est médecin depuis plus de 20 ans. Elle est titulaire depuis peu d'une maîtrise en psychologie positive appliquée. Elle s'intéresse surtout à la remise en forme pour le travail et à la relation entre intelligence émotionnelle, autodétermination et comportement engendrant la maladie. Elle mène également des recherches à l'Université de Lancaster (Royaume-Uni).

«Nous avons tous un intérêt et un rôle à jouer dans la construction d'un avenir heureux.»

Un nouveau regard sur le progrès

L'Organisation de coopération et de développement économiques (OCDE) regroupe 30 pays à revenu élevé. **Jon Hall** dirige un projet sur la mesure du progrès dans ces sociétés. Après 10 années de recherches, il est persuadé que les responsables politiques doivent élargir leur champ de vision ainsi que les critères permettant de mesurer le progrès. «Par progrès, je veux dire une amélioration du bien-être équitable et durable d'une société. Le bonheur est une partie importante de ce bien-être.»

La direction de notre voyage

Au XXe siècle, les gens pensaient presque toujours que la croissance économique était synonyme de progrès, qu'une hausse du PIB signifiait une amélioration de la vie. De nos jours, le monde prend conscience que c'est un peu plus complexe. Malgré la forte croissance économique dans de nombreux pays, les spécialistes disent que nous ne sommes pas plus satisfaits (ou plus heureux) de notre vie qu'il y a 50 ans. Nous faisons moins confiance aux autres – et à notre gouvernement – qu'autrefois. Un revenu plus élevé semble aller de pair avec un sentiment croissant d'insécurité, un plus grand nombre d'heures de travail et une vie plus compliquée. Une grande partie du monde est en meilleure santé et les gens vivent plus longtemps qu'il y a quelques années, mais les problèmes environnementaux, tels que les changements climatiques, jettent une ombre sur l'avenir.

Les sociétés gèrent et récoltent ce qu'elles mesurent. Il est donc crucial de mesurer les bonnes choses si nous voulons aller dans la bonne direction. Les responsables politiques et les médias mesurent surtout comment se porte l'économie. C'est important bien sûr, mais il ne faut pas oublier non plus qu'une économie saine ne doit pas être notre but: nos économies sont importantes parce qu'elles permettent aux citoyens d'avoir accès à des biens et à des services, et qu'elles rapportent de l'argent avec lequel nous pouvons améliorer d'autres aspects du bien-être (comme l'environnement et les hôpitaux). Toutefois, si le bien-être est ce qui compte finalement le plus pour l'être humain, c'est ce vers quoi nous devrions tendre. Si nous voulons poser un regard équilibré sur le véritable progrès d'une société, nous devons mesurer les aspects directs du bien-être à l'aide de divers indicateurs, en plus du PIB.

Mais que devons-nous mesurer pour acquérir ce regard équilibré? Il faut tenir compte à la fois du système humain et de l'écosystème. Chaque système contient une série de facteurs déterminants pour notre bien-être et nous devons prendre en considération chacun de ces facteurs. Les critères directs de bien-être humain doivent être au cœur de cette évaluation – notre santé physique et psychique, notre savoir et notre compréhension, la qualité de notre travail et le nombre d'heures travaillées, nos loisirs, notre niveau de liberté et d'autodétermination, notre bien-être matériel, la qualité de nos relations interpersonnelles sont tous des facteurs très importants qui déterminent notre bonheur.

Trois domaines de l'activité humaine sous-tendent le bien-être humain: l'économie (notre revenu et notre richesse), notre patrimoine culturel et la manière dont nous nous gouvernons (entrent en jeu ici des aspects tels que les droits de l'être humain, l'engagement civil et politique, la sécurité et la violence, la confiance et l'accès aux services). Notre économie, notre culture et notre gouvernance sont importantes dans la mesure où elles sont les piliers du bien-être humain. **Une économie solide, une culture vivante et une bonne gouvernance ne constituent pas le bien-être en soi,** mais sont des facteurs qui créent un environnement dans lequel peut croître le bien-être humain. Un bon écosystème est crucial aussi pour notre bien-être, car il nous fournit des services (air pur, eau fraîche, nourriture) et nous procure de la joie. Pour savoir dans quel état se trouvent nos écosystèmes, nous devons examiner la salubrité et la qualité du sol, de l'eau de mer et de l'eau douce, la biodiversité, la qualité de l'air et de l'atmosphère.

Alors, qu'ai-je donc appris sur le bonheur? Je sais que le bonheur n'est pas l'équivalent du PIB. Je sais que différentes choses rendent différentes personnes heureuses de différentes manières. Je sais que, pour bien comprendre notre qualité de vie et notre bien-être, nous devons examiner certains facteurs. Et je sais que nous ne faisons pas encore assez attention à ces choses. Je sais aussi que, pour pouvoir mesurer le progrès et le bien-être, une société doit savoir à quoi ces choses ressemblent. Et puisque nous portons tous un regard différent sur les choses, il revient à chaque société de s'interroger et de définir pour elle-même ces concepts. Il n'y a guère de discussions plus intéressantes. Chacun devrait être impliqué, car nous avons tous un intérêt et un rôle dans la construction d'un avenir plus heureux.

Les clés

- → **Une économie saine n'est pas un but en soi. Des critères directs du bien-être humain doivent être au cœur de l'évaluation du bonheur.**
- → **Trois domaines de l'activité humaine sous-tendent le bien-être humain: l'économie, notre patrimoine culturel et la manière dont nous nous gouvernons.**
- → **Un bon écosystème est crucial pour notre bien-être.**

Jon Hall dirige le projet mondial Comment mesurer le progrès des sociétés de l'Organisation de coopération et de développement économiques (OCDE). Avant de joindre cet organisme, il a travaillé pendant sept ans au Bureau australien de la statistique. Il a dirigé un projet innovant qui a défini une première série de critères à l'aide desquels le progrès a été mesuré en Australie. Il est titulaire d'une maîtrise en statistique obtenue au Royaume-Uni et d'une maîtrise en administration de l'École gouvernementale de l'Australie et de la Nouvelle-Zélande. Jon Hall est citoyen australien et britannique. Il a travaillé pour le gouvernement britannique et pour le Programme alimentaire mondial en Zambie. Ses tentatives de carrière comme peintre en bâtiment, agent de sécurité et garçon de café aux États-Unis ont été des échecs spectaculaires.

«Ce livre marque un tournant dans le développement d'un cadre universel pour le bonheur.»

Le bonheur universel

«Quand je demande à mes patients chinois s'ils sont heureux ou pas, la plupart me regardent avec de grands yeux ne sachant pas quoi répondre», raconte **Samuel Ho**, qui a créé le premier laboratoire de psychologie positive en Chine. Il affirme que le moment est venu de réunir en un modèle universel les conceptions orientale et occidentale du bonheur.

Yin en yang

Si les scientifiques américains trouvent quelque peu bizarre de parler du bonheur, les sociétés chinoises, elles, trouvent cela franchement étrange. L'idée chinoise du bonheur est un équilibre didactique. Selon l'ancienne philosophie du *yin-yang*, tout – du cosmos à la vie humaine – est un cycle infini de bien et de mal, de bonheur et de malheur, etc. Autrement dit, le bonheur dépend du malheur, et le malheur se cache dans le bonheur. Si nous prêtons trop d'importance au bonheur, nous perturbons l'équilibre de la vie. Selon l'ancienne pensée chinoise du taoïsme, les bonnes choses sont inévitablement suivies de mauvaises choses.

Nous ne devons donc pas nous concentrer trop sur le bonheur si nous ne voulons pas attirer le malheur. Lorsque j'ai mis sur pied, il y a 10 ans, le premier laboratoire de psychologie positive, certains m'ont conseillé (avec sarcasme) d'installer à l'autre bout de l'étage un «laboratoire de psychologie négative» pour que le *feng shui* du département reste en équilibre. Une décennie plus tard, la psychologie positive et le bonheur sont devenus des concepts florissants dans les universités et dans la société à Hong Kong et dans d'autres villes chinoises.

Quand j'ai commencé mes travaux de psychologie positive, j'étais fasciné par une étude d'Ed Diener sur le bien-être subjectif. Cette étude montrait que les Chinois accordaient moins d'importance au bonheur et y pensaient moins que les habitants d'autres pays. Pourtant, le niveau général de bonheur des Chinois n'était pas vraiment bas, même si leur pouvoir d'achat était l'un des plus bas de tous les pays analysés dans cette étude. Ces résultats correspondent à ce que j'ai constaté dans ma pratique de psychologue clinicien. Quand je demande à mes patients chinois s'ils sont heureux ou pas, ils me regardent avec de grands yeux ne sachant pas quoi dire. Vu que les Chinois pensent moins à leur bonheur, je me suis demandé s'il n'y aurait pas d'autres dimensions pouvant être de meilleurs indicateurs de leur bonheur. Comme beaucoup de mes prédécesseurs, j'ai cherché des réponses dans le patrimoine spirituel commun de la population chinoise.

Comme je le disais, l'essence de la philosophie chinoise est une vie en équilibre et de bonnes relations humaines. Il est donc logique que la conception chinoise du bonheur soit plus interpersonnelle que celle du modèle occidental, plus individualiste. De nombreux Chinois pensent que le bonheur personnel peut nuire aux relations sociales. Par exemple, une réussite personnelle peut éveiller la jalousie ou l'envie chez les autres. **La culture chinoise met davantage l'accent sur le bien-être des personnes significatives ou du groupe que sur le bien-être individuel.** L'évaluation du bien-être individuel ne suffit peut-être pas pour évaluer l'expérience totale de bonheur de la population dans une telle culture. Les patients incapables de répondre à la question s'ils étaient heureux ou pas, ont trouvé une réponse quand je leur ai demandé si leur épouse et leurs enfants étaient heureux. Cette réponse était en général un indicateur valide de leur bonheur personnel. Au début, je croyais que cette dimension interpersonnelle du bonheur était typiquement chinoise ou du moins asiatique. Mais quand j'ai exposé mon point de vue lors de conférences et de réunions internationales, de nombreux collègues d'autres pays m'ont dit qu'ils avaient remarqué aussi cette dimension interpersonnelle dans leur pays. J'en ai conclu qu'à notre époque de mondialisation, nous avions peut-être laissé derrière nous l'ère de la psychologie interculturelle et que nous pouvions concevoir ensemble un modèle universel du bonheur. Ce livre marque sans doute un tournant dans le développement d'un cadre universel pour le bonheur.

Je voudrais conclure en rapportant ce que le *Yi-king* (Livre des mutations), un ouvrage très ancien de philosophie chinoise, conseille pour trouver le bonheur. Selon ce livre, nous pouvons cultiver notre bonheur en le partageant avec d'autres, en rendant les autres heureux, en ayant des relations harmonieuses et en libérant les autres de leurs soucis. Je suis persuadé que ces manières de trouver le bonheur ne sont pas typiquement chinoises, mais valent aussi pour d'autres cultures.

Les clés

- → **Yin et yang: le bonheur dépend du malheur. Le malheur se cache dans le bonheur.**
- → **La dimension interpersonnelle du bonheur est universelle.**
- → **Nous avons laissé derrière nous l'ère de la psychologie interculturelle et nous pouvons concevoir ensemble un modèle universel du bonheur.**

Samuel Ho est professeur au Département de psychologie de l'Université de Hong Kong (Chine). En 2000, il a créé le premier laboratoire de psychologie positive en Chine. Depuis, il dirige des recherches et effectue des travaux cliniques dans ce domaine. Il affirme que son implication dans le mouvement de la psychologie positive a été l'une des choses les plus risquées, mais aussi les plus satisfaisantes de sa vie.

«Pour la plupart des ados, l'école est un endroit ennuyeux et peu inspirant.»

La meilleure drogue des adolescents

MTV a demandé à des ados ce qui les rendait heureux. Leur réponse n'a pas été celle que craignent beaucoup de parents inquiets: «Sexe, drogue et rock'n'roll.» «Passer du temps avec la famille» venait en tête. Leurs héros? Pour la moitié d'entre eux: leurs parents. **Katie Hanson** n'est pas étonnée: «L'adolescence n'est pas forcément un problème.» Elle a découvert que la meilleure drogue des adolescents est le *flow*.

L'école du succès

Les années d'adolescence sont souvent considérées comme problématiques. La psychologie traditionnelle et les médias ne cessent de nous parler de grossesses à l'adolescence, de dépendances aux drogues, de violence, de suicide, de troubles nutritionnels et de décrochage scolaire. La psychologie positive jette un regard nouveau sur les ados, en partant du principe qu'ils vont bien se comporter au lieu de penser qu'ils vont tomber dans la délinquance, la drogue et la marginalité. Moins de 10 % des familles avec un adolescent connaissent de grandes difficultés relationnelles. Pourtant, l'idée que l'adolescence est une période de traumatisme, de stress et de délinquance a prévalu pendant des années. Nombre de recherches sur cet âge portaient exclusivement sur les résultats scolaires et cherchaient à savoir pourquoi certains groupes avaient tendance à ne pas réussir leurs études. La psychologie positive offre de nombreuses théories pour expliquer pourquoi certains ados ont de mauvais résultats scolaires. L'une des clés est le *flow* (ou «expérience optimale»).

De nombreuses recherches ont montré que le *flow* chez les ados va de pair avec des résultats positifs, comme une meilleure concentration, davantage de joie, de bonheur, de force, de motivation, d'estime de soi, d'optimisme et de confiance en l'avenir. Nous sommes arrivés à la même conclusion en tenant compte également d'autres facteurs (tels que le milieu socioéconomique, les notes obtenues à l'école, l'origine ethnique). Des chercheurs ont trouvé aussi que **les ados qui étaient plus souvent en état de *flow* étaient plus heureux, plus joyeux, plus aimables et plus sociables.** Nous savons maintenant que le *flow* est en corrélation positive avec la motivation et le plaisir, et en corrélation négative avec le pessimisme. Les ados qui connaissent rarement l'état de *flow* s'ennuient plus vite, sont moins impliqués, moins enthousiastes et moins passionnés.

Les ados passent la majorité de leur temps sur les bancs d'école. Le *flow* en milieu scolaire est peut-être la question la plus importante que doivent se poser les chercheurs. Des études ont montré que, pour la plupart des ados, l'école est un endroit ennuyeux et peu inspirant. L'ennui est si général qu'ils le considèrent comme un élément normal de leur développement. Néanmoins, les avantages du *flow* sont grands pour les élèves bien intégrés dans le système scolaire. Ceux qui connaissent un haut niveau de *flow* sont plus concernés par leurs études et ont de meilleurs résultats que les autres. Le niveau de *flow* pendant une leçon constitue un meilleur indicateur de réussite que les instruments classiques de mesure des aptitudes scolaires. Cependant, ces études ne disent pas si les bons résultats sont attribuables au *flow* ressenti au cours des activités scolaires, ou si ce sont les activités génératrices de *flow* qui incitent les élèves à les répéter de leur plein gré, ce qui veut dire que les ados qui connaissent un niveau plus élevé de *flow* seraient plus intéressés par leur travail scolaire parce qu'ils le trouvent gratifiant en soi. Les élèves ayant un haut niveau de *flow* passaient en moyenne sept heures de plus par semaine à des activités productives que leurs camarades. Les premiers passaient aussi plus de temps à faire leurs devoirs et regardaient moins la télévision.

Ce sont les activités scolaires qui génèrent le plus de *flow* chez les adolescents, mais si nous voulons vraiment créer un milieu d'apprentissage favorable au *flow*, il faut chercher quel type d'apprentissage est le plus propice. Les examens, le travail individuel et le travail en groupe génèrent un niveau de *flow* supérieur à la moyenne, alors qu'écouter un exposé de l'enseignant ou regarder des vidéos éducatives produisent peu de *flow*, ou même pas du tout. Les matières scolaires qui produisent un haut niveau de *flow* sont en général les matières techniques, l'informatique et l'art; la matière théorique qui produit le plus de *flow* est les mathématiques. La langue maternelle et les sciences en produisent déjà beaucoup moins, et l'histoire est toujours la matière qui crée le moins de *flow*.

Le *flow* est très bénéfique aux ados capables de le ressentir. Non seulement obtiennent-ils de meilleurs résultats scolaires (ce qui a un effet positif sur leur vie future), mais ils sont aussi plus heureux, plus motivés et plus optimistes. Vu que le *flow* offre tant d'avantages en milieu scolaire, les spécialistes de l'enseignement devraient en tenir compte lorsqu'ils conçoivent les programmes scolaires, et les enseignants devraient favoriser le *flow* dans leurs classes. Si nous pouvons enthousiasmer les adolescents et leur apprendre à ressentir le *flow* dans leurs tâches et leurs activités, ils auront plus de chances de mener une vie concentrée, engagée et heureuse.

Qu'est-ce que le flow?

Le *flow* (ou «expérience optimale») est un concept élaboré par le psychologue Mihaly Csikszentmihalyi. C'est un état mental atteint par une personne totalement immergée dans ce qu'elle fait. Dans cet état maximal de concentration, nous ne voyons pas le temps passer et nous ne sommes pas conscients de ce qui se passe autour de nous. Nous oublions la faim, la température et nous ne sommes plus préoccupés par nous-mêmes. C'est un état très propice au bonheur. Nous atteignons cet état de *flow* quand nous sommes occupés à relever un défi intéressant et maîtrisable qui demande de grandes compétences. Les activités productrices de *flow* sont motivantes en elles-mêmes et donc précieuses, car elles créent une disposition d'esprit qui est un but en soi. Les expériences de *flow* permettent sans doute à un individu de s'épanouir et de fonctionner de manière optimale.

Les clés

→ **L'adolescence n'est pas forcément un problème.**
→ **Le *flow* est très bénéfique aux ados: ils sont plus heureux, plus motivés et ont de meilleurs résultats.**
→ **Créons un milieu d'apprentissage stimulant grâce à des tâches et à des activités qui génèrent du *flow*.**

Katie Hanson est titulaire d'une maîtrise obtenue dans le cadre du programme MAPP (MSc Applied Positive Psychology) de l'Université de Londres-Est. Elle s'intéresse à tous les domaines liés à la psychologie positive, au bien-être et au bonheur. Actuellement, elle fait des recherches sur le bien-être et la réussite des étudiants à l'Université de Sheffield Hallam, en Angleterre. Ses recherches portent en particulier sur les façons de prévoir et d'améliorer les résultats scolaires des élèves sous-représentés dans l'enseignement supérieur et qui ont traditionnellement de mauvais résultats à l'école.

Kenneth C. Land

L'indice du bien-être des enfants et des jeunes

Le bonheur est le produit de notre expérience de la vie dans toutes ses dimensions: sociale, psychologique et physique.

Depuis quelques années, je participe à un projet qui étudie les tendances qui se dessinent depuis 1975 dans le bien-être des enfants et des jeunes américains. Nous essayons donc de savoir si le bien-être des jeunes en général, et de divers sous-groupes de cette tranche d'âge, s'est amélioré, détérioré ou est resté le même. Si nous notons un changement, nous cherchons dans quel aspect de leur vie il se produit. Nous publions chaque année un rapport sur le sujet, le *Child and Youth Well-Being Index (CWI)*, un indice composite comparable à l'indice des prix à la consommation. Il est basé sur des dizaines d'indicateurs sociaux du bien-être des enfants et des jeunes. Nous constatons que ce sont en grande partie les mêmes choses qui favorisent le bonheur des jeunes et celui des adultes. Voici les principaux éléments qui rendent heureux les enfants et les jeunes:

- → Une relation sociale positive et stable avec la famille et les amis.
- → Une vie épanouissante et une stabilité émotionnelle.
- → Un milieu sans danger où ils ne craignent pas d'être victimes d'agressions.
- → Une bonne santé.
- → La participation à des institutions communautaires telles que l'école.
- → L'obtention de bons résultats et la possibilité de réaliser leur potentiel dans ces organismes sociaux.
- → Un accès facile aux biens matériels et aux services.

Kenneth C. Land est professeur de sociologie et de démographie à l'Université Duke (États-Unis). Il est auteur ou coauteur de plus de 200 livres, chapitres de livres, articles publiés dans des revues professionnelles et rapports sur des modèles mathématiques et statistiques dans les domaines des sciences sociales, de la démographie, de la criminologie, ainsi que d'études sur les indicateurs sociaux et la qualité de vie.

«Il ne s'agit pas du bonheur des revues de luxe, qui associent le sexe à de petits sourires en racontant des fabulations orgasmiques.»

Et le sexe alors ?

«L'énergie sexuelle peut accroître votre vitalité et votre amour de la vie. Elle peut servir de moteur à la création artistique, à l'écriture, à la musique et même aux ambitions politiques et sociales. Lorsque notre énergie sexuelle circule de manière naturelle, nous ressentons la plus forte harmonie possible dans nos relations avec les autres», affirme **Cassie Robinson** à Londres.

Le riche éventail du sexe

Lors d'une réunion de sexologues en 1994, quelqu'un a déclaré: «Le plaisir sexuel, y compris la masturbation, est une source de bien-être physique, psychologique, intellectuel et spirituel.» Pourtant, le débat public met toujours l'accent sur les dangers et les risques de la sexualité: abus, dépendance, troubles, infections, pédophilie, grossesses à l'adolescence et lutte des minorités sexuelles pour la reconnaissance de leurs droits. Le débat public sur les avantages de l'expression sexuelle pour la santé physiologique et psychologique, y compris ses avantages physiques, intellectuels, émotionnels et sociaux, est pratiquement inexistant.

Dans mes recherches, je veux montrer la richesse et la diversité de l'expérience sexuelle et je cherche à établir un lien entre cette expérience, le bien-être et le bonheur. Je me suis

écartée des définitions orientées vers la performance sexuelle et je n'ai pas considéré le sexe sous un angle médical, consumériste ou politique. Par contre, j'ai souligné la possibilité d'une conscience érotique complexe, transformative et évolutive. **Il ne s'agit pas du bonheur des revues de luxe, qui associent le sexe à de petits sourires en racontant des fabulations orgasmiques** axées sur la performance et l'esthétique. Dans mon évaluation du bien-être, j'ai utilisé le modèle hédonique-eudémonique. L'hédonisme implique un désir de stabilité et de familiarité, avec une résistance au changement, alors que le modèle eudémonique implique un désir de changement, une recherche de sens, l'ouverture au possible,
la curiosité et l'intérêt. En considérant l'expression sexuelle comme faisant partie du bien-être eudémonique, nous ne la voyons plus seulement comme une chose que nous devons gérer ou maîtriser.

Mes recherches ont mis en évidence plusieurs facteurs liant l'expression sexuelle au bien-être, à savoir les aspects émotionnels de l'expression sexuelle qui influencent la relation à soi et aux autres, le développement de la conscience de soi, l'acceptation de soi, l'appropriation, l'action, la joie de vivre, l'intégration dans un tout, et l'équilibre avec le moi sexuel. Nous avons constaté également que l'expression sexuelle donne de l'énergie, qu'elle influence notre développement et notre transformation. Les résultats montrent que quand les affects positifs de l'expression sexuelle sont alignés sur le bien-être eudémonique, la sexualité prend un sens plus large et plus important. **La sexualité permet de découvrir le potentiel de chaque individu,** et la réalisation de ce potentiel donne la plus grande satisfaction.

Quelqu'un qui désire accroître ou approfondir son bonheur peut accueillir la sexualité comme une chose essentielle dans sa vie. Il peut décider d'accroître son expérience, sa compréhension et l'application de cette merveilleuse source d'énergie. Plus les personnes que nous avons interrogées découvraient leur authentique moi sexuel, plus elles me disaient que cette énergie les ouvrait davantage au monde, leur donnait un sentiment de plénitude, leur apportait du *flow* (ou «expérience optimale») et de la vitalité. En allant au-delà de la performance physique pour inclure les dimensions émotionnelle, relationnelle et spirituelle de l'acte sexuel, nous rejoignons une conception plus large de l'expression sexuelle pouvant développer le sentiment du moi, l'amour, la créativité et le bien-être. L'hédonisme peut motiver les gens à percevoir leur milieu intérieur et extérieur de manière plus stable. En élargissant nos structures de connaissance, l'eudémonisme peut nous motiver à nous comprendre nous-mêmes et à comprendre l'univers. L'expression sexuelle est un véhicule qui nous permet d'atteindre ce but, et une manière de donner à notre vie une plus grande complexité et une plus grande signification.

La conviction que l'expression sexuelle est une énergie stimulante, naturelle et affirmative de la vie, qui nous permet de nous respecter, de nous valoriser et de nous appartenir, nous permettra de mieux accepter les autres à un niveau plus profond. Mais surtout, dès qu'ils auront la permission et l'information nécessaires pour trouver leur moi sexuel optimal, les gens exigeront (et créeront) peut-être un meilleur système social, favorable à leur santé, à leurs choix relationnels et sexuels, à leur plaisir et au respect de l'autre, un système qui les aidera à exploiter pleinement leur potentiel en vue d'un but plus élevé.

Votre expérience de la sexualité est finalement votre propre création. Je vous conseille de donner à la sexualité une place essentielle et positive dans votre vie – c'est votre droit – et de créer ainsi les conditions pour intégrer votre sexualité à votre santé, à votre bien-être et à votre but dans la vie.

Les clés

→ **Reconsidérez l'expression sexuelle comme n'étant pas une chose à gérer ou à maîtriser.**

→ **Accueillez la sexualité comme un aspect essentiel de votre vie. Décidez d'élargir votre expérience, votre compréhension et votre application de cette merveilleuse énergie.**

→ **Si nous apprenons à nous respecter, à nous valoriser et à nous appartenir sur le plan sexuel, nous accepterons mieux les autres à un niveau plus profond.**

Cassie Robinson est psychologue positive et «pionnière créatrice». Elle détient une maîtrise en psychologie positive (MAPP) de l'Université de Londres-Est (Angleterre) et s'intéresse en particulier au potentiel social et à l'épanouissement social. Elle est chercheuse en innovation sociale, en design social et en psychologie à Londres.

«Si une chose peut vous rendre heureux, apprenez à l'aimer vraiment.»

Le pouvoir de l'amour

« We're heading for something. Somewhere I've never been. Sometimes I'm frightened. But I'm ready to learn. Of the power of love.» (Nous avançons vers quelque chose. Quelque part où je n'ai jamais été. Quelquefois j'ai peur. Mais je suis prête à apprendre. Du pouvoir de l'amour.) Des millions de gens connaissent ces paroles d'une chanson de Céline Dion, l'une des chanteuses les plus populaires du monde. Le professeur **José L. Zaccagnini** est d'accord avec elle. Il explore le réel pouvoir de l'amour, qui va bien au-delà des plaisirs escomptés.

Les trois choses que j'ai apprises

La première chose que j'ai apprise il y a une dizaine d'années, quand j'ai abandonné la psychologie cognitive pour étudier le bonheur, m'a beaucoup étonné. La philosophie et la psychologie populaire prétendent que tout le monde recherche «évidemment» le bonheur. Ce n'est pas vrai. Au cours de l'histoire, la plupart des gens ont été surtout préoccupés par leur survie. L'être humain en tant qu'espèce est programmé pour survivre et élever des enfants. Prêter attention au bonheur et en faire un but personnel n'est possible que dans les pays développés, où les besoins de base sont satisfaits, où les droits de l'être humain sont protégés, où il existe un système d'éducation, des services de santé publique et où les gens peuvent profiter de temps libres. Mais même dans la plupart des pays occidentaux, les gens ne réfléchissent pas à leur bonheur. **Ils préfèrent poursuivre toute leur vie des objectifs considérés dans notre culture comme «socialement désirables»**, notamment avoir un bon emploi, un bon partenaire et une bonne famille, beaucoup d'argent ou de pouvoir, et des plaisirs matériels (bons repas, sexe, sport, drogues, divertissements). La plupart ne prennent pas la peine de se demander si ces objectifs valent bien les sacrifices qu'ils (et d'autres) doivent faire. C'est là notre mode de vie occidental, mais les conflits qui éclatent dans notre vie quotidienne peuvent nous faire supposer qu'il est loin d'être parfait.

La deuxième chose que j'ai apprise, c'est pourquoi nos modèles culturels ne sont pas parfaits. La majeure partie des «objectifs culturels» ne garantissent pas un bien-être psychologique durable. Les recherches scientifiques montrent même qu'aucun d'entre eux ne nous rend heureux si nous ne savons pas comment l'aborder. Pour qu'une chose nous rende heureux, il faut l'aimer vraiment: non seulement la vouloir, ne pas pouvoir s'en passer ou sentir qu'on doit vraiment l'acquérir, mais l'aimer vraiment. Toutefois, se débarrasser des émotions négatives (ce qui arrive quand nous obtenons finalement une chose dont nous pensions avoir besoin), c'est autre chose que de cultiver des émotions positives (ce qui est possible uniquement quand nous aimons vraiment quelque chose ou quelqu'un). **Il ne s'agit donc pas seulement de ce que nous avons, mais aussi de la façon dont nous considérons ce que nous avons.** C'est ce qui fait toute la différence.

Le bien-être subjectif dépend donc plus étroitement de la personnalité (le regard que nous portons sur la vie) que d'autre chose. Certaines personnes obtiennent ce qu'elles veulent et ne sont pas heureuses, alors que d'autres n'obtiennent pas ce qu'elles veulent et sont tout de même heureuses. À ceux qui demandent au psychologue que je suis ce qu'ils doivent faire pour être heureux, je dis toujours: «Veillez surtout à ne pas vous aigrir en vous concentrant sur les mauvaises choses et en ne faisant pas attention aux bonnes.» Cela explique pourquoi les gens très riches ne sont pas forcément plus heureux que les gens moins riches, et pourquoi les gens puissants, beaux ou talentueux ne sont pas plus heureux que les autres. Même les pays riches ne sont pas plus heureux que les pays moins riches, à condition que, dans ces derniers, les droits de l'Homme soient respectés et que les moyens d'existence soient suffisants. Bref, notre mode de vie occidental n'est pas une garantie du bonheur.

La troisième chose que j'ai apprise dans mes recherches, c'est qu'il y a plusieurs manières d'arriver au bonheur. Ces manières se classent en trois grandes catégories.

→ La première consiste à essayer d'avoir une vie «agréable», où les émotions positives résultent de l'obtention de certaines choses ou expériences telles que de bons repas, des rapports sexuels, des voitures, des maisons, des yachts, des voyages, la musique, la danse et la détente. Certaines personnes sont dépendantes du plaisir, mais le plaisir

tiré de ce genre de choses n'est pas durable. Nous nous lassons vite et nous en devenons victimes. Il faut alors soit augmenter la dose, soit chercher un autre plaisir. Le bonheur et le bien-être qui résultent de cette catégorie sont donc clairement limités. Un célèbre philosophe espagnol a dit un jour que «bien que les médias présentent les plaisirs de la vie comme étant la voie vers la liberté et le bonheur, celui qui succombe à son désir de plaisirs n'est pas libre, mais esclave de son désir». Cette solution nous éloigne finalement toujours du bien-être psychique.

→ La deuxième catégorie de bonheur passe par l'engagement. Ici, les gens sont totalement absorbés par une activité ou un travail intéressant. Ils consacrent en général leur vie à l'art, au commerce, à l'amour romantique, à la littérature, à leur famille, à leur entreprise et, s'ils «aiment» vraiment ces activités, ils peuvent s'y adonner très longtemps. Une telle vie «engagée» apporte donc un bien-être psychique plus grand qu'une vie «agréable». Toutefois, cela signifie souvent que nous sommes trop concentrés sur nous-mêmes et que nous ne prêtons pas suffisamment attention aux choses situées hors de notre sphère d'intérêts, y compris à la plupart des gens qui nous entourent. Comme je l'ai entendu dire un jour dans un film, «être honnête avec soi-même ne justifie pas que l'on soit malhonnête avec les autres». Une vie engagée peut conduire au repli sur soi. Cela débouche à la longue sur une vie appauvrie, sans l'équilibre nécessaire au bien-être psychique.

→ La dernière grande option est de choisir une «vie pourvue de sens» ou une «vie éthique» où nous nous consacrons à «des valeurs liées à l'amélioration de la vie d'autrui». C'est l'option choisie par Gandhi, Mandela et Luther King, mais aussi par les parents qui s'engagent avec amour pour la vie et le bonheur de leurs enfants. En fait, cela inclut toutes les manières de se soucier des autres. Pour trouver du bonheur dans les soins que l'on prodigue, il faut ici aussi **ressentir un «amour» vrai pour les personnes dont on s'occupe.** Si on le fait uniquement par devoir (par exemple parce que Dieu nous l'«ordonne»), cela ne marchera pas. C'est pourquoi les gens croyants ne sont pas toujours plus heureux que les non-croyants. Des recherches empiriques montrent également que celui qui aime vraiment d'autres gens maximalise toujours son bien-être. En fait, c'est le message que les grands chefs spirituels comme Bouddha, Jésus et Mahomet ont propagé au cours de toute l'histoire de l'humanité. Psychologiquement parlant, notre conseil consiste à dire qu'il est nécessaire d'aimer les gens, non seulement parce qu'ils en ont besoin, mais aussi et surtout parce que vous en avez besoin vous-même pour être heureux.

Si l'on me demande comment être heureux dans la vie, mon conseil paraît toujours un peu paradoxal. D'une part, je renvoie à la vieille sagesse de l'oracle de Delphes: «Connais-toi toi-même.» Comme je le disais, vous devez «aimer» les objectifs auxquels vous consacrez votre vie. Toutefois, pour choisir ces objectifs, vous devez regarder profondément en vous-même et ne pas vous contenter de suivre ce que disent les autres. Imaginez vos objectifs et demandez-vous si vous pouvez vraiment les réaliser. Et surtout: demandez-vous combien d'efforts exigera de vous la réalisation de ces objectifs et comment vous vous sentirez une fois qu'ils seront réalisés. Vous sentirez-vous satisfaits? **Pour être heureux, vous devez apprendre à aimer votre vrai «moi» et votre propre vie** et non pas une image fausse que vous font miroiter les médias ou qui que ce soit. D'autre part, je vous conseille de regarder au-delà de vous-même, car la meilleure façon d'être heureux, c'est de vous consacrer aux gens qui vous entourent. Soyez conscient du bien-être que vous ressentez quand vous partagez avec d'autres une vie paisible et aimante. Soyez conscient que ce genre de bien-être est meilleur et plus sain que tout autre bien-être obtenu autrement.

Mon dernier conseil pour être heureux? Essayez de vous construire une vie dans laquelle vous faites ce que vous savez bien faire pour améliorer la qualité de vie d'autrui. Essayez chaque jour. Il y a un nombre infini de possibilités, à condition que vous aimiez ces possibilités comme des moyens d'expression de votre amour pour les autres. Il n'est sans doute pas facile de trouver sa voie, mais vous ne trouverez le bonheur que si vous suivez votre voie. C'est tout à fait normal, bien sûr, de trouver du plaisir dans sa vie et c'est bien d'avoir un travail enthousiasmant. Mais si vous ne pouvez pas relier ces éléments au bien-être positif d'autres gens (et éviter les effets négatifs sur leur vie), cela ne marchera pas. Ni pour vous, ni pour le reste du monde.

Les clés

→ **Vous trouverez votre bonheur en suivant votre propre voie.**
→ **Nous pouvons seulement accroître nos émotions positives en aimant quelque chose ou quelqu'un.**
→ **Connais-toi toi-même: appliquez cette sagesse au profit d'autrui. Essayez de construire une vie dans laquelle vous faites ce que vous savez bien faire pour améliorer la qualité de vie des autres.**

José L. Zaccagnini a étudié et travaillé à l'Université de Madrid. Actuellement, il est professeur de psychologie à l'Université de Malaga (Espagne). Il a étudié l'intelligence artificielle, développé des systèmes experts pour le diagnostic psychologique et publié des articles de psychologie cognitive. Depuis 1995, il fait des recherches en psychologie positive avec le groupe Cognition et émotion de l'Université de Malaga. Il s'intéresse en particulier à l'amitié et aux conflits émotionnels.

«Votre emploi du temps reflète vos choix.»

Le temps est notre ennemi

«Le temps est notre ennemi» et «Le temps est notre ami». Ces deux phrases sont connues dans les chansons. Dans le monde des affaires, la gestion du temps est un motif de consultation des plus fréquents, mais le temps ne se laisse pas gérer. La seule chose que nous puissions gérer, c'est notre propre activité. *«Time is a mustang that you cannot tame.»* (Le temps est un cheval sauvage qui ne se laisse pas dompter.) Au cours de ses recherches sur le bonheur, **Ilona Boniwell** a découvert à quel point le facteur temps est essentiel. Dans le fond, la chanson continue: *«Time is a wish, you can throw coins at a fish but you're still gonna have to feed it.»* (Le temps est un vœu, tu peux jeter des pièces d'argent au poisson, mais il te faudra encore le nourrir.)

Le temps est notre ami

Je m'intéresse beaucoup à la relation entre les gens et le temps, et à l'impact du temps sur notre bonheur et notre bien-être. De nos jours, le temps est un énorme problème. Peu de gens ont le talent nécessaire pour maintenir tout en équilibre. Diverses recherches

NO TEA TIME
BUT ME TIME

montrent que **la satisfaction quant à notre emploi du temps est l'un des principaux indicateurs de notre bien-être général.** Cela ne veut pas dire pour autant que nous devons tirer le maximum de chaque seconde pour être le plus efficace possible, mais que nous devons apprendre à être heureux avec le temps dont nous disposons. Et cela veut dire parfois qu'il faudrait travailler moins. La principale conclusion de mes recherches est qu'il est crucial d'avoir chaque jour un peu de temps pour soi. Les gens qui prennent du temps pour eux-mêmes sont en général plus satisfaits de leur emploi du temps. Ils trouvent plus facilement un équilibre entre le temps qu'ils se réservent à eux-mêmes et le temps qu'ils réservent aux autres, entre le temps pour les choses qui doivent être faites et le temps pour les choses qu'ils veulent faire. J'ai constaté aussi qu'il est très important de terminer «quelque chose» chaque jour. Nous sommes satisfaits du temps si nous achevons quelque chose. Ce n'est pas forcément énorme, il suffit déjà de finir une partie d'un grand projet. Finalement, seuls sont heureux ceux qui se sentent responsables de leur emploi du temps. Il est trop facile de rejeter la faute sur les autres: votre employeur, les nombreux courriels, le volume de travail, etc. Tant que vous ne prenez pas vous-même la responsabilité de votre emploi du temps, rien ne changera.

Consacrez-vous votre temps à ce que vous trouvez important ou avez-vous l'impression que le temps vous glisse entre les doigts sans laisser de trace? Votre emploi du temps reflète vos choix et forme une clé de votre bonheur.

Les clés

→ **Réservez chaque jour un peu de temps pour vous-même.**
→ **Terminez chaque jour quelque chose.**
→ **Prenez la responsabilité de votre emploi du temps.**

Ilona Boniwell (Université de Londres-Est, Royaume-Uni) est chef de programme des premiers diplômes postdoctoraux en psychologie positive appliquée (MAPP) en Europe. Elle est chercheuse et l'une des premières psychologues positives au Royaume-Uni. Elle a fondé le Réseau européen de psychologie positive, qu'elle a été la première à présider. Elle a organisé également la première conférence européenne de psychologie positive. Elle a été conseillère à la BBC2 pour la série *The Happiness Formula* et est l'auteure du best-seller *Positive Psychology in a Nutshell*. Elle donne régulièrement des conférences dans de nombreuses rencontres internationales.

La politique du bonheur

«On dit souvent que le bonheur est une chose très personnelle, que chacun doit trouver sa propre manière d'être heureux. C'est possible, mais je n'ai jamais étudié un sujet dont les résultats étaient aussi prévisibles», affirme **Mark Elchardus.** Il défie les responsables politiques de créer de nouvelles conditions pour «le plus grand bonheur du plus grand nombre». Ces conditions semblent être plus ou moins les mêmes pour tout le monde.

Le passage du traitement médical aux soins préventifs

Le bonheur d'un groupe de 4500 Belges s'est avéré extrêmement prévisible sur la base d'un certain nombre de variables avec lesquelles nous avons mesuré leurs conditions de vie, leur relation aux autres et leur disposition d'esprit. Dans cette recherche, nous avons évalué leur bonheur à l'aide de 36 questions, dont des questions générales sur la satisfaction de la vie, une série de questions spécifiques sur la satisfaction dans divers aspects de la vie (travail, famille, quartier, corps) et des questions sur leur état d'esprit au cours des deux semaines précédentes. La très forte prévisibilité du bonheur indique que, même si le sentiment de bonheur peut varier d'une personne à une autre, les conditions nécessaires au bonheur sont en grande partie les mêmes pour tout le monde.

Cette constatation ouvre des perspectives pour une politique orientée vers le bonheur. Cela ne veut pas dire, bien sûr, qu'un gouvernement peut ou doit prescrire le bonheur ou, pire encore, prescrire la manière dont nous devons être heureux. Ce genre de cauchemars est traité dans des romans de science-fiction comme *Le Meilleur des mondes* d'Aldous Huxley. La prévisibilité du bonheur permet d'établir un nouveau lien fructueux entre bonheur et politiques publiques. Nous pouvons nous attendre maintenant à ce qu'un gouvernement moderne mette en place les conditions nécessaires pour créer «le plus grand bonheur pour le plus grand nombre». Je pense que c'est la principale conclusion que nous pouvons tirer du regain d'attention pour le bonheur et la recherche scientifique sur ce sujet. Dans ce bref article, je présenterai les domaines politiques qui sont cruciaux pour une politique du bonheur.

Les facteurs qui expliquent notre degré de bonheur peuvent être classés en trois catégories: les autres, les circonstances (ou conditions de vie) et la sagesse.

Les autres sont essentiels à notre bonheur, mais non au sens existentialiste de la petite phrase de Sartre «L'enfer, c'est les autres». C'est plutôt le contraire. **L'enfer, c'est l'absence des autres.** La solitude est le principal ennemi du bonheur. Elle survient souvent par accident, à la suite d'un divorce, lors d'une maladie ou à la mort d'un partenaire. Même dans le malheur, les risques de solitude sont bien moindres si l'on dispose d'un large réseau social, si l'on est membre d'une association (n'allez pas seul au bowling) et si l'on a des loisirs hors de chez soi. C'est là que le gouvernement peut jouer un rôle. Il peut stimuler activement la vie associative, la vie de quartier, les loisirs et la vie culturelle, en somme ce qui rapproche les gens et renforce le tissu social. Autre argument en faveur d'une telle politique: des facteurs tels que l'affiliation à une association ou des loisirs hors de chez soi vont de pair avec un plus haut degré de bonheur, indépendamment du fait qu'ils réduisent les risques de solitude. Rien ne prouve que regarder la télévision rend les gens malheureux, mais on pourrait bien sûr consacrer le temps que l'on passe devant la télévision à faire des choses qui renforcent davantage le bonheur.

La santé est une condition importante du bonheur. Il est en effet plus difficile d'être heureux lorsqu'on est atteint d'une maladie chronique ou grave (bien sûr, direz-vous). Nous remarquons pourtant que les malades chroniques qui sont bien soignés par leur famille ou par des professionnels sont beaucoup plus heureux (ou moins malheureux) que les autres malades chroniques. Une politique orientée vers le bonheur a donc une double tâche: favoriser la santé et offrir des soins. La santé peut être favorisée par un mode de vie sain et une médecine préventive. Une politique du bonheur doit soutenir de telles mesures, surtout si elles sont adaptées aux personnes peu scolarisées. **L'écart de santé entre les personnes peu scolarisées et les personnes très scolarisées se creuse de plus de plus.** Il est dû surtout au mode de vie et non à l'accès aux traitements médicaux. Le bonheur

exige donc aussi que l'on mette moins l'accent sur l'aspect traitement et davantage sur l'aspect prévention. C'est là un grand problème dans la société européenne vieillissante, d'autant plus que cette évolution démographique va de pair avec un manque imminent de personnel soignant motivé et compétent. Ce défi est crucial pour une politique audacieuse, prévoyante et innovante orientée vers le bonheur.

La sécurité financière fait aussi partie des conditions inhérentes au bonheur. Le passage d'un revenu moyen à un haut revenu contribue (très) peu au bonheur. Le passage d'un haut revenu à un très haut revenu n'accroît plus du tout le bonheur. Il est donc très souvent vrai que l'argent ne fait pas le bonheur, mais le manque d'argent peut certainement rendre malheureux.

Le bonheur diminue très vite quand des gens habitués à un revenu suffisant se retrouvent dans une situation où ils ne peuvent plus joindre les deux bouts. L'insécurité économique, l'insécurité de l'emploi ou l'insécurité liée à l'incertitude du revenu à venir nuisent aussi au bonheur. Une politique du bonheur doit donc lutter contre la pauvreté et l'insécurité économique. Richard Layard a souligné le caractère égalitaire d'une véritable politique du bonheur, du simple fait qu'il est beaucoup plus facile de rendre plus heureux les gens malheureux que les gens déjà heureux. Puisque la pauvreté et l'insécurité financière sont si néfastes au bonheur, une politique du bonheur n'est pas seulement égalitaire, mais montre aussi une grande similarité avec celle des États-providence apparue en Europe du Nord-Ouest dans les années 1950.

La troisième condition importante est le temps. Celui qui subit la pression du temps est moins heureux. La pression du temps est inhérente aux années «chargées» (entre 25 et 50 ans): il faut bâtir sa carrière, fonder une famille, élever les enfants. La pression du temps provoque une «crise de la quarantaine». Les gens d'âge moyen ont tendance à être moins heureux que les jeunes de moins de 25 ans et que les gens de plus de 60 ans. **Ce qui frappe, c'est que la pression du temps a un impact beaucoup plus négatif sur le bonheur lorsque les gens aspirent à «en faire moins» ou à «ralentir leur rythme».** Ce rêve est souvent contrarié et la frustration qui en découle rend les gens malheureux. Les sociétés modernes doivent investir dans une politique du temps innovante, où le temps de travail, le temps pour la famille et le temps pour les loisirs sont répartis sur toute la vie de façon plus équilibrée et plus intelligente. Nous devons tenir compte ici du fait que l'espérance de vie dans les pays riches s'est considérablement accrue au cours des 50 dernières années.

Une politique du bonheur ne dégage personne de sa responsabilité individuelle. Même si les circonstances sont favorables, les gens doivent prendre conscience des chances qui leur sont offertes et les saisir. Dans des circonstances similaires, certains sont plus heureux que d'autres. Ces différences s'expliquent en grande partie par des dispositions d'esprit telles que la volonté et la détermination à rester maître de sa vie, un regard optimiste sur la vie ou l'aptitude à être satisfait de ce que l'on a (mais ni trop vite ni trop facilement). Cet état d'esprit que les Anciens appelaient «sagesse» est toujours applicable aujourd'hui, mais c'est un art difficile à maîtriser, un subtil exercice d'équilibre qui est le thème de nombreux livres, techniques, thérapies, avec lesquels nous tentons de faciliter la quête personnelle du bonheur.

Un moyen simple de soutenir cette quête est de comparer les gens heureux et les gens malheureux dont les conditions matérielles, l'état de santé, la pression du temps et la sagesse sont similaires. Quelle leçon pouvons-nous tirer de la manière dont les gens heureux mènent leur vie? La réponse est désarmante de simplicité et de trivialité: essayez de vous acheter une maison, demandez-vous si le besoin d'«en faire moins» ne cache pas simplement le désir de consacrer plus de temps à d'autres choses (sport, voyages, compagnie, lecture, jardinage, etc.), ne surchargez pas votre agenda déjà bien rempli. Faites régulièrement une pause. Dressez la liste de vos activités et demandez-vous si elles sont nécessaires et agréables. Supprimez tout ce qui n'est ni nécessaire ni agréable. Affiliez-vous à une association, prenez rendez-vous avec des amis, occupez votre temps libre à des activités, ne regardez pas trop la télévision. Chérissez vos amis et entretenez vos amitiés, ne limitez pas votre vie à une relation avec votre partenaire ou votre famille, même si cette relation ou cette famille est la plus belle et la meilleure chose qui existe au monde.

Les clés

- → **Les gouvernements doivent stimuler de manière active les associations et la santé, fournir des soins et lutter contre l'insécurité financière et la pauvreté.**
- → **Les sociétés modernes doivent investir dans une politique du temps «innovante», qui répartisse le temps de travail, le temps pour la famille et le temps libre de façon plus équilibrée et plus intelligente.**
- → **Demandez-vous si votre désir d'«en faire moins» ne cache pas simplement le désir de consacrer plus de temps à d'autres choses.**

Mark Elchardus est professeur de sociologie à l'Université de Bruxelles (Belgique). Il a écrit de nombreux articles et livres sur la sociologie et le bonheur. Il suit de près les récents développements en matière de dispositions d'esprit et de pensée, d'éducation et de médias. Il s'intéresse en particulier à la responsabilité sociale et politique.

«Nous ne sommes pas des victimes, mais des battants.»

Deux médecins à Mumbay

«Mes parents se sont installés à Mumbay quand j'avais un an, et j'y habite encore. J'aime cette ville, son énergie, sa vitalité, sa saleté, son bruit et sa circulation hors norme. J'ai souvent éprouvé un sentiment d'injustice devant le manque de soins de santé de qualité et abordables pour les pauvres. On a parfois l'impression qu'ils n'ont pas le droit de vivre.» Le docteur **Joshi Wasundhara** cherche le bonheur dans des circonstances difficiles. Il a commencé par deux de ses collègues.

Malgré tout ce qui arrive…

Ma passion, c'est les soins de santé urbains destinés aux pauvres. Mon rêve, c'est de vivre dans une société émancipée dans laquelle tout le monde aurait accès à des soins de santé de qualité et abordables. Pour le réaliser, je veux créer une organisation puissante, qui collabore avec le gouvernement et le secteur privé afin d'améliorer la santé des femmes et des enfants dans les villes indiennes. C'est une question de bonheur. Je n'ai pas fait de recherches sur ce sujet, mais une grande partie de mon travail est liée au bonheur des gens au travail.

Laissez-moi d'abord vous raconter l'histoire de deux femmes médecins. Ces deux pédiatres sont des survivantes, mais elles dégagent un niveau de bonheur et d'énergie si différent que j'en ai été frappé. Toutes deux sont nées dans une famille dite «normale» et ont été données en mariage; les mariages «arrangés» sont une tradition en Inde. Toutes deux ont été maltraitées par leur mari et ont supporté cette violence pendant de longues années avant de divorcer. Pendant ce temps, elles poursuivaient leur carrière. Actuellement, l'une d'elles a beaucoup de succès dans son travail; elle participe à de nombreuses activités et déborde d'énergie. L'autre a également du succès, mais elle a toujours un air mélancolique et semble ne pas accomplir tout ce qu'elle pourrait. Cette distinction a éveillé ma curiosité, alors j'ai décidé de les écouter attentivement.

J'ai ainsi pu percevoir une différence importante dans l'histoire que chacune racontait – à elle-même et au monde extérieur – à propos de qui elles étaient. L'une d'elles prenait du plaisir à travailler et se félicitait d'avoir vaincu ses difficultés. **Elle se considérait comme une battante qui ne se laisse pas démonter par les circonstances, comme quelqu'un qui prend son destin en main.** L'autre, par contre, se considérait comme victime des circonstances; elle croyait qu'elle était défavorisée par le destin et qu'elle était venue au monde pour souffrir. Elle se retrouvait dans l'image que son entourage se faisait d'elle, sans prendre conscience de qui elle était en réalité.

Comment se fait-il que certaines personnes acceptent leur destin, que d'autres s'en plaignent et que d'autres encore réussissent à le prendre en main et à en tirer le maximum? Je pose ces questions parce que je crois qu'elles permettent de définir qui est heureux et qui ne l'est pas. «Le bonheur n'est pas l'absence de souffrances.» Le bonheur, c'est ce que nous faisons malgré tout ce qui arrive. C'est pouvoir se féliciter de ce que nous sommes et de ce que nous faisons. C'est être capable d'accepter les malheurs, de voir les chances qui s'y cachent et de continuer en se félicitant d'avoir surmonté les difficultés. Le bonheur, c'est l'histoire que nous nous racontons à nous-mêmes.

J'habite à Mumbay, une mégapole démentielle, envahie de voitures, sale et surpeuplée selon certains, mais qui déborde de vie et d'énergie. Comme je travaille dans les hôpitaux publics, je suis en contact avec des médecins, des infirmières, des soignants, des préposés à l'entretien et des membres du personnel administratif. Les hôpitaux sont un peu comme la ville: démentiels et surpeuplés, écrasés par un système inefficace et des moyens insuffisants. Dans tous les services, on entend toujours le même refrain: «Le personnel n'est pas motivé. Que pouvons-nous y faire?»

Pour tenter de répondre à cette question, nous avons interviewé les quelques membres du personnel qui étaient motivés. Nous voulions savoir où ils puisaient leur enthousiasme dans un tel contexte. Ces gens voulaient faire quelque chose et réussissaient, tout en travaillant exactement dans les mêmes conditions que celles dont tout le monde disait qu'elles empêchaient d'effectuer correctement les tâches les plus simples. À nouveau, j'ai trouvé la même différence: **cela dépend de l'histoire que les gens racontent eux-mêmes sur ce qu'ils sont,** sur les circonstances où ils se trouvent, et leur conviction d'être assez forts pour faire quelque chose.

Ceux qui réussissaient se considéraient comme forts, en ce sens qu'ils étaient convaincus qu'ils pouvaient arriver à quelque chose. Ils refusaient d'être «victimes» et cherchaient toujours un moyen de contourner la bureaucratie ou d'y couper court. Un médecin m'a affirmé: «Quand j'entre dans un bureau pour obtenir quelque chose, je me dis que c'est mon droit de l'obtenir.» Un autre m'a déclaré: «Je ne renonce jamais. J'essaie de plusieurs manières, jusqu'à ce que j'obtienne ce que je veux.» S'ils se heurtent à un obstacle ou à un échec, ils persévèrent. Cette capacité de se concentrer sur ce qui réussit, sur ce qu'il y a de positif, est un moyen très efficace pour trouver le bonheur dans ce monde. Cela permet d'aborder toutes les souffrances dans la vie et, pourtant, de se sentir heureux. C'est l'objet de nos travaux dans les hôpitaux de Mumbay.

Le personnel hospitalier travaille dans le secteur des services. Mis à part les médecins (mais pas tous non plus), la plupart des membres du personnel ont très peu l'impression de contribuer au bien-être de la société. C'est la hiérarchie qui veut cela. Lorsqu'ils parlent de leur travail, ils ne parlent pas des vies qu'ils sauvent ou des gens qu'ils guérissent, mais du fait qu'ils doivent travailler dur sans recevoir une quelconque forme de reconnaissance. Et ils sont malheureux. Quand nous avons commencé à travailler avec eux, nous voulions leur faire découvrir leurs histoires héroïques, des histoires sur leur contribution à la guérison des patients hospitalisés. De telles histoires abondaient. Leur récit était souvent un processus très émotionnel. Si ce processus se déroulait au sein d'un grand groupe, un changement se produisait dans la perception de soi et des autres. Peu à peu, la valeur que les gens attachaient à eux-mêmes et aux autres s'est accrue et leurs histoires ont changé.

J'ai constaté que le groupe était plus heureux au travail après ce genre d'intervention. Mais nous devons encore résoudre deux problèmes: comment mesurer le bonheur et comment induire un changement qui soit durable? Le bonheur peut devenir un comportement acquis, à condition toutefois que nous soyons à l'écoute des histoires racontées dans les organisations (dans ce cas, les hôpitaux) et que nous mettions l'accent sur les bonnes histoires. Cela ne veut pas dire que nous devions nous taire sur ce qui ne va pas, mais nous devons certainement mettre un terme aux histoires «négatives» en éveillant les forces et les capacités de changement existantes.

On me dit parfois que mon idée est utopique. Cependant, quand on a constaté des changements, qu'on a soi-même expérimenté le bonheur et qu'on a vu les autres heureux, on ne peut en nier les bienfaits. **C'est peut-être la simplicité de l'idée qui la fait paraître saugrenue.** Nous croyons tous trop souvent que le bonheur est une chose compliquée, un lieu utopique où la souffrance et les problèmes n'existent pas. Pour ma part, je crois que le bonheur est à la portée de tous ceux qui le cherchent, ici et maintenant, et que la souffrance et les problèmes en font partie. Nous devons arrêter de chercher, nous devons prendre conscience de nos forces et trouver l'histoire qui va nous inspirer.

Les clés

- → **Le bonheur n'est pas l'absence de souffrance. C'est ce que nous faisons malgré tout ce qui arrive. Les gens qui réussissent se considèrent comme forts. Ils sont convaincus de pouvoir faire quelque chose pour réussir.**
- → **Le bonheur, c'est l'histoire que nous nous racontons à nous-mêmes et dans laquelle nous refusons de nous considérer comme victimes.**
- → **Quand le récit de ces histoires se déroule dans un grand groupe, un changement se produit dans notre perception de nous-mêmes et des autres.**

Joshi Wasundhara est titulaire d'un doctorat en pédiatrie du TN Medical College & Nair Hospital à Mumbai (Inde). Il a travaillé pendant 10 ans dans les services publics de santé à Mumbay et comme néonatologiste à l'Hôpital Sion. Il travaille actuellement pour SNEHA, une ONG dont il est le cofondateur. «Cela répond à notre désir de travailler hors des murs des hôpitaux, afin d'éviter que les mères et les nouveau-nés se retrouvent inutilement aux soins intensifs. Nous nous occupons directement de la santé des femmes et des enfants.»

«Ne pas obtenir ce qu'on désire,
c'est parfois un merveilleux coup de chance.»

Le bonheur est-il comme un papillon?

«Le bonheur est comme un papillon: quand vous le poursuivez, il ne se laisse jamais attraper, mais si vous savez vous asseoir sans bouger, il viendra se poser sur votre épaule.» On entend souvent ce genre d'adages. Combien de fois dans votre vie un papillon s'est-il posé sur votre épaule? Il y a une raison à cela: les êtres humains n'ont pas de nectar. **Sergiu Baltatescu** s'attaque à trois autres idées fausses.

Oui ou non?

→ **Le bonheur est-il toujours éphémère?**

Pour beaucoup de gens, le bonheur est un état temporaire (selon certains «une expérience paroxystique» [*peak experience*]), qui survient en quelques secondes et disparaît tout aussi vite. Selon une expression connue, «le bonheur ne dure jamais longtemps». Je ne suis pas d'accord. Les sentiments de joie ultime existent, mais le bonheur n'est pas une simple émotion. Il est de nature plus durable. Il varie en fonction de nos réussites et de nos échecs, et nous pouvons le cultiver en renforçant les bases de notre développement futur.

C'est pourquoi je parle de la «durabilité du bonheur». Tout comme nous commençons à comprendre que nous devons utiliser nos ressources naturelles de manière responsable afin de préserver notre bien-être collectif futur, nous devons investir individuellement dans notre bonheur à long terme en renonçant aux avantages à court terme qui sont nocifs à la longue. L'usage et l'abus de drogues, la désillusion face à soi-même, l'avidité matérielle sont des exemples de comportements néfastes au bonheur durable. Un effort continu vers une amélioration personnelle, la recherche de satisfactions culturelles et spirituelles, l'attention portée aux amis et à la famille et les comportements altruistes en général sont des ingrédients durables pour le bonheur à long terme. La base du bonheur durable peut aussi être sociale, par exemple en évitant de cultiver des émotions ou des comportements antisociaux tels que la xénophobie, l'intolérance religieuse et la consommation à outrance.

→ Sommes-nous programmés pour être malheureux?

Croyez-vous au déterminisme biologique du bonheur? Pensez-vous que nous sommes génétiquement programmés pour être malheureux? C'est justement le contraire. Quand j'observais ma fille encore bébé, j'étais étonné de la voir puiser de la joie dans chaque expérience. J'étais frappé de voir que nous sommes programmés, en effet, mais justement pour le bonheur. Nous confondons parfois l'objet de cet instinct positif essentiel avec la satisfaction de nos besoins immédiats, avec des choses dont nous pensons, à un moment donné de notre vie, qu'elles nous contenteront. Ce mode de pensée est funeste pour le bonheur. En effet, le bonheur est un objectif de vie, peut-être même le plus important de tous, mais nous changeons souvent d'avis sur la manière dont nous pouvons le réaliser. Un sage m'a dit un jour: «Rappelle-toi que le fait de ne pas obtenir ce que tu désires est parfois un merveilleux coup de chance.» Et bien que la joie et les réactions physiologiques qu'elle induit en nous soient universelles, les manières dont nous reconnaissons, ressentons et exprimons la joie sont très diverses. Peut-être que seule la prédisposition au bonheur est ancrée dans nos gènes et que sa réalisation concrète diffère fortement d'une personne à une autre. Par conséquent, si nous avons l'impression de ne pas avancer sur la voie du bonheur et si nous désespérons de voir se réaliser un jour cet objectif, nous devons prendre conscience que nous sommes tous très différents les uns des autres et que chacun de nous a ses propres valeurs, préférences et options personnelles. Nous devons chérir notre nature originelle qui est pourvue de sens, créative et ouverte à de nouvelles expériences. Nous devons prendre conscience qu'en général, ce ne sont pas les sentiers battus qui nous mènent au bonheur.

→ Le bonheur est-il purement individuel?

L'idée que le bonheur est purement individuel est très répandue à notre époque utilitariste et psychologique. Lorsque j'étudiais l'histoire du bien-être, je suis arrivé à la conclusion que le bonheur est une expérience commune. C'est une construction sociale bâtie par des groupes, des sociétés et des civilisations. Depuis notre plus jeune âge, nous intériorisons les critères externes avec lesquels nous interprétons notre vie et qui nous aident à ressentir de la satisfaction. Dans certaines sociétés, les enfants apprennent, par exemple, que la compétitivité est la clé du bonheur: «Le vainqueur empoche tout.» Dans d'autres cultures, la voie du bonheur consiste à servir les autres et à vivre en harmonie avec eux. Sans en être conscients, nous apprenons aussi comment ressentir et exprimer le bonheur. Chaque groupe et chaque société a ses propres «règles en matière de sentiments», une manière de reconnaître, d'interpréter et même de susciter les sentiments. Ces règles nous poussent, par exemple, à nous sentir heureux dans certaines situations stressantes (comme le jour de notre mariage). Nous pouvons aussi contenir notre sentiment de joie dans une situation inadaptée (comme un enterrement). En tant que membres d'une société, nous sommes sensibles également à l'opinion publique lors d'événements sociaux. Nous nous sentons plus heureux quand notre équipe nationale remporte la Coupe du monde et nous nous sentons tristes quand un leader respecté meurt prématurément. Notre bonheur dépend de nombreuses manières du bonheur de notre groupe ou de notre société. Cette idée doit nous encourager à participer à la société afin de contribuer au bien-être commun dont nous profitons à notre tour. Diverses recherches ont montré que les gens pauvres dans les sociétés riches sont mieux lotis que des gens riches ou aisés dans les sociétés pauvres, parce qu'ils profitent des infrastructures économiques et sociales créées par la richesse nationale: routes, santé publique, liberté, possibilités culturelles. Dans une société développée et ordonnée, l'humeur générale est optimiste, ce qui a une influence sur l'humeur individuelle. Le contraire est vrai aussi: il est difficile d'être heureux lorsqu'on fait partie d'un groupe ou d'une société malheureuse. Le bonheur est donc loin d'être purement individuel; c'est un bien commun qui peut être atteint et développé grâce à des efforts orientés vers la société.

Les clés

→ **Un comportement individuel et social positif rend notre bonheur durable.**
→ **Nous sommes programmés pour être heureux, mais la réalisation concrète de cet objectif dépend en grande mesure de notre créativité personnelle.**
→ **Nous sommes dépendants du bonheur des autres. L'altruisme est crucial pour notre bonheur.**

Sergiu Baltatescu est sociologue et professeur au Département de sociologie et de travail social de l'Université d'Oradea (Roumanie). Alors qu'il se destinait à une carrière dans l'informatique, il a été fasciné par les rapides changements sociaux en Roumanie, après la chute du communisme en 1989. Il est devenu sociologue et s'est concentré sur les changements culturels et la qualité de vie. Sa thèse de doctorat avait pour titre «Le bonheur dans le contexte social de la Roumanie postcommuniste». Il a étudié le bonheur au sein de groupes (adolescents, hommes, femmes, minorités, immigrants) et la variation du bien-être subjectif en fonction de la nationalité, de l'opinion publique, du sens de la justice et de l'exclusion sociale.

«Nous vivions tous ensemble sous le même toit: 24 personnes représentant 4 générations.»

Les liens familiaux

Le nombre des familles élargies a décru de manière considérable ces dernières années. Au pied de l'Himalaya, **Dev Raj Paudel** a vécu sous le même toit que 23 autres personnes, représentant 4 générations. C'est sa grand-mère qui lui a appris les leçons de la vie, une femme qui n'était pas allée à l'école, mais dont l'autorité n'était jamais discutée. L'influence des liens familiaux sur le bonheur.

Tous sous le toit de grand-mère

C'est presque un cas unique: quatre générations vivant sous un même toit à notre époque moderne. Cela surprend les étrangers. Mais pour moi, cette famille élargie a été une véritable source d'inspiration: nous partagions le logement, les biens communs, la nourriture préparée dans la même cuisine, et nous pratiquions la même religion. Quand je repense à cette période de ma vie, je me sens privilégié et heureux d'avoir eu une telle grand-mère. Je suis resté plus de 30 ans avec elle. C'est sans doute à cette époque que j'ai appris les leçons les plus importantes de ma vie. J'y ai vécu aussi mes plus beaux moments et mes plus heureuses expériences. Ce sont des souvenirs que je chéris encore. Avec elle à nos côtés, la vie était tout simplement étonnante. Elle nous a quittés l'an dernier à l'âge de 91 ans.

Au début, nous habitions dans un village où régnaient l'obscurantisme et l'illettrisme. Il était si isolé qu'il fallait marcher toute une journée d'un bon pas pour arriver à la ville. Les écoles étaient rares, mais ma grand-mère trouvait que mon père et mes oncles devaient étudier. Il y avait souvent de vives discussions sur la question de savoir s'il fallait consacrer ou non de l'argent à leurs études. Grâce à sa détermination inébranlable et à sa conviction, ses fils ont été les premiers du village à finir leurs études secondaires. Moi-même, j'ai eu la chance d'être le premier à terminer mes études secondaires avec la mention «Très bien». Aujourd'hui encore, je me demande comment elle avait compris l'importance de l'éducation, alors qu'elle n'était jamais allée à l'école (comme tous les autres villageois). Comment savait-elle? Quel exemple suivait-elle?

Bien qu'elle ait été illettrée, ma grand-mère a toujours réussi à maintenir l'harmonie familiale, ce qui n'est pas facile dans une famille élargie. Nous vivions à 24 dans la même maison, sous le même toit; 24 individus avec des histoires différentes, des dispositions d'esprit différentes et des priorités différentes. L'élément fondamental qui nous faisait garder notre bonne humeur et accepter la hiérarchie était l'autorité qui sous-tendait notre structure familiale. La manière dont elle nous a appris à partager, à faire des compromis, à nous entraider, à vivre ensemble et à respecter la liberté des autres a été déterminante pour nos valeurs et a cimenté nos relations. Même s'il semble inévitable que, dans une famille élargie, certains profitent des sacrifices que font d'autres pour préserver la bonne ambiance, le résultat final est **une situation où tout le monde est gagnant.**

Quelles sont les qualités qui faisaient de ma grand-mère un aussi bon chef de famille? La justice et les valeurs morales. Elle avait le sens de la justice dans le sang. Personne n'a jamais pu l'accuser d'avoir été partiale. Elle traitait tous ses enfants et ses petits-enfants de la même manière, même ceux qui ne respectaient pas les règles familiales. Une famille élargie ne peut fonctionner qu'avec un chef impartial. Ma grand-mère nous inculquait nos valeurs morales quand nous étions assis devant l'âtre après le dîner. Elle a éduqué ses enfants et ses petits-enfants à l'aide d'exemples tirés de l'école de la vie. Elle a tout fait pour que notre famille reste unie et elle a prouvé avec fierté qu'une famille élargie est la meilleure façon de vivre.

Les clés

→ **Les familles élargies nous apprennent l'importance de partager.**
→ **L'harmonie est basée sur une autorité juste et inspirante.**
→ **Les éléments de base des liens familiaux sont la justice et les valeurs morales.**

Dev Raj Paudel est fondateur et directeur du Capital College and Research Center à Katmandou, un collège rattaché à l'Université de Tribhuvan (Népal). Il est titulaire d'une maîtrise en sociologie et en foresterie. Ses recherches portent sur la gestion des ressources naturelles et l'enquête appréciative (liée à la psychologie positive).

L'aurore de l'amour

La vie d'Anastasia White se confond avec l'histoire de l'Afrique du Sud. Née dans une famille blanche, elle devient, à l'âge de 15 ans, activiste anti-apartheid dans l'aile armée de l'ANC. Après la libération de Nelson Mandela, elle fait campagne pour la paix et aide son pays dans la lutte pour la réconciliation en travaillant sur le respect et le pardon. **Anastasia M. Bukashe** parle aujourd'hui à sa fille du pot d'or caché au pied de l'arc-en-ciel.

Au pied de l'arc-en-ciel

C'est tôt le matin et j'attends le lever du jour. C'est un moment subtil, riche de possibilités murmurées. J'ai lu quelque part que «l'espoir est un oiseau qui sent venir la lumière et qui chante alors qu'il fait encore nuit». Tandis que j'attends l'aurore, les oiseaux commencent à chanter leurs mélodies annonçant le nouveau jour plein de promesses. C'est une bonne métaphore pour ma vie: attendre le bonheur, en espérant que ce que j'ai lu et entendu sur son existence soit vraiment vrai, en sentant qu'il peut arriver dans ma vie. Le matin possède une délicate fraîcheur, signe avant-coureur d'un recommencement et de la confiance dans le fait que la vie continue, indépendamment de qui nous sommes ou de ce qui est arrivé auparavant. L'aurore est un moment subtil: il y a les oiseaux, la fraîcheur nocturne qui peu à peu fait place à la chaleur, les traînées de lumière à peine perceptibles qui touchent le ciel. Et, soudain, le soleil est là, cette boule de feu rougeoyante qui apparaît à l'horizon pour saluer le monde.

Le bonheur, si difficile à définir ou à retenir, et si évident pourtant quand il est là! Il peut s'infiltrer doucement dans notre conscience comme une aurore, ou resplendir dans notre vie comme un soleil de midi. C'est la source de notre vitalité et de notre vie. C'est ce que nous cherchons, mais dont nous nous demandons souvent s'il existe vraiment. C'est justement le paradoxe. Le bonheur est essentiel et en même temps aussi insaisissable qu'un fantôme, en tout cas pour moi. **Je suis l'une des personnes qui voient le bonheur comme le pot d'or caché au pied de l'arc-en-ciel, mais qui, une fois arrivées là, constatent qu'il n'y a pas de pot.** Ce qui est ironique, c'est que l'on m'ait invitée, moi, à écrire sur le bonheur. Même mes amis ont éclaté de rire et se sont demandé ce que j'allais bien pouvoir raconter! En effet, si l'on jette un coup d'œil sur ma vie, on se demande ce que je peux savoir du bonheur. Mais peut-être que connaître l'absence d'une chose, c'est aussi connaître sa présence. Autrement dit, peut-être devais-je trouver le bonheur dans des lieux inhabituels et inconnus.

Ce qui est vrai, c'est la relation entre bonheur et amour. Ils sont inextricablement liés et ne prennent vie que s'ils se rencontrent. Une relation comparable existe en mécanique quantique où la recherche des composantes de l'Univers a fourni aux physiciens une moitié de réponse. Dans une tentative de déconstruire la matière et de découvrir le plus petit élément du cosmos, ils ont trouvé une «relation». L'essence d'une relation est contenue dans l'ancienne sagesse africaine d'*ubuntu*. *Ubuntu* signifie que mon humanité dépend de ton humanité. Autrement dit, **les gens sont les gens grâce à d'autres gens.** «J'existe parce que tu existes.»

L'amour a toujours été le thème de nombreuses formes d'art, de la quête individuelle et de nombreuses conversations, et c'est la pierre angulaire de toutes les traditions spirituelles. L'amour évoque des images de plénitude, de passion, de perfection, de réussite, de souffrance et de désir. Il est la montagne russe des émotions qui va jusqu'à nous couper le souffle, la récompense qui fait que l'effort vaut la peine. C'est à raison que l'on dit que l'amour et le bonheur sont des âmes sœurs, car ils sont aussi insaisissables l'un que l'autre. Quand nous les avons trouvés, nous nous sentons complets, mais dans nos tentatives pour les garder, nous les serrons si fort que nous les étranglons. La question est: pourquoi? Pourquoi sont-ils inséparables? Et pourquoi est-il si difficile de les garder?

Mon expérience m'a appris que le problème tient en partie à nos idées préconçues sur ce qu'est l'amour et sur ce qui nous rend heureux. Plusieurs années de recherches sur l'esprit humain ont montré que ces idées se sont formées au cours de nos premières années de vie. Cette période de formation engendre la création d'un certain nombre de voies neurologiques et détermine pour le reste de nos jours la manière dont notre cerveau

J'

EXISTE

parce que

EXISTES

TU

parce que

se développera. Bien qu'il soit possible d'y changer quelque chose, cela exige de gros efforts et beaucoup de soins dévoués de la part d'autres gens. Les idées préconçues débouchent sur une série d'attentes qui deviennent notre guide dans notre quête du bonheur et de l'amour, qui nous font prendre une certaine direction et nous font choisir un compagnon de route. Mais **ce guide est souvent un menteur qui nous mène sur les sentiers étroits de l'autodestruction** et des faux dilemmes irrésolus de notre enfance.

J'ai appris que le guide que nous devons suivre, c'est l'aurore, la douce voix subtile qui connaît notre vérité intérieure et son désir d'être accomplie, la douce voix subtile qu'étouffent les rigueurs de la vie et le conditionnement social, la douce voix subtile que nous devons écouter attentivement et qui doit être libre de dire qui nous sommes vraiment et ce qui nous rend heureux.

Pour entendre cette voix et découvrir ainsi le vrai trésor de la vie, nous devons entrer dans ce que les mystiques décrivent comme «la nuit obscure de l'âme»: l'anéantissement des limites de notre moi, la perte de ce que nous considérons comme vrai, l'oubli de qui nous sommes et de ce que nous savons. C'est un lieu de néant, appelé «nuit» justement parce qu'il n'y a pas de réponses et nulle part où aller. C'est une salle d'attente où seuls la patience et le passage du temps peuvent apporter les réponses que nous cherchons. Le secret que j'ai découvert, c'est que le trésor est en nous. L'amour que nous cherchons, c'est l'amour de nous-mêmes; le bonheur qui en découle résiste à tous les ravages de la vie. Si nous avons trouvé ce noyau, ce cœur en nous, il brille comme le soleil qui jette ses doux rayons sur notre vie et nous enveloppe tous de sa chaleur.

Maintenant que les premiers rayons hésitants de bonheur éclairent ma vie, je me demande s'il n'existe pas une voie plus facile. Quand je regarde ma fille, je prie qu'il en soit ainsi; que la nuit ne soit pas aussi longue et sombre pour elle, qu'il n'y ait peut-être jamais plus de nuit. Mais je prie aussi pour qu'elle poursuive sa quête, quelle que soit sa voie, car maintenant, je sais qu'il y a un pot d'or au pied de l'arc-en-ciel.

Les clés

- → **Il existe une forte relation entre bonheur et amour. Ils sont inextricablement liés et ne prennent vie que s'ils se rencontrent.**
- → **Les idées préconçues créent une série d'attentes qui deviennent notre guide dans notre quête du bonheur et de l'amour. Mais ce guide est un menteur. Écoutez plutôt la douce voix subtile de l'aurore et ses promesses de possibilités.**
- → **Le vrai trésor est en nous. L'amour que nous cherchons, c'est l'amour de nous-mêmes. Le bonheur ainsi acquis résiste aux ravages de la vie.**

Anastasia M. Bukashe (née Anastasia White) est une Sud-Africaine blanche, née dans une famille de militants anti-apartheid. Dans les années 1980, pendant ses études secondaires, elle était active dans le mouvement étudiant. À l'âge de 15 ans, elle est entrée dans l'aile armée de l'ANC – *Mkonto We Sizwe* (Fer de lance de la nation) et a suivi une formation militaire dans son pays. Vers 1990, l'Afrique du Sud a entamé une période de transition négociée vers la démocratie et la lutte armée a été suspendue. Le processus national de négociation a été entravé par de violents conflits entre des mouvements politiques locaux et l'État. À cette époque, Anastasia travaillait comme médiatrice et observatrice dans une tentative de maintenir le dialogue malgré les nombreuses victimes. En 1994, elle a travaillé pour l'Independent Electoral Commission, qui a organisé les premières élections démocratiques du pays. Elle a ensuite été affectée au nouveau ministère de la Sécurité pour aider à formuler et à mettre en œuvre la nouvelle législation policière. Elle a tenté notamment de réconcilier la police et les membres de la communauté qui avaient été ennemis durant la lutte.

«Les cinq grands facteurs sont la santé, la famille, la situation économique, le réseau social et les loisirs.»

Vivre vieux et heureux

Au niveau mondial, l'augmentation du nombre de personnes âgées de 80 ans et plus est exponentielle: de 2008 à 2040, cette tranche d'âge augmentera de 233%, comparativement à 33% pour la population totale. Dans certains pays industrialisés, près de 20% de la population aura plus de 65 ans en 2020. Quels effets ce changement démographique aura-t-il sur le bonheur des gens? **Fermina Rojo-Perez** et **Gloria Fernandez-Mayoralas** étudient cette question en Espagne.

Vieillissement et qualité de vie

Les gens vivent et vieillissent dans leur maison. Ce lieu qu'ils ont habité pendant des années et qui abrite leurs souvenirs de toute une vie est l'endroit où ils veulent vieillir. Même lorsqu'ils voient leur santé et leur autonomie décliner avec le temps, leur famille et leur réseau social se rétrécir ou leurs revenus baisser, les personnes âgées préfèrent rester chez elles ou vivre chez des membres de la famille auxquels elles sont le plus étroitement attachées. Il est rare qu'elles veuillent aller dans une maison de retraite. En Espagne, 17 % des gens ont plus de 65 ans et 98 % habitent toujours chez eux.

Ces dernières 20 années, nous avons examiné les conditions de vie du troisième âge dans le cadre de recherches sur la qualité de vie. Nous avons tenu compte du point de vue des personnes âgées elles-mêmes. Sur le plan scientifique, il n'existe pas de consensus général sur la signification exacte du terme «qualité de vie» ni sur celle du mot «bonheur». Néanmoins, ce dernier élément de mesure est utilisé, avec la «satisfaction dans la vie», comme indicateur pour mieux comprendre la situation des personnes âgées en ce début de XXIe siècle.

La qualité de vie est un concept touchant à plusieurs domaines. Autrement dit, c'est un concept multidimensionnel. Si l'on demande aux personnes âgées quels sont les aspects les plus importants de leur vie, les cinq premiers mentionnés sont: la santé, la famille, la situation économique, le réseau social et les loisirs. Elles mentionnent aussi, mais moins souvent: le bien-être émotionnel, les valeurs morales et la disposition d'esprit, la religion, l'environnement résidentiel, l'aide sociale et l'emploi.

Dans un modèle général basé sur le bien-être subjectif ou sur le niveau de satisfaction atteint dans chaque aspect, les principaux déterminants sont les suivants: le revenu mensuel total, le réseau local de voisins, l'état de santé général, les relations familiales, le lieu de résidence, l'apparence physique ou l'âge perçu, et le type de cohabitation. Pour chacun de ces déterminants, seul le score «très satisfait» a une incidence directe sur la qualité de vie globale, car la catégorie «très satisfait» est la seule à accroître la qualité de vie. C'est la seule manière d'expliquer la disparité apparente entre la satisfaction relativement basse des personnes âgées en matière de revenus, et son impact sur la qualité de vie. Sur le plan économique, les personnes âgées sont inquiètes et pensent que la société doit faire des efforts en matière de retraite, de santé et de logement.

Bon nombre des personnes ayant plus de 65 ans jouissent d'une assez bonne santé et sont autonomes. Ce sont les «jeunes retraités», les hommes et les membres des classes aisées qui ont le meilleur état de santé. Selon que les tâches domestiques sont comptées ou pas, l'aptitude fonctionnelle diffère en fonction du sexe. Les hommes s'avèrent moins capables si l'on compte ces tâches, non pas parce qu'ils en sont incapables physiquement, mais parce que, dans leur contexte socioculturel, ce sont surtout les femmes qui accomplissent ces tâches.

La cohabitation avec des membres de la famille – même si le ménage ne comprend que quelques personnes – et le réseau relationnel construit autour de la famille font en sorte que le domaine familial est une source de grande satisfaction. **La famille est précieuse non seulement en raison des sentiments qui lient ses membres, mais aussi parce qu'elle est un réseau d'aide mutuelle en cas de besoin.** C'est la première source de soutien et de soins pour les personnes âgées dépendantes. Les gens âgés accordent aussi beaucoup

d'importance aux relations avec leurs voisins, un réseau qui peut compléter le traditionnel réseau d'amis, ou même le remplacer.

La maison, le cœur de l'environnement résidentiel, est un autre facteur déterminant pour la qualité de vie des personnes âgées. Même quand une personne âgée se dit très satisfaite de son logement, qui a souvent été acheté à une phase antérieure de sa vie, il peut objectivement être considéré comme inadapté aux circonstances actuelles. Lorsque la personne en question ne veut pas ou ne peut pas déménager, par exemple parce que ses revenus ont baissé, des mesures peuvent être nécessaires pour réduire cette inadaptation.

Nous venons d'esquisser les principaux éléments scientifiques faisant partie des conditions qui influent sur la qualité de vie des gens du troisième âge. Dans une société qui a à cœur le bien-être de sa population, les institutions politiques et sociales doivent entreprendre des actions spécifiques à ce groupe de personnes afin qu'elles puissent vieillir chez elles. Pourtant, elles reçoivent encore trop peu d'aide pour effectuer leurs activités quotidiennes. C'est pourquoi nous voulons inciter les responsables politiques à faire le lien entre «vieillir chez soi» et «qualité de vie», étant donné que de mauvaises conditions de vie pourraient entraîner un placement non désiré dans une maison de retraite.

Les clés

- → **L'essentiel pour les personnes âgées est leur santé, leur famille, leur situation économique, leur réseau social et leurs loisirs. Leurs plus grandes satisfactions viennent de la famille, du réseau social et de l'environnement résidentiel.**
- → **Les personnes âgées veulent continuer à vivre chez elles ou chez des membres de la famille auxquels elles sont le plus étroitement attachées, ce qui souligne l'importance de la famille, des voisins et du logement personnel.**
- → **Les institutions sociales et politiques doivent mettre sur pied des programmes d'action spécifiques à ce groupe pour promouvoir le vieillissement chez soi.**

Fermina Rojo-Perez et Gloria Fernandez-Mayoralas sont toutes deux titulaires d'un doctorat en géographie. En tant que chercheuses, elles font partie du Groupe de recherche sur le vieillissement (RGA) du Conseil espagnol pour la recherche scientifique (CSIC) à Madrid (Espagne). Elles participent à une étude longitudinale multidisciplinaire sur le vieillissement en Espagne, en vue d'analyser les déterminants du vieillissement durant toute une vie. Elles s'intéressent à la qualité de vie des personnes âgées.

De minute en minute

Des gens des quatre coins du monde consignent sur un carnet d'activités ce qu'ils font et comment ils se sentent – de minute en minute. Le Centre for Time Use Research à Oxford analyse ces données. **Jonathan Gershuny** et **Kimberly Fisher** savent ainsi exactement quelles activités nous procurent du plaisir.

L'utilité quotidienne

Michael Argyle, professeur à l'Université d'Oxford, a dit en 1990 à ses étudiants: «Si vous voulez être heureux pour un jour: saoulez-vous; pour un an: mariez-vous, pour la vie: faites un jardin.» Le conseil peut légèrement varier en fonction des sensibilités culturelles, mais les différentes sortes de «bonheur» correspondant aux différents laps de temps indiquent que notre perception de la qualité d'une expérience se compose de plusieurs niveaux. Nous devrions utiliser des mots différents pour rendre les différentes significations – pour un jour: l'utilité; pour un mois (ou peut-être un an): le bonheur; pour plus longtemps: la satisfaction (ou le contentement). Nous nous concentrons ici sur l'utilité, sur le plaisir ressenti par les gens au cours d'une activité.

Dans nos recherches, nous employons des carnets d'activités structurés, tenus chaque jour de la semaine pendant un an par des personnes volontaires dans différents pays. Nous demandons aux gens de transcrire dans ce journal ce qu'ils sont en train de faire, s'ils font autre chose en même temps, avec qui et où ils sont, en évaluant le temps qu'ils consacrent à chaque activité. Les carnets d'activités sont un instrument pratique dans les recherches sur de nombreux sujets, allant de la manière dont les hommes et les femmes partagent le travail rémunéré et les tâches ménagères non rémunérées, aux changements dans l'équilibre entre vie et travail, et dans ce qu'ils font seuls ou avec d'autres.

SI VOUS VOULEZ
ÊTRE HEUREUX
POUR UN JOUR,
SAOULEZ-VOUS,
POUR UN AN,
MARIEZ-VOUS,
POUR LA VIE,
FAITES UN JARDIN.

Nous avons examiné des données des États-Unis et du Royaume-Uni. De récentes données de la France ont fourni des résultats similaires. Les gens apprécient le plus les loisirs hors de la maison. **Bien qu'ils passent une bonne partie de leur temps devant la télévision, ils apprécient moins cette activité que les autres activités de loisirs.** Les gens préfèrent en général le temps libre au travail rémunéré. Rien d'étonnant à ce qu'ils placent tout en bas de la liste les tâches ménagères (avec les trajets quotidiens et les transports). Jusqu'à un certain point, les gens sont plus contents lorsqu'ils disposent de davantage de temps pour des activités qu'ils aiment, mais dès qu'ils vont au-delà, les minutes supplémentaires consacrées à cette même activité peuvent les rendre moins satisfaits (les pourcentages aux États-Unis et au Royaume-Uni sont comparables). Si le temps total consacré à une activité augmente, l'utilité des loisirs baisse plus fortement que l'utilité des autres activités.

Les hommes et les femmes aiment ou détestent la plupart des activités de manière comparable, à quelques exceptions près. Les femmes tirent plus de plaisir d'activités faites à la maison et moins de la garde des enfants que les hommes. Cela s'explique par le fait qu'en matière de garde d'enfants, les femmes s'acquittent des tâches routinières moins agréables, alors qu'aux États-Unis et au Royaume-Uni, les hommes se chargent surtout des tâches interactives (lire des histoires, faire du sport, aider aux devoirs). Tous les parents trouvent les tâches interactives plus satisfaisantes que les tâches routinières.

Les carnets d'activités couvrant des dizaines d'années indiquent des changements dans la routine quotidienne. Ce que les gens ressentent en faisant ce qu'ils font révèle leur satisfaction face à ces changements. Par exemple, les membres de la famille sont plus heureux lorsqu'ils parlent de ce qui se passe à la maison que de la voiture.

Sur la base des carnets d'activités, nous pouvons déterminer l'utilité totale que tire un échantillon représentatif de la population, dans une période donnée, des diverses activités entreprises – en multipliant le temps passé à une activité par le score de bonheur correspondant. Nous pouvons ensuite calculer une utilité nationale (National Utility Account), score qu'Alan Krueger et Daniel Kahneman, les auteurs faisant autorité dans ce domaine, ont appelé le National Time Accounts. **En général, l'utilité totale est restée assez stable au cours de ces dernières années.** Cela signifie-t-il que le bonheur est resté constant durant cette période? C'est difficile à dire. Il peut être très désagréable de devoir aider jour après jour des adolescents bougons à préparer leurs examens, mais nous pouvons nous sentir heureux une fois les examens passés, et ressentir à long terme la satisfaction d'avoir aidé nos enfants à traverser une étape difficile de leur vie.

L'utilité totale n'explique qu'une partie de l'histoire. Depuis les années 1960, les femmes aux États-Unis et au Royaume-Uni ont réduit leur temps de travail non rémunéré de faible utilité et leur temps de sommeil de forte utilité. Elles passent maintenant davantage de temps à faire du travail rémunéré, activité d'utilité marginalement plus forte, et à regarder la télévision, une activité d'utilité plus faible. On ignore encore s'il existe un mécanisme qui régule automatiquement l'équilibre dans ces changements sur le plan de l'utilité. Diverses études récentes cherchent à mieux expliquer l'influence des changements d'activités et d'utilité sur le bien-être.

Des mesures gouvernementales et des stratégies d'entreprises peuvent stimuler la croissance économique et rendre les gens plus heureux, mais certaines mesures favorables à l'économie vont à l'encontre de ce qui rend une vie agréable. Pour pouvoir juger pleinement de l'impact des mesures sur la qualité de vie, les responsables politiques doivent utiliser non seulement des instruments de mesure traditionnels, mais aussi des instruments qui mesurent le bonheur et l'utilité des gens, ainsi que de leurs activités quotidiennes. Les gens doivent rappeler aux responsables politiques et aux entrepreneurs que c'est le bien-être qui importe, et pas seulement l'argent.

Les clés

- → **Les différentes sortes de «bonheur» correspondant aux différents laps de temps indiquent que la qualité d'une expérience se compose de plusieurs niveaux – pour un jour: l'utilité; pour un mois (ou peut-être un an): le bonheur; pour plus longtemps: la satisfaction (ou le contentement).**
- → **La plupart des gens tirent le plus de plaisir des loisirs hors de la maison et le moins des tâches ménagères. Si le temps total consacré à une activité augmente, l'utilité des loisirs baisse plus rapidement que l'utilité des autres activités.**
- → **Les gens doivent rappeler aux responsables politiques et aux entrepreneurs que c'est le bien-être qui importe, et pas seulement l'argent.**

Les deux auteurs travaillent pour le Centre for Time Use Research (CTUR) de l'Université d'Oxford (Royaume-Uni). Le CTUR a lancé et gère le projet MTUS (Multinational Time Use Study), la plus grande base de données transnationales et dans le temps, issues de recherches basées sur des carnets d'activités. Jonathan Gershuny est professeur de sociologie, membre de la British Academy, directeur du CTUR et ancien président de l'Association internationale pour la recherche sur les emplois du temps (IATUR). Kimberly Fisher est coordinatrice du MTUS et des ressources Internet du CTUR.

Une bonne vie

«Individuellement, nous devons chercher à mener une bonne vie et non une vie heureuse. Collectivement, nous devons vouloir une société juste, et non une société heureuse. Et c'est seulement si nous sommes chanceux que ces efforts rendront notre vie, et donc notre société, plus heureuse. Mais ce n'est pas une garantie.» **Philippe van Parijs** se demande: «Pourquoi pas? Et cela change-t-il quelque chose?»

Un effet secondaire bienvenu

Comment pouvons-nous rendre nos sociétés plus justes? Comment pouvons-nous les rendre plus heureuses? La justice et le bonheur ne sont-ils pas deux choses étroitement liées? Dans de nombreux domaines, oui. Par exemple, si nous voulons rendre notre société plus juste, nous devons assurer à chacun une sécurité matérielle minimale. Cela évitera bien des soucis à ceux qui mènent une existence précaire. Une société plus juste met un terme aux privilèges scandaleusement injustes et atténue le ressentiment, l'indignation et la colère qui gâchent la vie de ceux qui n'ont pas ces privilèges.

Et pourtant, rien ne prouve qu'une société aussi juste que possible serait une société aussi heureuse que possible. Une plus grande justice nous oblige peut-être à prendre aux gens privilégiés certaines choses auxquelles ils sont habitués (et qui leur manqueront beaucoup), et de transférer ces «richesses» (sous quelque forme que ce soit) à d'autres gens objectivement moins privilégiés mais plus heureux, parce qu'ils ont adapté leurs désirs à leurs modestes moyens. Une plus grande justice signifie aussi une égalité des chances. En 1949, Samuel Stouffer a constaté cependant dans son *American Soldier* un phénomène que des recherches sociologiques ont confirmé plus tard: donner plus de possibilités d'ascension sociale à un groupe qui en était privé peut déclencher une dynamique de manque relatif et finir par créer plus d'insatisfaction qu'auparavant, tant dans le groupe qui a obtenu plus de possibilités que dans le groupe qui en a perdu.

Autrement dit, être malheureux est lié à l'écart entre ce que nous avons et ce que nous désirons, alors que l'injustice est liée à l'écart entre ce que nous avons et ce à quoi nous avons droit en toute justice. En général, il n'y a aucune raison de supposer que le désir de quelqu'un coïncide par définition avec ce à quoi il a droit en toute justice. **Il n'est donc pas étonnant qu'en faisant disparaître l'injustice – comme c'est notre devoir –, nous puissions créer plus de malheur.**

Ainsi, il n'est pas judicieux de faire du bonheur maximal un objectif collectif. Il serait plus logique de faire du bonheur maximal un objectif individuel, mais dans les limites imposées par des règles collectives justes. Il y a deux méthodes – et seulement deux – selon lesquelles chacun de nous peut essayer d'être plus heureux: rapprocher ce que nous avons de ce que nous désirons, ou rapprocher ce que nous désirons de ce que nous avons. Aucune de ces deux méthodes ne concerne uniquement les biens matériels. Toutes deux sont utilisables aussi bien pour notre appétit de consommation que pour nos aspirations philanthropiques. Toutes deux sont utilisables aussi bien pour notre soif de pouvoir que pour nos désirs sentimentaux.

Quelle que soit la méthode choisie, nous devons d'abord et surtout nous demander si le bonheur est vraiment notre but dans la vie. Et ce n'est pas le cas. Notre objectif devrait être de mener une bonne vie, une vie qui, si nous y réfléchissons bien, est «bonne» selon nos propres normes. **Peut-être connaissons-nous quelqu'un que nous méprisons, mais qui, pourtant, mène ou a mené une vie assez heureuse.** Peut-être y a-t-il des gens que nous admirons et qui, pourtant, mènent ou ont mené une vie assez misérable, qui essaient ou ont essayé sans cesse d'atteindre l'inatteignable. Il y a des tas d'exemples d'artistes rongés par l'angoisse, de rebelles héroïques qui se perdent eux-mêmes et leur famille en s'opposant vainement à une situation à laquelle leurs voisins se sont adaptés en souriant. Le bonheur n'est pas ce qui rend notre vie bonne en termes de nécessité morale ou conceptuelle. Mais le bonheur peut très souvent être une composante ou parfois un «effet secondaire» du fait que nous menons une vie que nous jugeons bonne.

Le bonheur nous aide à mener une bonne vie parce qu'il nous rend plus forts. La frustration, l'envie, la déception, le désespoir et le chagrin nous affaiblissent. Il est donc utile d'essayer de diriger notre psychisme afin d'éviter ce genre de sentiments, non seulement pour rendre notre vie plus heureuse, mais aussi pour la rendre meilleure.

Par exemple, il est sage d'échapper à la «fièvre du luxe», cette course destructrice à la consommation matérielle de plus en plus excessive, en développant un goût plus sobre nous permettant de mener une vie heureuse en dessous de nos moyens. Dans le même esprit, **nous devons apprendre à transformer nos revers en possibilités.** Nous devons apprendre à oublier nos échecs et nos erreurs – sauf pour en tirer les leçons et ne plus refaire les mêmes fautes – et regarder vers l'avant au lieu de perdre notre temps en regrets

inutiles. Nous devons apprendre – surtout à partir d'un certain âge – à accueillir chaque nouveau jour comme un cadeau de la vie. Nous devons apprendre à accepter les choses que nous ne pouvons pas changer comme étant la dure réalité, y compris l'inéluctabilité de notre mort. Nous devons apprendre également à utiliser le pessimisme comme une recette de bonne humeur: si nous modérons nos attentes positives et si nous exagérons nos prédictions négatives, notre vie sera pleine de surprises agréables.

Ces diverses manières de faire nous permettent d'éviter le malheur qui épuise et de continuer à cultiver l'espoir, l'équilibre et l'enthousiasme dont nous avons besoin pour faire les petites et grandes choses qui améliorent notre vie. Inversement, le bien dans notre vie peut contribuer à notre bonheur. Peut-être n'est-il pas si important que notre vie soit moins heureuse que ce qu'elle aurait pu être, pourvu qu'elle soit bonne, ou la meilleure possible, selon nos propres critères. En essayant de rendre notre vie aussi bonne que possible, nous gagnons une tranquillité d'esprit, une sérénité que nous n'aurions pas autrement. Si du moins certaines conditions sont remplies. Pour atteindre ce genre de bonheur, nous devons peut-être considérer l'œuvre de notre vie comme une contribution à quelque chose qui transcende les limites de notre propre personne éphémère, que ce soit une famille ou une cause, une organisation ou une communauté, quelque chose à quoi nous consacrons une part de nos soins, une part de nos efforts et une part de nos moments heureux et moins heureux. Beaucoup de choses qui rendent notre vie bonne ne seront visibles ou achevées que quand nous ne serons plus là. Nous ne le saurons donc pas. Mais nous pouvons espérer. Et dans ce cas, nous pouvons trouver le bonheur. Non pas parce que nous le cherchions, mais parce que c'est un «effet secondaire» bienvenu des actions que nous pensions devoir faire.

Les clés

- → **Individuellement, nous devons chercher à mener une bonne vie, et non une vie heureuse. Collectivement, nous devons vouloir une société juste et non une société heureuse.**
- → **Il y a deux méthodes – deux seulement – selon lesquelles chacun de nous peut essayer d'être plus heureux: rapprocher ce que nous avons de ce que nous désirons, et rapprocher ce que nous désirons de ce que nous avons.**
- → **Notre objectif doit être une bonne vie, une vie que nous pouvons considérer, si nous réfléchissons bien, comme bonne selon nos propres critères. Le bonheur peut être un effet secondaire bienvenu de cette bonne vie.**

Philippe van Parijs (chaire Hoover d'éthique économique et sociale, Université de Louvain à Louvain-la-Neuve, Belgique) a étudié la philosophie, le droit, l'économie politique, la sociologie et la linguistique à Bruxelles, à Louvain, à Oxford, à Bielefeld et à Berkeley. Il est titulaire d'un doctorat en sciences sociales et en philosophie et a été professeur invité dans des universités du monde entier. Il a publié de nombreux articles et ouvrages dont le plus récent s'intitule *Linguistic Justice for Europe and for the World*. Il est cofondateur et président du Basic Income Earth Network. Un timbre-poste belge lui a été consacré en reconnaissance de ses précieux travaux de recherche scientifique.

«Une organisation est un miracle à saisir, plutôt qu'un problème à résoudre.»

Après le tsunami

«Une organisation est un miracle à saisir, plutôt qu'un problème à résoudre.» C'est l'idée de base d'une enquête appréciative *(appreciative inquiry)*, un processus développemental basé sur les conclusions de la psychologie positive. **Maulolo T. Amosa** applique cette méthode pour aider à reconstruire une petite île de l'archipel des Samoa frappée par le tsunami.

La manière positive

Dans l'archipel des Samoa, environ 2500 des 181 000 habitants vivent sur une petite île appelée Manono, dont la superficie ne dépasse pas 3 kilomètres carrés. Cette île est unique en son genre, car ses résidants la présentent fièrement comme étant l'un des très rares endroits où l'on suit encore le mode de vie traditionnel des Samoans. On n'y rencontre ni véhicules ni chiens. Trois heures suffisent pour faire le tour de l'île à pied, sur un étroit sentier. La population vit surtout de la pêche et de quelques produits agricoles. En 2009, les trois quarts de l'île ont été dévastés par le tsunami qui a frappé l'archipel. Bien que moins de 200 personnes aient péri dans cette catastrophe naturelle, le nombre des victimes était assez élevé pour traumatiser la population locale.

Cinq mois plus tard, nous avons conçu avec l'ONU un programme conjoint pour l'île de Manono. Ce programme visait l'implantation d'un plan villageois pour permettre à l'île de se remettre de l'impact du tsunami. Comme nous nous y attendions, le premier jour nous avons lu sur les visages des sentiments mitigés vis-à-vis de notre mission. Cependant, après notre première journée d'interaction avec les villageois, en appliquant l'approche de l'enquête appréciative, des signes d'espoir sont peu à peu apparus, signes qui se sont bientôt reflétés dans notre dialogue. L'engagement manifesté par les quatre villages de Manono témoignait du profond désir de renaissance sociale et économique dans tous les aspects de la vie de l'île.

L'approche positive était adaptée à la situation, car elle stimulait l'estime de soi des habitants de l'endroit, remontait leur moral et élevait leur niveau d'automotivation. Plus important encore, la méthode positive de l'enquête appréciative insistait sur le fait qu'il faut s'aider soi-même au lieu de compter sur l'aide des autres. De cette manière, la durabilité peut être assurée. La méthode met en effet l'accent sur les forces qui sont en nous et qui doivent être activées et utilisées.

Finalement, nos efforts ont été récompensés et un plan villageois a été adopté. Le moment le plus émouvant pour nous a été quand le groupe de jeunes de l'île a présenté Manono comme un lieu où l'on pourrait continuer à vivre dans la paix et l'harmonie.

Lors de la clôture de notre atelier de trois jours, les femmes chantaient des chants en souvenir des temps heureux d'avant le tsunami, mais aussi en signe d'espoir d'un avenir meilleur. Pour nous, cela a été des instants de joie et de bonheur, car nous avons pris conscience que nous avions donné une petite parcelle d'espérance à cette île des Samoa si durement frappée.

Les clés

- → **Engageons un dialogue et créons du sens en échangeant des exemples de réussites concrètes.**
- → **Mettons l'accent sur les forces de chaque personne impliquée dans l'organisation.**
- → **Rêvons notre avenir ensemble et dressons un plan de nos priorités en nous basant sur les ressources des personnes impliquées.**

Maulolo T. Amosa travaille pour le ministère de la Femme, de la Communauté et du Développement social de Samoa, et met en application les méthodes de l'enquête appréciative.

Enquête appréciative

Les principes de la psychologie positive peuvent aussi être appliqués avec succès aux organisations. L'enquête appréciative est une discipline qui gagne en popularité et qui défend une approche positive des entreprises, des associations, des services de santé publique, des écoles, des gouvernements locaux et autres organisations. Le point de départ de cette méthode est que les organisations doivent continuer à construire sur ce qui fonctionne bien au lieu de tenter de réparer ce qui fonctionne mal. Donc, au lieu de se concentrer sur les lacunes et les défauts, l'enquête appréciative cherche à accentuer et à renforcer les prestations extraordinaires fournies de façon à harmoniser certains points forts.
Cette approche ouvre de nouvelles perspectives, car l'enquête ne s'arrête pas dès qu'un problème spécifique est résolu, mais continue à poser la question: «Comment être nous-mêmes en mieux?» Cette approche reconnaît la contribution de chaque individu de manière à augmenter la confiance et la structure organisationnelle. L'enquête appréciative crée du sens en puisant dans des exemples de réussites concrètes et se prête à des activités sociales transindustrielles.

Les créateurs de la méthode sont David Cooperrider et Suresh Srivastva, deux professeurs universitaires en management. L'idée de base est celle-ci: les organisations changent dans la direction des questions qu'elles se posent. Quelqu'un qui pose des questions sur des situations problématiques ou des difficultés trouvera toujours «plus de cela». Selon la théorie de l'enquête appréciative, si une organisation essaie d'apprécier ses aspects les meilleurs, elle trouvera «de plus en plus ce qui est bon». La méthode utilisée doit être élogieuse, efficace, stimulante et collective. Le cycle comprend quatre phases: la découverte (ce qui fonctionne bien), le rêve (sur ce qui fonctionnera dans l'avenir), la conception (les plans et les priorités) et la destination (la mise en œuvre).

«Éteignez la télévision,
zappez vers le bonheur.»

La fièvre de l'abondance

La Norvège est l'un des principaux fournisseurs de pétrole et de gaz dans le monde. Son PIB et l'ampleur de ses fonds de retraite font des envieux. **Reidulf G. Watten** a remarqué toutefois que la société norvégienne est touchée par la «fièvre de l'abondance» et illustre assez bien le *paradoxe du bonheur* – le lien entre bonheur, richesse et revenu, lien très faible selon de nombreuses études effectuées dans le monde entier. Le pétrole et le gaz ne suffisent pas au bonheur.

Être, sens, beauté et… dignité

L'*Homo economicus* offre une image incomplète de l'être humain. En se basant sur des données du Norwegian Monitor (NM), Ottar Hellevik, un spécialiste en sciences politiques de l'Université d'Oslo, nous dévoile des facettes moins connues de la vie en Norvège ces dernières années, et de la société norvégienne en général. Le NM est une banque de données unique en son genre, tant par sa méthodologie (une série d'enquêtes biennales) que par la taille de l'échantillon (de 2200 à 4000 répondants par enquête). Le NM couvre les années 1985 à 2007 et porte sur divers domaines, dont le bonheur, le comportement politique et l'orientation des valeurs. L'échantillon interrogé est représentatif de la population âgée de plus de 15 ans.

Durant la période 1985-2007, le revenu et le bien-être matériel se sont considérablement accrus en Norvège, mais le niveau de bonheur ne présente pas d'amélioration comparable. Il semble que la tendance de la fin du dernier millénaire à donner priorité aux revenus et aux biens matériels ait eu un effet négatif sur le bonheur, mis à part une légère hausse de 2001 à 2007. Voici d'autres constatations importantes:

- Il n'y a pas de lien entre le bonheur et le lieu de résidence, qu'il s'agisse d'une petite ou d'une grande ville, ou de la campagne.
- Les valeurs politiques ont peu d'importance.
- Le niveau d'instruction et d'autres facteurs caractéristiques du mode de vie, tels que boire ou fumer, ne contribuent pas au bonheur.
- Des facteurs matérialistes modernes, tels que regarder passivement la télévision, ont des effets négatifs. Plus les Norvégiens passent de temps devant la télévision, moins ils sont heureux.
- Certains aspects de la situation économique personnelle accroissent le bonheur. Ce n'est pas le niveau de revenu qui compte, mais la satisfaction subjective que procure ce niveau de revenu.
- Le bonheur va de pair avec notre satisfaction au sujet de notre santé et de notre corps.
- Les facteurs relationnels dans les domaines de l'«être» et du «sens» sont cruciaux: la satisfaction que nous procure notre famille, nos amis et nos voisins sont un critère important du bonheur.
- L'amour de notre travail compte plus que sa nature et son importance.
- La satisfaction que procure l'égalité socioéconomique, la confiance dans les institutions politiques et dans les autres, et l'existence de solides institutions sociales sont essentielles.
- Les facteurs existentiels, tels que la religion et les activités religieuses, sont en corrélation positive avec le bonheur: plus on est actif dans ce domaine, plus on est heureux.
- Des efforts physiques modérés et l'amour de la nature contribuent à notre bonheur.
- Plus nous participons activement à des activités esthétiques et culturelles (concerts, expositions, musées, théâtre, opéra), plus nous sommes heureux.
- Nos valeurs sont aussi liées à notre bonheur. Ces cinq dernières années, le NM a mis en lumière un glissement intéressant dans les valeurs dominantes de la société norvégienne. Alors que les valeurs matérielles conduisent à moins de bonheur, les valeurs idéalistes accroissent le bonheur, indépendamment de l'âge, du sexe, de la classe sociale ou de

la situation économique. Les valeurs touchant aux relations socio-émotionnelles – se sentir près d'autres personnes – sont particulièrement importantes.

→ De la même manière, il existe une corrélation positive entre le bonheur et des valeurs telles que l'altruisme, l'antimatérialisme, l'épanouissement personnel et le respect de la loi.

Ces valeurs indiquent que le bonheur et la qualité de vie sont liés à des besoins psychologiques essentiels, tels que l'attachement émotionnel et social. Il semble crucial d'avoir des relations humaines intimes, d'être capable d'aimer la nature et d'apprécier la beauté, de «pouvoir respirer librement» et de disposer de possibilités sociales, économiques et culturelles pour développer son potentiel humain tout au long de sa vie. Toutefois, pour développer ce potentiel avec succès, il faut ajouter un facteur: la dignité humaine.
La philosophe américaine Martha Nussbaum a vivement défendu ce point de vue. Elle a énoncé 10 éléments nécessaires à la dignité humaine: la vie, la santé et l'intégrité corporelle, la possibilité de développer ses sentiments humains, la possibilité de penser et d'imaginer, les émotions, le raisonnement pratique, l'attachement à d'autres personnes et à d'autres êtres vivants, le respect de soi, la possibilité de jouer et la capacité à exercer une influence sur l'environnement politique et physique. Je suis convaincu que notre potentiel pour accroître notre bonheur et la qualité de notre vie ne peut se développer pleinement que si nous respectons davantage la dignité humaine dans la société.

Les clés

→ **Dans les pays riches, le fait de donner une grande priorité au revenu et aux biens matériels a un impact négatif sur le bonheur. L'«être» et le «sens» sont plus importants.**

→ **Les valeurs non matérialistes sont étroitement liées au bonheur: beauté, confiance, foi, relations socio-émotionnelles, etc.**

→ **Le potentiel de bonheur ne peut se développer pleinement que si nous respectons la dignité humaine.**

Reidulf G. Watten est professeur de psychologie générale au Département de santé, de sciences sociales et de psychologie du Lillehammer University College (Norvège). Ses recherches portent sur la qualité de la vie, la personnalité, la psychologie de la santé, la psychologie biologique et la perception visuelle. Il aime aussi la pêche, la chasse, le chant et la musique classique.

«Les huit composantes de base de la qualité de vie sont les mêmes partout, pour tout le monde.»

Les capacités des handicapés

«L'orange et le jaune sont des couleurs positives. Faites entrer ces couleurs dans votre vie. Laissez le bleu, le gris et le brun, car ce sont des couleurs qui vous rendent dépressif. Votre vie est au centre de la roue des couleurs, mais arrêtez la flèche sur les couleurs positives. Laissez le soleil briller dans votre vie!» Ces mots sont tirés d'un poème de Meagan Ipsen. **Ralph Kober** vous demande de relire ces mots, mais en sachant cette fois que leur auteur est une personne handicapée mentale. Il y a des millions de gens comme elle. Que savons-nous de leur bonheur?

Les couleurs positives

J'espère qu'en prenant conscience que ce poème a été écrit par une personne souffrant de déficience intellectuelle, vous allez reconsidérer tous les préjugés que vous pouvez avoir sur les capacités de ce genre d'individus.

Que savons-nous de la qualité de vie des handicapés mentaux?
La première chose que nous devons dire, c'est que les composantes de base de la qualité de vie sont les mêmes partout, pour tout le monde. Cependant, la valeur relative attachée à ces composantes peut différer d'une culture à une autre. Autrement dit, les aspects positifs

qui caractérisent une vie de qualité sont les mêmes en Chine qu'aux États-Unis, mais l'importance accordée à ces différents aspects peut différer. Deuxièmement, nous devons prendre conscience que ces composantes sont à la fois objectives (quantitatives) et subjectives (qualitatives). Troisièmement, nous savons que la qualité de vie dépend aussi de conditions à la fois personnelles (intérieures) et environnementales (extérieures). Finalement, sur la base de ces trois prémisses, il semble évident que la qualité de vie est une construction multidimensionnelle.

La majorité des chercheurs sont arrivés à la conclusion que la qualité de vie dépend pour tout le monde des mêmes huit composantes: développement personnel, autodétermination, relations interpersonnelles, inclusion sociale, droits, bien-être émotionnel, bien-être physique et bien-être matériel.

Pouvons-nous faire quelque chose pour améliorer la qualité de vie de personnes handicapées mentales? Très certainement. Bien qu'il existe des recherches détaillées sur le sujet, je me limiterai à trois facteurs. Premièrement, nous pouvons leur assurer un **logement adapté**.

Des recherches sur l'impact de la désinstitutionnalisation (le remplacement de grandes institutions résidentielles pour personnes handicapées mentales par de petits services au sein même de la communauté) ont indiqué que ce phénomène avait une influence positive sur leur qualité de vie. Deuxièmement, nous pouvons donner aux personnes handicapées mentales un **emploi adapté**. Tout comme pour les gens valides, l'emploi améliore leur estime de soi et leur qualité de vie. Pour les personnes qui souffrent d'une légère déficience mentale, un emploi à part entière (dans lequel la personne handicapée travaille dans un environnement ouvert, aux côtés de collègues non handicapés) crée une meilleure qualité de vie qu'un emploi protégé (dans lequel la personne handicapée travaille surtout avec d'autres personnes handicapées). On ne sait pas exactement comment l'emploi améliore la qualité de la vie. Est-ce l'emploi en soi ou est-ce le revenu plus élevé, ou est-ce (ce qui est probable) une combinaison des deux? Quelle que soit la réponse, la troisième mesure que nous pouvons prendre est **une augmentation du revenu** (ou de l'aide financière) des personnes handicapées mentales. L'étude que je suis en train d'effectuer semble indiquer qu'une augmentation même relativement faible du revenu (généralement bas) de ces personnes peut améliorer considérablement leur qualité de vie. Dans de nombreux pays, le gouvernement a déjà modifié sa politique dans ces trois domaines (logement, emploi et revenu), ce qui a bonifié la vie des handicapés mentaux: ils ne sont plus placés dans des établissements spécialisés, ils bénéficient de programmes d'aide spécifiques pour trouver un emploi et, dans certains pays, il est même interdit de les payer en dessous du salaire minimum légal.

Il serait négligent de ma part de ne pas mentionner dans ces lignes le nouveau domaine de recherches passionnant concernant les personnes handicapées mentales, à savoir la qualité de vie de la famille. Je veux parler ici de la qualité de vie de l'unité familiale comme un tout, par opposition à la «somme des qualités de vie» de chacun des membres de la famille. Vu l'importance du rôle que joue la famille dans toutes les sociétés, il est évident que la qualité de vie de la famille sera extrêmement importante dans la détermination de l'orientation de la future politique pour handicapés. Si un membre d'une famille est un handicapé mental, la dynamique familiale «normale» se déplace souvent en direction de cette personne. Ce changement d'orientation dans la dynamique peut avoir des conséquences néfastes sur le bon fonctionnement de la famille. Il est donc extrêmement important que nous comprenions mieux la qualité de vie de l'unité familiale. Une fois que nous l'aurons comprise, nous pourrons commencer à chercher des solutions pour améliorer cette qualité de vie, peut-être en offrant un soutien non seulement à la personne handicapée mentale, mais aussi à d'autres membres de la famille.

Alors que la vie des personnes handicapées mentales et de leurs familles s'est indubitablement améliorée au cours des dernières décennies, les recherches montrent malheureusement que la qualité de vie globale de la majorité de ces personnes et de leurs familles est toujours mauvaise, souvent même bien en dessous de la moyenne, ce qui est inacceptable. Il y a donc encore beaucoup à faire et c'est notre devoir à tous de garantir que cela soit fait. Grâce à l'énergie et à la passion de chercheurs et d'intercesseurs dans ce domaine, je suis convaincu qu'on y arrivera – un jour.

Les clés

→ **Les composantes de base de la qualité de vie sont universelles et s'appliquent à tout le monde, donc également aux personnes handicapées mentales.**
→ **Nous pouvons améliorer la qualité de vie des personnes handicapées mentales en leur fournissant un logement adapté, un emploi à part entière et un revenu plus élevé.**
→ **Nous ne devons pas nous concentrer uniquement sur la qualité de vie de la personne handicapée, mais aussi sur celle de l'unité familiale tout entière.**

Ralph Kober est professeur agrégé en comptabilité de gestion à l'Université Monash (Australie). Ses domaines de recherche sont à la fois la comptabilité de gestion et la qualité de vie des personnes handicapées mentales. Il s'est lancé dans les recherches sur la qualité de vie alors qu'il terminait son doctorat et il a publié des articles dans des revues spécialisées sur la qualité de vie, le handicap mental, et la comptabilité.

«Je suis ici, avec toi.»

La voix de vos parents

Des enfants heureux, c'est le vœu de tous les parents. Tous veulent connaître la formule magique qui garantira le bonheur de leurs petits. Le psychologue pour enfants **Peter Adriaenssens** a écrit de nombreux livres sur ce sujet. Sa recette? Acceptez l'enfant comme il est et enveloppez-le d'une sensation de chaude certitude. Le bonheur visible est la superstructure du bonheur inconscient qui découle de la promesse inconditionnelle des parents: «Je suis là pour toi, qui que tu sois, quoi que tu fasses.» La voix de vos parents est toujours avec vous.

Des enfants heureux

Le bonheur commence au moment où les parents décident d'avoir un enfant, et non au moment où ils découvrent qu'il est déjà en route. Parents et enfants seront plus heureux si le processus est conscient, c'est-à-dire si le couple choisit vraiment d'avoir un enfant, partage les joies et les soucis de la grossesse, donne autant de valeur à la naissance d'une fille qu'à celle d'un garçon, se réjouit de la nouvelle vie qui grandira et construira peu à peu son propre avenir. Si vous manifestez ces attitudes, vos enfants ne sont pas là juste pour veiller sur vous quand vous serez vieux, ils ne se sentiront pas forcés de reprendre l'entreprise familiale ou de réaliser la carrière sportive que vous auriez vous-même aimée.

Si vous manifestez ces attitudes, vos enfants grandiront dans une atmosphère d'amour et de bien-être, et non de violence ou de rejet. Si nous voulons qu'il y ait plus de gens heureux, nous devons mieux informer les futurs parents sur l'importance de «choisir» d'avoir un enfant. Car cela signifie que vous êtes prêts, en tant que parents, à tenir la promesse: «Je serai toujours là pour toi, qui que tu sois, quoi que tu fasses; tu pourras toujours compter sur mon amour, je ne t'abandonnerai jamais.» Inconditionnellement – cela veut dire: sans exiger que ce soit réciproque. «Avoir» du bonheur est pour l'enfant l'élément inconditionnel de cette promesse. **Le sentiment conscient d'«être» heureux se développe à partir de l'état inconscient d'«avoir» du bonheur.**

Est-ce naïf? Est-ce «gâter» son enfant? Non, car les recherches montrent que les enfants sont nés sans défense, en totale dépendance vis-à-vis des adultes. Si personne ne s'occupe de bébé, il meurt. C'est la dure réalité. Les enfants qui ont à manger, mais peu d'amour, se développent plus lentement, sont trop maigres et trop petits pour leur âge. Mais si le parent chérit le bébé, le caresse, lui parle, le nourrit, le chatouille, lui sourit, les deux découvrent la plus belle chose qui existe: l'empathie et l'attachement pour toute la vie entre deux êtres humains. Cela veut dire que l'enfant qui est à l'école sait que vous ne l'oubliez pas, que votre fille qui a des problèmes peut vous téléphoner en pleine nuit, que vos enfants adultes vous demandent au dernier moment de remplacer la gardienne. Ils savent que vous avez fait un jour le serment suivant: «Je te donne la vie et je serai toujours là pour toi.» Inconditionnellement.

Les chercheurs découvrent de plus en plus l'ancrage neurobiologique de l'attachement dans la vie et son influence sur le développement émotionnel, intellectuel et relationnel. Les enfants abandonnés à leur sort ou qui vivent dans un climat permanent de stress ou de violence, ou avec un parent souffrant de graves problèmes psychologiques, développent des zones cervicales comptant moins de réseaux neuronaux que les enfants qui grandissent entourés d'amour. Cela se traduira plus tard par des déficiences dans le développement linguistique et dans la capacité de reconnaître et d'exprimer des émotions, par un comportement plus impulsif, plus agressif, plus hyperactif, par une plus grande difficulté à acquérir de la maturité et par une capacité moindre à comprendre ce que ressentent les autres. Tout cela accroît considérablement les risques de troubles de la personnalité, de délinquance juvénile et de violence entre partenaires.

Le bonheur est donc un choix, et un choix difficile. Ce n'est pas une chose romantique qui arrive brusquement. C'est un don que l'on peut faire à un autre. **Qui reçoit le bonheur de ses parents prend plus facilement la responsabilité de le transmettre.** Si nous choisissons d'avoir un enfant, nous devons oser dire: cet enfant a le droit de «recevoir» du bonheur. Certains parents peuvent douter de leur capacité à élever correctement leurs enfants, mais c'est justement un signe que cette nouvelle génération semble réussir à mener sa tâche à bien. Le doute est une bonne attitude pour l'éducateur (parents et enseignants) qui cherche une vraie rencontre avec l'enfant.

Il s'agit ici d'humaniser le bonheur en l'extrayant d'un contexte purement théorique pour en faire une notion dynamique. Le bonheur théorique est linéaire. Si votre enfant est aimé, s'il vit dans une belle maison et s'il peut s'adonner à des activités qui l'intéressent particulièrement durant ses temps libres, n'a-t-il pas tout pour être heureux? En théorie, si. Mais imaginons que cet enfant ait une disposition anxieuse (nous savons que c'est le cas d'un enfant sur dix), qu'il ait du mal à effectuer seul certaines tâches, qu'il aime les câlins et l'intimité familiale et qu'il veuille se presser contre vous la nuit. Imaginons que ses parents aient du mal à accepter cela, parce qu'ils sont ambitieux et qu'ils travaillent dur pour assurer l'avenir de leurs enfants (comme ils le diront sans doute). Le bonheur de l'enfant exercera une mainmise inflexible dont il sera difficile de se défaire. Dans de tels cas, l'éducation est alors comme un train qui traverse un nombre prédéterminé de gares avant d'arriver à sa destination finale: le bonheur. Le déraillement de l'adolescent est alors un risque prévisible. L'attachement inébranlable part en fumée. Ce dont cet enfant a besoin, c'est d'un bonheur «donné» sur mesure. La création du bonheur est un processus dynamique entre le père et son fils, entre la mère et sa fille, entre deux sagesses. Le parent possède la sagesse de la vie adulte; l'enfant, celle de l'enfance. Dans cette sensibilité mutuelle se tisse un bonheur à dimension humaine, taillé sur mesure.

Ce qui commence comme un attachement avec les parents se développe peu à peu en un réseau émotionnel avec la famille, le quartier, les camarades d'école, les enseignants et autres éducateurs. Pendant l'adolescence, les pairs jouent un rôle prédominant. Ils peuvent avoir une bonne ou une mauvaise influence sur le développement de leurs camarades. De nombreux parents sous-estiment leur propre influence durant cette phase, car ils se sentent rejetés de la vie émotionnelle de leur jeune. Mais cette indifférence n'est qu'apparente pour qui a investi depuis le début dans la relation avec son enfant. Si le jeune est anxieux, s'il se sent seul ou a des problèmes, il saura vers qui se tourner. L'attachement fera son œuvre et il cherchera ses parents.

Le bonheur n'est donc pas une suite de moments agréables vécus avec vos enfants. Ces moments apportent sans doute beaucoup de plaisir dans la vie, mais le bonheur est plus que cela. C'est la satisfaction tranquille de savoir que votre enfant – quel que soit son âge – ne connaîtra jamais un moment où il se sentira seul au monde. Il saura, comme l'a formulé Milton Erickson, que votre voix est toujours avec lui.

Les clés

- **Les parents doivent choisir consciemment d'avoir un enfant. Ce choix doit être inconditionnel. L'enfant qui «reçoit» ainsi du bonheur devient heureux.**
- **Les parents doivent envelopper l'enfant d'une sensation de chaude certitude. Cela crée un attachement pour toute la vie.**
- **L'attachement aux parents se transforme peu à peu en un réseau émotionnel plus large. Mais dans le bonheur comme dans le malheur, c'est la voix de ses parents que tout enfant entend.**

Peter Adriaenssens est psychiatre pour enfants et adolescents, et thérapeute familial. Il est professeur de psychiatrie juvénile et de thérapie familiale à l'Université catholique de Louvain (Belgique). Il est fondateur et directeur du Vertrouwenscentrum Kindermishandeling (Centre de confiance pour enfants maltraités) qui s'occupe de la détection (précoce), du traitement et de la protection de jeunes victimes. Il a écrit de nombreux articles et livres. C'est un conseiller pédagogique renommé.

Le message du réfrigérateur

L'Islande est souvent considérée comme le pays le plus heureux du monde. Lorsque **Dóra Guðrún Guðmundsdóttir** a commencé ses recherches, il y a 10 ans de cela, elle n'a trouvé dans son pays aucune étude sur le bonheur. Aujourd'hui, ses résultats sont affichés sur tous les réfrigérateurs de l'Islande. Eh oui, il y a des réfrigérateurs en Islande!

Ce n'est pas la vie facile qui rend heureux

La question n'est pas de savoir si l'Islande est, oui ou non, le pays le plus heureux du monde. Il est beaucoup plus utile de déterminer quels sont les facteurs qui favorisent le bonheur. Lorsque j'ai commencé l'analyse des résultats de mes recherches, j'ai trouvé que cela ne faisait aucune différence d'être un garçon ou une fille, un homme ou une femme, un retraité ou un adolescent. Aucun de ces groupes n'était plus heureux que les autres. L'argent ne semblait pas non plus jouer vraiment un rôle. En fait, le revenu en Islande n'explique que de 1 à 4 % du bonheur. Ces résultats ne surprennent peut-être pas les spécialistes du domaine, mais la plupart des gens sont persuadés que l'argent est la clé du bonheur. Lors de mes conférences, je fais souvent estimer au public dans quelle mesure le bonheur dépend du revenu et les estimations sont toujours trop fortes. Les profanes pensent même souvent que le revenu détermine jusqu'à 70 % du bonheur. Il faut absolument corriger cette idée fausse si l'on veut aider les gens à trouver leur voie dans leur quête du

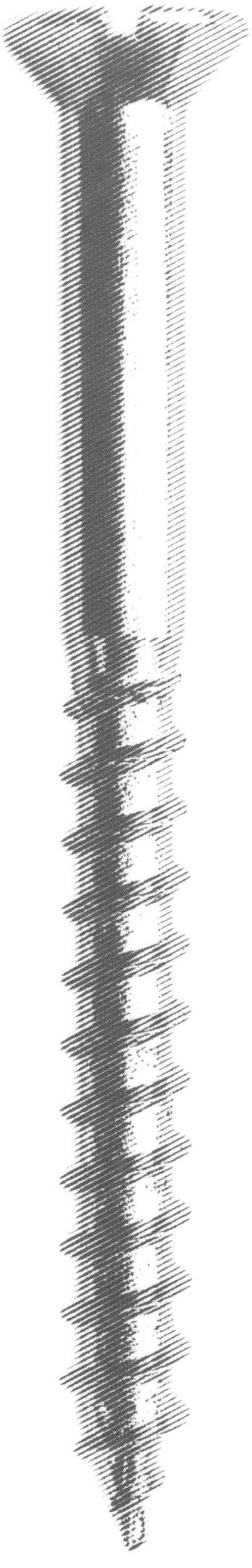

Le succès

dans la vie

est un marathon,

pas un sprint.

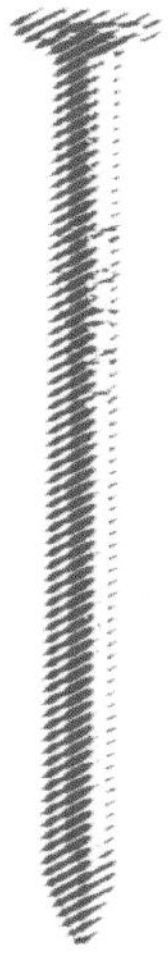

bonheur individuel. Bien sûr, certaines personnes qui veulent toujours plus d'argent ne sont pas motivées par le bonheur dans cette quête. Leur but est peut-être de gagner plus que le voisin. Elles doivent toutefois être bien informées du fait que ce n'est pas la meilleure façon d'être heureux.

Si le revenu ne détermine que 4 % du bonheur, c'est dire que les 96 % restants dépendent d'autres facteurs. D'après plusieurs recherches, dont les miennes, les relations sociales représentent le meilleur indice de bonheur. Des données islandaises montrent que quelqu'un qui vit avec un partenaire a plus de chances d'être heureux que quelqu'un qui vit seul. Passer du temps avec des amis et des membres de la famille favorise aussi le bonheur. Un facteur de bonheur encore plus important est la santé, en particulier la santé psychique.

Il existe de nombreuses idées erronées sur le bonheur et les gens sont mal renseignés par les médias, le monde du spectacle et la «sagesse» populaire. Au cours de mes recherches, j'ai trouvé une étude datant des années 1960 où l'on suggérait que les gens les plus heureux étaient ceux qui avaient la vie la plus facile. Eh bien, les résultats des autres recherches *ne confirment pas* cette hypothèse. Selon ces dernières, tous les gens qui avaient un haut niveau de bonheur avaient traversé des périodes difficiles dans leur vie, mais ils en avaient triomphé. Ils n'étaient pas heureux grâce aux difficultés, mais grâce à l'attitude qu'ils avaient adoptée face à elles, à ce qu'ils avaient fait pour les surmonter et finalement en triompher.

Pour éliminer ces idées erronées, mon collègue et moi avons lancé une campagne gouvernementale en faveur de la santé psychique et du bonheur. Notre méthode était simple. Nous avons présenté aux gens une série de 10 phrases afin de leur rappeler quelques stratégies simples pour rester en bonne santé mentale – et augmenter leur bonheur. Nous avions trouvé ces phrases en nous plongeant dans la littérature spécialisée à la recherche des caractéristiques des personnes heureuses et couronnées de succès.

Le résultat de ce travail a été «Les 10 commandements de la santé mentale», que je voudrais partager ici dans l'espoir que ceux qui les liront seront encore plus heureux dans la vie. Nous les avons fait imprimer sur des aimants de réfrigérateur, pour en faire un pense-bête visible dans la vie quotidienne. L'Institut national de santé publique de l'Islande a envoyé un aimant en cadeau de Noël à chaque foyer du pays. Il y a eu ensuite des conférences et une campagne médiatique sur l'importance de se pencher sur la santé mentale de tous et d'en prendre soin. Si vous allez un jour en visite chez des Islandais, je vous invite à aller voir dans la cuisine si vous ne trouvez pas «Les 10 commandements de la santé mentale». Ils sont encore sur de nombreux réfrigérateurs.

Les 10 commandements de la santé mentale

→ Pense de manière positive.
→ Chéris ceux que tu aimes.
→ Continue à apprendre toute ta vie.
→ Apprends de tes erreurs.
→ Fais chaque jour de l'activité physique.
→ Ne te complique pas inutilement la vie.
→ Efforce-toi de comprendre et d'encourager les gens qui t'entourent.
→ Ne baisse pas les bras : le succès dans la vie est un marathon, pas un sprint.
→ Découvre tes talents et développe-les.
→ Fixe-toi des buts et réalise tes rêves.

Les clés

→ **Montrons aux gens qu'ils surestiment l'importance de l'argent. L'argent ne prédit que 4 % du bonheur et non 70 %, comme certains le pensent.**
→ **Ce n'est pas une vie facile qui nous rend heureux. Ce qui compte, c'est notre attitude face aux difficultés et la manière dont nous y faisons face.**
→ **Trouvons des méthodes simples pour mettre les enseignements des recherches sur le bonheur à la portée de tout le monde. Les aimants de réfrigérateur peuvent être utiles !**

Dóra Guðrún Guðmundsdóttir est psychologue à Reykjavik et a été directrice générale de l'Institut de santé publique de l'Islande. Ses principaux sujets de recherche sont le bonheur, le bien-être psychique et l'interaction entre le bien-être mental, le bien-être physique et le bien-être social. Sa passion consiste à traduire les résultats de recherches sur la qualité de vie dans un langage de tous les jours.

Vivre dans l'avenir

«Étudier la qualité de vie en Afrique du Sud a été à la fois gratifiant et décevant», affirme le professeur **Valerie Møller**. Durant une trentaine d'années, elle a interviewé plusieurs milliers de Sud-Africains de tous milieux sur leurs conditions de vie, leurs espoirs et leurs craintes. Elle a découvert à quel point il est important de rêver d'un avenir meilleur.

Nos longues recherches ont été gratifiantes, en ce sens que des gens de tous les milieux ont accepté de partager avec nous leurs expériences. Elles ont aussi été décevantes en ce sens que très peu de choses ont été faites pendant toutes ces années pour aider les gens à mener une bonne vie. Le moment le plus exaltant, mais aussi le plus humble, a été sans aucun doute quand les Sud-Africains ont exprimé leur joie devant l'avènement de la démocratie et de la liberté politique. Tous les Sud-Africains, Noirs et Blancs, ont marqué de meilleurs scores en matière de bonheur et de satisfaction dans la vie dans le mois qui a suivi les premières élections libres du pays en avril 1994. Malheureusement, l'euphorie postélectorale n'a pas duré, bien que la bonne volonté qui unissait tous les citoyens de la nouvelle Afrique du Sud ait contribué à la construction de la nation.

À la fin des années 1970, nous nous sommes lancés dans l'étude de la qualité de vie, inspirés que nous étions par les travaux de pionniers tels que Frank Andrews et Angus Campbell. Nous avons commencé par enquêter sur les préoccupations quotidiennes des Sud-Africains qui, à cette époque, n'étaient pas souvent consultés sur les aspects qui contribuent à la qualité de leur vie. Nous avons basé notre première série d'indicateurs sur ces préoccupations. À notre grande surprise, chaque indicateur subjectif que nous appliquions dans des évaluations tant spécifiques que globales sur la satisfaction dans la vie reflétait parfaitement l'inégalité socioéconomique et politique des groupes classés sur une base raciale. **Les Sud-Africains noirs avaient les plus mauvais scores, les Sud-Africains blancs les meilleurs, les Sud-Africains indiens ou métis étaient entre les deux.** L'apartheid semblait jeter une ombre très réelle sur tous les aspects de la vie, jusqu'aux plus personnels. Même dans les domaines liés à la famille et au «moi», la satisfaction des Sud-Africains noirs était significativement plus faible. Une décennie et demie plus tard, un mois après les premières élections démocratiques d'avril 1994, ce modèle était brisé pour la première fois. Tous les Sud-Africains étaient à peu près aussi satisfaits et heureux que la plupart des gens des pays développés. C'est là un résultat spectaculaire dont rêve tout chercheur.

Au cours des décennies suivantes, nous avons demandé aux gens ce qui pourrait améliorer leur vie – une question tout à fait superflue selon les économistes de la

Banque mondiale. Nous avons appris que, maintenant que la liberté politique était un fait, les facteurs matériels, les choses du quotidien qui leur étaient refusées pendant l'apartheid, venaient en tête de liste. Parfaitement conscient de l'état d'esprit dominant, le gouvernement démocratique nouvellement élu avait comme slogan de campagne «Une vie meilleure pour tous». Cependant, la concrétisation de ce slogan pour plus de 40 millions de gens allait prendre du temps.

Là où la bonne vie était devenue réalité, nos scores sur le bien-être subjectif reflétaient toujours ces améliorations. Les gens semblaient apprécier le confort et la sécurité d'un toit solide sur leur tête, l'accès à l'eau propre et à l'électricité, et l'éducation pour leurs enfants – choses que beaucoup considèrent comme allant de soi dans les pays développés. Cependant, en Afrique du Sud, un plus haut niveau de vie peut symboliser plus qu'un simple progrès matériel. **Une bonne vie matérielle est un signe de dignité** pour les gens qui, par le passé, ont été considérés comme des citoyens de seconde zone dans leur propre pays.

Après 15 ans de démocratie, la bonne vie n'est toujours pas devenue réalité pour de nombreux Sud-Africains. Nos résultats sur la qualité de vie montrent qu'ils sont toujours insatisfaits de leur sort. Je me suis souvent demandé comment tous ces Sud-Africains aux scores encore très faibles pour nos différents indicateurs de bien-être personnel trouvaient la force de continuer. L'une des raisons pourrait être une autre constante que nous avons relevée dans nos recherches: les Sud-Africains qui sont insatisfaits de leur vie actuelle s'attendent presque toujours à ce que cela aille mieux dans l'avenir. Même des femmes séropositives, résignées au fait qu'elles allaient mourir prématurément, sont capables d'imaginer un avenir radieux, peut-être pas pour elles-mêmes, mais au moins pour les enfants qu'elles ont mis au monde. C'est probablement la chose la plus importante que j'ai apprise en menant ces recherches sur la qualité de vie en Afrique du Sud. La patience et l'espoir que la vie va s'améliorer ainsi que la confiance en un «avenir plus radieux» (comme disaient beaucoup des personnes interrogées) ont aidé beaucoup de Sud-Africains à traverser les périodes difficiles. Je pense parfois même que le bonheur *futur* constitue un indicateur beaucoup plus clair du bien-être en Afrique du Sud que le bonheur *actuel*!

Valerie Møller dirige le programme de recherche sur la qualité de vie à l'Institut de recherches sociales et économiques de l'Université Rhodes, à Grahamstown (Afrique du Sud). Elle a publié plusieurs livres et lancé un projet sur les évolutions en matière de qualité de vie en Afrique du Sud (South African Quality of Life Trends Project).

Une personne n'est pas une moyenne

Le bonheur signifie-t-il la même chose pour un homme d'affaires américain que pour une infirmière japonaise? Une retraitée suisse puise-t-elle son bonheur dans les mêmes choses qu'un enfant d'un bidonville indien? **Hein Zegers** est allé le leur demander.

Qu'est-ce qui vous rend heureux? J'ai posé cette question pendant 20 ans, en 7 langues différentes, dans plus de 100 pays. Voici quelques conclusions:

→ Partout dans le monde, la réponse à la question «Qu'est-ce qui vous rend heureux?» ramène à d'autres êtres vivants: la famille, les enfants, les amis, les animaux domestiques, les voisins, le sourire d'un passant inconnu, un baiser, aider quelqu'un, danser ensemble, manger ensemble, recevoir une tape dans le dos d'un collègue. Les habitants de certains pays ne répondent même pas à la question d'un point de vue personnel, mais commencent derechef à parler de leur famille ou de leur village: «mon bonheur» recoupe «notre bonheur».

→ À première vue, souvent les gens semblent ignorer ce qui les rend heureux. La vérité est peut-être un peu plus nuancée: les gens savent parfois très bien ce qui les rend heureux, mais ne le font pas forcément. Un fumeur invétéré peut dire par exemple qu'une bonne santé le rend heureux. Un chef d'entreprise ambitieux peut affirmer que ce sont les loisirs en famille qui le rendent heureux. **Donc, beaucoup de gens savent très bien dans le fond ce qui les rend heureux, mais plusieurs font exactement le contraire.**

«Ce n'est pas parce que beaucoup de gens aiment les asperges que vous les aimez aussi.»

- **Ce qui rend la plupart des gens heureux n'est pas toujours ce qui vous rend heureux vous.** Ce n'est pas parce que beaucoup de gens aiment les asperges que vous les aimez aussi. C'est la même chose pour le bonheur. Une étude indique par exemple que les couples sans enfant sont en moyenne plus heureux que des couples avec enfants. Pourtant, cela ne prouve pas que vous soyez plus heureux sans enfant. Une personne n'est pas une moyenne!
- **Qu'est-ce qui rend les gens heureux?** Après 20 ans de recherches, je ne sais toujours pas. Mais je sais ce qui rend heureux Jim, Noriko, Gertrude et Ahmed. Et qu'écouter leur histoire me rend heureux...

Les clés

- **D'où que vous veniez, d'autres personnes sont essentielles pour votre bonheur.**
- **Savoir ce qui vous rend heureux et le faire ne va pas toujours ensemble.**
- **Vous ne correspondez pas forcément aux moyennes calculées par les recherches sur le bonheur.**

Hein Zegers est titulaire d'une maîtrise en psychologie et en langues de l'Université catholique de Louvain (Belgique). Il a vécu, voyagé et travaillé dans plus de 100 pays grâce à divers emplois internationaux. Plus tard, il s'est spécialisé en psychologie positive et dans les recherches sur le bonheur. Il travaille actuellement pour plusieurs organisations de psychologie positive (EvidenceBasedHappiness, Belgische Positive Psychologie positive belge, ENPP, Positieve Psychologie in Uitvoering, IPPA & SIPPA).

Graciela Tonon de Toscano

La clé est l'amitié

Durant la crise économique, politique, sociale et nationale de ce début de siècle, j'ai remarqué, lors de mes recherches sur le bonheur, que les gens accordaient beaucoup d'importance à l'amitié comme moyen d'améliorer leur qualité de vie et d'être plus heureux. En tant que citoyenne argentine, je comprends très bien cela. Notre histoire nationale a été faite et écrite par des gens des quatre coins du monde, venus en Argentine dans l'espoir d'une vie meilleure. Pour eux aussi, l'amitié était une valeur importante. Beaucoup ont choisi notre pays parce qu'un ami leur offrait un toit.

En Argentine, nous voyons nos amis pour nous sentir mieux. Et cela vaut aussi bien pour les enfants à la maternelle que pour les personnes âgées dans leur maison de retraite. L'amitié est l'une des valeurs les plus sûres dans notre société. Elle permet de partager notre bonheur et de bénéficier de l'aide des autres quand nous sommes dans le besoin. En somme, elle aide les gens à se sentir plus heureux. L'amitié est donc une clé fondamentale du bonheur.

Mon père m'a appris qu'avoir de bons amis est une des choses les plus importantes dans la vie. Il avait raison. J'ai beaucoup de reconnaissance envers mes amis: leur fidélité et leur affection m'ont toujours donné confiance et courage quand cela n'allait pas bien. L'amitié est une relation unique entre les gens; elle se caractérise par la loyauté, la sincérité, la générosité, l'attention et le soutien. C'est une relation qui transcende l'espace et le temps. Si nous n'avons pas de famille, si notre famille est loin de nous, si nous n'avons pas de travail ou pas d'argent, ou si nous sommes malades, le soutien de bons amis est l'une des rares possibilités que nous avons d'être heureux. Les amis nous donnent toujours l'espoir d'un avenir meilleur.

Graciela Tonon de Toscano est présidente de la Commission régionale sud-américaine de l'International Society for Quality of Life Studies. Elle travaille en Argentine en tant que professeur et chercheuse à l'Université de Palermo, à l'Université nationale de Lomas de Zamora et à l'Université nationale de La Matanza. Ses recherches portent en particulier sur la qualité de la vie et les politiques gouvernementales.

Mouvement pour le bonheur

«Les gens se demandent de plus en plus souvent: "Qu'est-ce que le progrès?" Pendant 50 ans, nous avons cherché à accroître nos revenus – et nous avons réussi. Cependant, aucune étude n'a constaté un accroissement du bonheur au cours de cette période (ni en Grande-Bretagne ni aux États-Unis). Le nombre d'enfants malheureux et perturbés a même augmenté de façon consternante. Il est donc évident que nous avons choisi les mauvaises priorités et que notre société a besoin de changer radicalement de cap.» Spécialiste en économie du bonheur, **Richard Layard** se base sur les recherches modernes sur le bonheur pour affirmer cela. Il a participé dernièrement au lancement du nouveau mouvement international pour le bonheur, appelé Movement for Happiness.

Le défi

Lorsque nous examinons pourquoi le bonheur diffère d'un individu ou d'une société à l'autre, nous pouvons dégager sept facteurs principaux: le revenu, les relations à la maison, les relations au travail (si on a du travail), les relations dans la communauté, la santé, les valeurs personnelles et la liberté personnelle. Les gens considèrent le revenu comme un facteur extrêmement important. Pourtant, si une société avancée s'enrichit, ses citoyens ne deviennent pas plus heureux pour autant. Le principal facteur dont dépendent les différences en matière de bonheur, c'est la qualité des relations interpersonnelles. Et un élément clé de toute relation est la confiance. Depuis des années et dans de nombreux pays, des chercheurs posent cette question: «Pensez-vous que la plupart des personnes sont dignes de confiance?» C'est une question très intéressante. Les gens qui font le plus confiance sont les plus heureux – tout comme les sociétés qui font le plus confiance, telles que celles des pays scandinaves. Il y a 50 ans, en Grande-Bretagne comme aux États-Unis, 60 % des gens répondaient «oui» à cette question. Actuellement, ce pourcentage est tombé à 30 %. C'est la mesure de ce que nous avons perdu en mettant trop l'accent sur la compétition entre les gens – et tout cela au nom d'une plus grande efficacité et d'une plus grande richesse. Mais la solidarité et la camaraderie sont des éléments cruciaux d'une vie heureuse. La compétition entre entreprises est bonne et nécessaire, mais une compétition exagérée entre individus peut détruire le bonheur.

L'engagement vers une société plus heureuse a des conséquences majeures, tant dans notre vie individuelle que dans la mise en œuvre de politiques gouvernementales. En tant qu'individus, il est clair que nous devrions choisir un emploi que nous croyons bénéfique pour les autres; par conséquent, nous devrions refuser tout emploi qui ne fait qu'augmenter le résultat financier sans offrir un véritable avantage à la société. Et nous ne devrions pas mettre en jeu la qualité de notre vie familiale par des heures supplémentaires. Dans notre vie privée, nous devrions tenir compte de tous ceux dont nous influençons le bonheur. «Harmonie» est un bon mot pour décrire cette ambition, parce qu'il indique que toutes les parties sont gagnantes, y compris nous-mêmes.

Si les gouvernements cherchent à promouvoir le bonheur, doivent-ils intervenir de plus en plus dans la vie des gens? En fait, la promotion du bonheur est depuis longtemps un objectif gouvernemental. Lorsque j'ai publié mon livre sur le bonheur, une critique avait pour titre *The Happiness Police* (La police du bonheur) et une autre *The Bureaucrats of Bliss* (Les bureaucrates du bonheur suprême). Apparemment, certains pensent qu'il est tout à fait acceptable du point de vue éthique qu'un individu suive le principe du «plus grand bonheur», mais pas un gouvernement, car cela mènerait au «paternalisme» ou même à une forme de «servage». Poussé ainsi à l'extrême, cet argument est absurde. Tout le monde sait – et c'est prouvé – que la perte de la liberté conduit au malheur. Les données dont nous disposons montrent que les États de l'ex-Union soviétique étaient les pays les moins heureux, moins heureux même que ceux du tiers-monde. Comme nous le verrons, une politique basée sur le bonheur engendrerait une nouvelle démarche sponsorisée par l'État: les écoles enseigneraient la résilience, les parents recevraient plus de soutien, la santé mentale bénéficierait de plus d'aide, etc. L'État tiendrait davantage compte des sentiments et des comportements des gens, et moins des aspects matériels et économiques de la vie. Il ne ferait pas forcément plus de choses, mais il en ferait d'autres. Peut-être accorderait-il moins d'attention à certains aspects matériels de la vie – puisque la réglementation rigide de la vie économique aliène beaucoup de gens, tout comme les réorganisations et autres initiatives mises en œuvre par des bureaucrates peu soucieux de l'impact qu'elles peuvent avoir sur le bonheur des gens. En général, on ne peut prédire si un État tourné vers le bonheur interviendrait plus ou moins dans la vie des gens.

Nous n'avons pas nécessairement besoin d'un État trop présent – trop de régulation nuit au bonheur. Mais nous avons besoin d'un État différent. Si son objectif premier est réellement le bien-être des gens, l'État devra modifier radicalement ses priorités.

Écoles. Les écoles doivent se préoccuper tant du développement de la personne que du transfert des connaissances. Les jeunes doivent apprendre à réguler leurs comportements et leurs émotions, et acquérir la résilience nécessaire pour résister à l'adversité. En même temps, ils doivent aussi apprendre à se soucier des autres. Ils peuvent acquérir ces aptitudes vitales en partie grâce à une bonne éthique scolaire, solidement ancrée dans des valeurs telles que le respect et une vie en commun harmonieuse. Mais les écoles doivent également développer ces aptitudes vitales par un enseignement ciblé. Seuls des enseignants du second cycle bien formés, spécialisés en la matière, peuvent leur apprendre ces aptitudes. Le résultat peu étonnant d'une étude récente illustre l'importance de la positivité. Si l'un de nos objectifs est de réduire chez les adolescents la consommation de drogues, la suralimentation, le tabagisme, l'alcoolisme et le sexe sans amour, il s'avère que les programmes les plus efficaces sont ceux qui développent des intérêts positifs. «Concentre-toi sur ce que tu devrais faire, plutôt que sur ce que tu ne devrais pas faire.» Cette conclusion émerge régulièrement des résultats de recherches sur le bonheur.

Santé mentale. La santé – et surtout la santé mentale – est essentielle au bonheur. En Grande-Bretagne, les troubles mentaux sont responsables de presque la moitié des cas d'incapacité de travail, et l'impact d'une dépression sur la vie quotidienne est 50 % plus grand que celui des maladies physiques chroniques courantes comme l'arthrite, l'angine, l'asthme ou le diabète. En Grande-Bretagne, la santé mentale explique davantage la détresse actuelle qu'un milieu défavorisé. Elle doit être prise aussi au sérieux que la santé physique. En Grande-Bretagne, un enfant sur dix et un adulte sur six souffrent de dépression, d'angoisse ou d'un trouble du comportement. Cependant, à peine un quart d'entre eux suivent un traitement, alors que 90 % des gens affectés d'une maladie physique (qui est souvent moins grave) en suivent un.

Emploi. Il est beaucoup plus important de fournir un emploi à tout le monde que de stimuler à long terme la croissance économique. Les jeunes qui quittent l'école doivent sentir que la société les veut parce qu'elle leur offre des emplois significatifs.

Communauté et égalité. Nous voulons une société où règne la confiance, où les gens sont convaincus de la bonne volonté de leurs concitoyens. Des études montrent qu'il y a plus de confiance et moins de violence dans des sociétés où il y a plus d'égalité. Les recherches sur le bonheur confirment aussi que les ressources financières additionnelles ont plus d'importance pour les pauvres que pour ceux qui ont déjà de l'argent. Une communauté saine est donc une communauté sans trop d'inégalités.

Environnement. L'avenir ne saurait être heureux dans un monde affligé par la sécheresse, les inondations et les migrations massives. Il y a donc congruence complète entre un mouvement qui œuvre pour une société plus humaine et un autre qui œuvre pour une relation plus harmonieuse entre l'être humain et la planète.

Quantification. Finalement, les gouvernements ne prendront le bonheur au sérieux que s'ils peuvent le mesurer. Lors d'une récente conférence de l'OCDE sur la question de savoir ce qu'est le progrès, Joseph Stiglitz déclarait: «Si on mesure les mauvaises choses, on fera les mauvaises choses.» Il a tout à fait raison! Les gouvernements nationaux et locaux doivent régulièrement enquêter sur le bonheur de leurs citoyens afin de surveiller les tendances, de cerner les principales sources de détresse et de disposer d'informations permettant d'approfondir leur compréhension des causes du bonheur. Les sciences sociales doivent surtout étudier ce qui détermine le bonheur.

Notre société est inutilement dure et pleine de souffrances inutiles. Nous pouvons sûrement atteindre un niveau supérieur où il y aura plus de bonheur et moins de malheur. Mais pour cela nous devons faire deux choses. Tout d'abord, nous devons décider que c'est là notre objectif. Ensuite, nous devons utiliser toutes les connaissances disponibles et toute notre force spirituelle pour y parvenir.

Les clés

- → **Nous avons besoin d'une autre sorte d'État basé sur la confiance, la solidarité, la camaraderie et l'harmonie.**
- → **Les gouvernements doivent promouvoir le bonheur de manière active: enseigner les aptitudes vitales dans les écoles, prendre au sérieux la santé mentale, fournir des emplois à tous, promouvoir l'égalité et protéger l'environnement.**
- → **Nous devons décider que l'accroissement du bonheur et la réduction du malheur est notre objectif commun. Et nous devons utiliser toutes les connaissances disponibles et toute notre force spirituelle pour y parvenir.**

Changeons les choses

Pour améliorer leur qualité de vie, beaucoup de gens se tournent vers les livres de croissance personnelle, un secteur actuellement en plein essor, et vers la nouvelle science de la psychologie positive. Les responsables politiques sentent eux aussi la nécessité d'un changement d'orientation. Mais une grande partie de cette démarche est sporadique et manque de coordination. C'est pourquoi nous voulons lancer un mouvement pour le bonheur (Movement for Happiness). Notre but est de former un réseau mondial de gens de même sensibilité, qui partagent les mêmes valeurs et peuvent s'organiser de façon à améliorer leur bonheur personnel et celui de la communauté dans laquelle ils vivent. Le mouvement reposera sur trois principes auxquels s'engageront ses partisans. Chacun devra s'efforcer de produire plus de bonheur dans le monde et, surtout, de réduire le malheur. Les politiques gouvernementales devraient avoir ces mêmes objectifs et nous devrions utiliser les nouvelles connaissances pour y parvenir.

C'est un mouvement éthique basé sur des données scientifiques. Il ne s'agit pas d'aider les gens à «cultiver leur jardin», il s'agit de construire une société où les gens se soucient davantage les uns des autres. Tout le monde y trouvera son compte. Il est prouvé qu'aider les autres rend généralement plus heureux et que cela rend, bien sûr, les autres plus heureux.

Le baron Richard Layard est directeur du Programme de bien-être de la London School of Economics (Royaume-Uni). C'est une autorité dans le domaine de la prise de décisions et de l'économie du bonheur. Depuis de nombreuses années, il conseille d'importants responsables politiques et des organisations dans le monde entier. Il a terminé ses études en 1967 et a publié depuis plus de 40 ouvrages et un grand nombre d'articles. Son livre *Happiness: Lessons from a New Science*» (Le prix du bonheur: leçons d'une science nouvelle) a été traduit en plus de 20 langues.

Ce que nous savons

Pour avoir étudié pendant 30 ans le bonheur à l'échelle mondiale, **Ruut Veenhoven** est souvent appelé «le professeur de bonheur». Il a créé la World Database of Happiness (base de données mondiale sur le bonheur), qui donne au monde un aperçu actualisé des milliers de recherches, d'enquêtes et de données corrélationnelles sur le bonheur. Il résume ce que nous savons sur le sujet en répondant à cinq questions.

Le bonheur est un objectif important dans la société moderne. La plupart des gens aspirent à une vie heureuse et attachent beaucoup de valeur au bonheur. L'idée que nous devons créer un plus grand bonheur pour le plus grand nombre gagne de plus en plus de popularité. Aussi le bonheur est-il placé à un rang de plus en plus élevé parmi les priorités politiques. La poursuite du bonheur nécessite une meilleure compréhension des conditions qui sous-tendent une vie heureuse, c'est-à-dire une étude systématique du sujet. Les recherches sur le bonheur ont longtemps été l'apanage de la spéculation philosophique et n'ont débouché sur aucune preuve solide. Ces dernières décennies, la méthode de recherche par enquêtes-sondages introduite dans les sciences sociales a permis une percée. Des instruments fiables de mesure du bonheur ont été créés et nous ont permis d'acquérir de plus grandes connaissances dans le domaine. Aujourd'hui, la documentation sur le bonheur traite de cinq grandes questions cruciales pouvant s'ordonner comme des étapes du processus de création d'un plus grand bonheur pour le plus grand nombre.

1 Qu'est-ce que le «bonheur»?

Le mot «bonheur» peut être utilisé de différentes manières. Dans son acception la plus large, il sert à désigner tout ce qui est bon. Dans ce sens, «bonheur» est synonyme de «satisfaction» ou de «qualité de vie», et concerne tant le bien-être personnel que le bien-être sociétal. Dans un sens plus spécifique, «bonheur» signifie «appréciation subjective de la vie», et c'est de cela que je traite ici. Le bonheur se définit comme la *mesure dans laquelle un individu juge favorablement la qualité de sa vie en général*. Autrement dit: à quel point chacun aime la vie qu'il mène.

2 Le bonheur est-il mesurable?

Vu que le bonheur se définit comme une chose que nous avons en pensée, il est mesurable à l'aide de questions. La question suivante est souvent utilisée:

À quel point êtes-vous satisfait de votre vie en général ces derniers temps?

0 / 1 / 2 / 3 / 4 / 5 / 6 / 7 / 8 / 9 / 10

extrêmement insatisfait ←——→ **extrêmement satisfait**

Bien que des questions de ce genre soient souvent posées, elles sont sujettes à de nombreuses critiques. Les trois principales objections sont les suivantes: certains hésitent à croire que la réponse à des questions aussi simples reflète bien la réelle appréciation de la vie; d'autres mettent en doute la comparabilité interculturelle de ces évaluations; d'autres encore affirment que des jugements subjectifs sur la vie n'ont aucun sens. Ces critiques ont été discutées ailleurs et recensées dans les études solidement étayées de Diener, Saris et autres. Le doute sur la comparabilité interculturelle de ces réponses a été réfuté dans mes recherches antérieures.

3 À quel point sommes-nous heureux?

Prenons un exemple, soit la réponse donnée à cette question en Allemagne, qui figure ci-dessous. Les scores les plus souvent choisis étaient 7, 8 et 9. À peine 14 % des répondants avaient choisi un score inférieur à 5. La moyenne était de 7,2. Nous pouvons en conclure que la majorité des Allemands se sentent heureux la plupart du temps. Si nous comparons ces résultats à ceux d'autres pays, nous pouvons dresser une classification mondiale.

Figure 1: Le bonheur en Allemagne – Source: Enquête sociale européenne, 2006

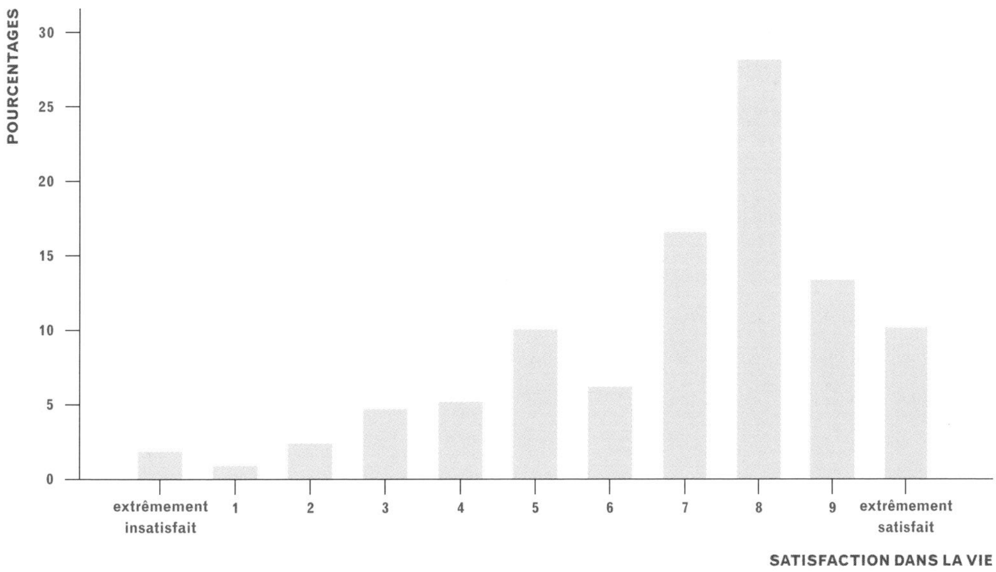

4 Pourquoi est-on plus ou moins heureux?

Nous avons constaté que les gens diffèrent entre eux en matière de bonheur, et nous nous sommes demandés pourquoi. Divers facteurs jouent un rôle ici: l'action collective et le comportement individuel, de simples expériences sensorielles et une plus grande cognition, des caractéristiques stables de l'individu et de son environnement, et les caprices du destin. Dans la figure 2 (page suivante), les facteurs et les processus sont répartis selon un modèle séquentiel provisoire.

Ce modèle part du principe que le jugement sur la vie résulte du *flux d'expériences vécues (flow-of-life experiences)* et en particulier des expériences négatives et positives. Le flux d'expériences est une réaction mentale au *cours des événements dans la vie*. Sont inclus dans cela les événements importants ponctuels comme un mariage ou une migration, mais aussi les événements ordinaires répétitifs comme se lever le matin ou faire la vaisselle. Les événements dans la vie d'une personne sont imputables en partie à la chance ou à la malchance (par exemple un accident), mais dépendent également des circonstances et des possibilités données. Il y a moins d'accidents de la route dans les sociétés bien organisées ou entre gens prudents au volant. Les chances qu'il arrive des événements «gratifiants» ou «préjudiciables» ne sont donc pas égales pour tout le monde. C'est ce qu'on appelle souvent «les chances dans la vie». Les chances dans notre vie actuelle s'enracinent dans des événements passés et des «structures de chance», tant en ce qui concerne l'histoire de notre société que notre développement personnel.

Un exemple permet d'illustrer ce modèle à quatre phases. Un individu peut avoir peu de chances dans la vie parce qu'il vit dans une société sans loi, parce qu'il se trouve dans une situation d'impuissance et parce qu'il n'est lui-même ni attrayant ni gentil (étape 1). Cet individu connaîtra beaucoup de choses négatives. Il pourra être volé, dupé, humilié et exclu (étape 2). Il se sentira donc souvent anxieux, en colère ou seul (étape 3). Sur la base de ce flux d'expériences, il évaluera sa vie en général de manière négative (étape 4).

Figure 2: Évaluation de la vie: un modèle séquentiel de conditions et de processus

CHANCES DANS LA VIE →	COURS DES ÉVÉNEMENTS →	FLUX D'EXPÉRIENCES →	ÉVALUATION DE LA VIE
Qualité de la société • Prospérité économique • Égalité sociale • Liberté politique • Richesse culturelle • Ordre moral • Etc. **Position sociale** • Biens matériels • Influence politique • Prestige social • Liens familiaux • Etc. **Possibilités individuelles** • Forme physique • Force psychique • Aptitudes sociales • Aptitudes intellectuelles • Etc.	**Confrontation avec:** • Manque ou abondance • Attaque ou protection • Isolement ou fréquentations • Humiliation ou honneur • Routine ou défi • Laideur ou beauté • Etc.,	**Expériences de:** • Envie ou satiété • Peur ou sécurité • Solitude ou amour • Rejet ou respect • Ennui ou entrain • Aversion ou extase • Etc.	Évaluation de l'affect moyen Comparaison avec les normes d'une bonne vie Établissement du bilan global de la vie
Conditions du bonheur		**Processus d'évaluation**	

Qualité de la société

Pourquoi le niveau de bonheur diffère-t-il tant entre les pays? La figure 3 présente un certain nombre de qualités sociales qui sous-tendent ces différences. Un bon nombre de ces facteurs font partie du «syndrome de la modernité». Plus une société est moderne, plus les gens de cette société sont heureux. Cette constatation peut surprendre les prophètes de malheur qui associent la modernité à la disparition de valeurs communes et à l'aliénation humaine. Bien que la modernisation aille de pair en effet avec certains problèmes, ses avantages sont nettement plus grands que ses inconvénients. Le bonheur est en corrélation positive avec les caractéristiques sociales suivantes (en ordre décroissant): l'abondance, la liberté économique, l'urbanisation, le système d'éducation, la liberté politique, les droits civils, la tolérance envers les minorités, la liberté personnelle, le pluralisme (% de migrants). Le bonheur est en corrélation négative la plus forte avec la corruption; suivent à une bonne distance l'inégalité entre les sexes et les inégalités de revenus.

Figure 3: Bonheur et société dans 146 pays vers 2006

CARACTÉRISTIQUES DE LA SOCIÉTÉ	CORRÉLATION AVEC LE BONHEUR
Abondance	+ 0.69
Sécurité juridique	
• Droits civils	+ 0.50
• Corruption	– 0.69
Liberté	
• Économique	+ 0.63
• Politique	+ 0.53
• Personnelle	+ 0.41
Inégalité	
• Des revenus	– 0.08
• Entre les sexes	– 0.21
Pluralisme	
• % migrants	+ 0.29
• Tolérance envers les minorités	+ 0.49
Modernité	
• Système d'éducation	+ 0.56
• Urbanisation	+ 0.58

Comment interpréter ce schéma? Les scores maximaux sont + 1,00 et -1,00. Plus la valeur absolue du nombre positif est élevée, plus la relation positive est forte. Plus la valeur absolue du nombre négatif est basse, plus la relation négative est prononcée.

Source: World Database of Happiness (Veenhoven, 2010); (p. 346).

Position sociale

Diverses recherches dans le monde entier ont indiqué des différences de bonheur individuel au sein des pays. Vu que la plupart des recherches sont inspirées par une politique sociale égalitaire, elles mettent souvent l'accent sur les différences sociales telles que le revenu, le niveau d'instruction et l'emploi. Contrairement à ce que l'on pourrait croire, dans nos sociétés modernes où règne l'abondance, les variations positionnelles influent peu sur le bonheur. Toutes les variables positionnelles prises ensemble expliquent à peine 10 % de la variation du bonheur. Les principales conclusions sont résumées dans la figure 4.

Au niveau mondial, le bonheur est en corrélation positive avec le prestige professionnel, la participation à la vie associative, le fait d'être marié et celui d'avoir des amis.

Figure 4: Bonheur et position sociale: résumé des résultats de recherche

	CORRÉLATION dans les pays occidentaux	SIMILITUDE entre tous les pays
Position sociale		
• Revenu	+	–
• Instruction	±	–
• Prestige professionnel	+	+
Participation à la société		
• Emploi	±	+
• Participation à la vie associative	+	+
Réseau social primaire		
• Époux/épouse	++	+
• Enfants	0	?
• Amis	+	+

CORRÉLATION	SIMILITUDE
++ Très positive	+ Corrélation semblable
+ Positive	± Variable
0 Pas de relation	– Différentes corrélations
– Négative	
? Pas encore étudiée	? Pas de données

Source: World Database of Happiness, collection Correlational Findings (Veenhoven, 2009); (p. 346).

Aptitude à la vie

Les corrélations les plus fortes se trouvent dans le domaine psychologique. La variante ordinaire expliquée par de telles variables tourne autour de 30 %. Quelques-unes des principales conclusions sont résumées dans la figure 5.

De nombreuses constatations liées aux différences individuelles concernant le niveau de bonheur reviennent à une différence d'*aptitude à exercer de l'influence sur son propre environnement.* Cette tendance semble universelle.

Au niveau mondial, nous constatons que le bonheur est en corrélation positive avec la santé psychique, la socialisation, la santé physique, le contrôle interne, l'extraversion et l'acceptation du plaisir.

Figure 5: Bonheur et aptitudes à la vie: résumé des résultats de recherches

	CORRÉLATION dans les pays occidentaux	SIMILITUDE entre tous les pays
Capacités		
• Santé physique	+	+
• Santé mentale	++	+
• QI	0	+
Personnalité		
• Contrôle interne	+	+
• Extraversion	+	+
• Conscience	+	?
Art de vivre		
• Acceptation du plaisir	+	+
• Sociabilité	++	+

	++ Très positive	+ Corrélations semblables
	+ Positive	± Variable
	0 Pas de relation	– Différentes corrélations
	– Négative	
	? Pas encore étudiée	? Pas de données

Source: World Database of Happiness, collection Correlational Findings (Veenhoven, 2009); (p. 346).

5 Un plus grand bonheur est-il possible?

De nombreuses recherches sont inspirées par l'espoir qu'il est possible de trouver une manière de créer un plus grand bonheur pour le plus grand nombre. D'innombrables théories sur le bonheur affirment toutefois que de meilleures conditions de vie ne réduiraient pas l'insatisfaction.

Selon l'une de ces théories, le bonheur est relatif. Selon une autre, le bonheur est un trait de caractère. Nos recherches les infirment toutes les deux. Une autre constatation rassurante est que la moyenne du bonheur sur une échelle de 0 à 10 peut monter jusqu'à 8 dans certains pays. Ce qui est possible quelque part doit aussi l'être ailleurs.

Ruut Veenhoven est professeur émérite en «circonstances sociales pour le bonheur humain» à l'Université Érasme de Rotterdam (Pays-Bas). Il a étudié la sociologie et il est très réputé dans le domaine de la psychologie sociale et de la sexologie sociale. Souvent appelé «le professeur de bonheur», il est respecté dans le monde entier pour sa longue carrière de chercheur sur la qualité de vie subjective. Ses principales publications sont *Conditions of Happiness, Happiness in Nations* et *Happy Life-Expectancy*. Ruut Veenhoven a créé la World Database of Happiness (base de données mondiale sur le bonheur), dont il est le directeur. Il est aussi l'éditeur du *Journal of Happiness Studies*.

World Database of Happiness

Pour qu'un plus grand nombre de gens connaissent un plus grand bonheur, nous devons en savoir plus sur les caractéristiques et les conditions qui nous aident à être heureux. Pour cela, nous devons non seulement faire davantage de recherches, mais aussi établir une meilleure synthèse des résultats disponibles. Pour réaliser cette synthèse, les données disponibles doivent être recueillies, sélectionnées et décrites de manière uniforme. Ce travail de préparation prend beaucoup de temps et il est faiblement subventionné. Dans l'état actuel des choses, c'est une tâche impossible pour un seul chercheur. Nous perdons ainsi la vue d'ensemble sous la masse des données.

La World Database of Happiness est un moyen de traiter le flux croissant des résultats des recherches sur le bonheur, tant en ce qui concerne la répartition (à quel point les gens sont heureux) que les corrélations (les conditions concomitantes du bonheur). Ce système porte surtout sur les «résultats» et diffère donc des banques de données qui stockent des «recherches» et des bibliothèques qui stockent des «publications». Vu qu'il n'existe pas encore de terme pour ce moyen de synthèse de recherches, nous utilisons pour l'instant celui de «catalogue de résultats».

Cette base de données met l'accent sur la joie subjective qu'une personne ressent dans sa vie entière. Elle se compose de 5 collections connexes:
1) la «Bibliography of Happiness», qui regroupe environ 4000 publications;
2) les «Measures of Happiness» acceptables, qui comptent 800 variantes;
3) la collection «Happiness in Nations», qui contient des données sur la répartition d'environ 3000 enquêtes démographiques nationales;
4) la collection «Happiness in Groupings», qui est composée d'environ 3000 recherches présentant des résultats dans certaines catégories concernant la situation dans divers pays;
5) les «Correlational Findings», qui comprennent environ 11 000 conclusions sur les covariances du bonheur.

Tous les fichiers sont consultables sur Internet:
www.worlddatabaseofhappiness.eur.nl

Moyenne de bonheur dans 148 pays, 2000-2009

Source : World Database of Happiness, Collection «Happiness in Nations»

Classement mondial du bonheur (Veenhoven, 2009)

Afghanistan	**4.1**	**Costa Rica**	**8,5**
Afrique du Sud	**6,0**	**Côte d'Ivoire**	**4,5**
Albanie	**4,6**	**Croatie**	**6,0**
Algérie	**5,4**	**Danemark**	**8,3**
Allemagne	**7,1**	**Djibouti**	**5,7**
Andorre	**6,8**	**Égypte**	**5,7**
Angola	**4,3**	**Émirats arabes unis**	**7,3**
Arabie saoudite	**6,5**	**Équateur**	**6,4**
Argentine	**7,3**	**Espagne**	**7,3**
Arménie	**5,0**	**Estonie**	**5,9**
Australie	**7,7**	**États-Unis**	**7,4**
Autriche	**7,7**	**Éthiopie**	**4,2**
Azerbaïdjan	**5,3**	**Finlande**	**7,9**
Bangladesh	**5,3**	**France**	**6,6**
Belgique	**7,3**	**Géorgie**	**4,3**
Belize	**6,6**	**Ghana**	**5,2**
Bénin	**3,0**	**Grèce**	**6,3**
Biélorussie	**5,7**	**Guatemala**	**7,2**
Bolivie	**6,5**	**Guinée**	**4,5**
Bosnie	**5,8**	**Guyana**	**6,5**
Botswana	**4,7**	**Haïti**	**3,9**
Brésil	**7,5**	**Honduras**	**7,0**
Bulgarie	**4,4**	**Hong Kong**	**6,0**
Burkina	**4,4**	**Hongrie**	**5,5**
Burundi	**2,9**	**Inde**	**5,5**
Cambodge	**4,9**	**Indonésie**	**6,1**
Cameroun	**3,9**	**Iran**	**5,8**
Canada	**8,0**	**Irak**	**4,7**
Chili	**6,6**	**Irlande**	**7,6**
Chine	**6,4**	**Islande**	**8,2**
Chypre	**7,0**	**Israël**	**6,9**
Colombie	**7,7**	**Italie**	**6,7**
Congo-Brazzaville	**3,7**	**Jamaïque**	**6,7**
Congo-Kinshasa	**4,4**	**Japon**	**6,2**
Corée du Sud	**6,1**	**Jordanie**	**6,2**

Kazakhstan	6,1
Kenya	3,4
Kirghizistan	5,5
Kosovo	5,4
Koweït	6,6
Laos	6,2
Lettonie	5,3
Liban	4,7
Liberia	4,3
Lituanie	5,5
Luxembourg	7,7
Macédoine	4,7
Madagascar	3,7
Malaisie	6,6
Malawi	4,8
Mali	4,7
Malte	7,1
Maroc	5,3
Mauritanie	5,0
Mexique	7,9
Moldavie	4,9
Mongolie	5,7
Monténégro	5,2
Mozambique	3,8
Namibie	5,2
Népal	5,3
Nicaragua	7,1
Niger	3,8
Nigeria	5,7
Norvège	7,9
Nouvelle-Zélande	7,5
Ouganda	4,5
Ouzbékistan	6,0
Pakistan	5,4
Palestine	5,0
Panama	7,8
Paraguay	6,9
Pays-Bas	7,6
Pérou	6,3
Philippines	5,5
Pologne	6,3
Portugal	5,7
Qatar	6,8
République centrafricaine	4,6
République dominicaine	7,6
République tchèque	6,5
Roumanie	5,7
Royaume-Uni	7,2
Russie	5,6
Rwanda	4,3
Salvador	6,7
Sénégal	4,5
Serbie	5,6
Sierra Leone	3,6
Singapour	6,7
Slovaquie	5,8
Slovénie	6,9
Soudan	5,0
Sri Lanka	5,1
Suède	7,8
Suisse	8,0
Syrie	5,9
Tadjikistan	5,1
Taïwan	6.2
Tanzanie	2,6
Tchad	5,4
Thaïlande	6,6
Togo	2,6
Trinité-et-Tobago	7,0
Tunisie	5,9
Turquie	5,8
Ukraine	5,0
Uruguay	6,8
Venezuela	7,2
Vietnam	6,1
Yémen	4,8
Zambie	5,0
Zimbabwe	2,8

«Être heureux, c'est déjà renoncer à être malheureux.»

Jacques Salomé

Épilogue – Petit clin d'œil malicieux au bonheur

Ah! Bonheur, combien sommes-nous à te rechercher, à te traquer, à vouloir te posséder et surtout te garder longtemps emprisonné dans les mailles de nos désirs!

Mais combien sommes-nous à ne pas savoir t'accueillir, te conserver ou simplement te protéger quand tu es là!

Bonheur que nous maltraitons et violentons avec un aveuglement ou une sincérité épouvantable!

Bonheur, tu dois le savoir, tu restes un rêve vital pour beaucoup d'entre nous, un objectif central pour d'autres, un enjeu désespéré pour quelques-uns. J'ai envie aujourd'hui de m'adresser directement à toi, comme à une personne vivante, un peu fantasque, imprévisible, pas toujours fiable mais tellement propre à susciter l'émerveillement quand tu es là tout proche, présent auprès de moi ou déposé provisoirement en moi.

Bonheur, tu es pour moi semblable à un accord au sens musical du terme, tu représentes l'harmonie entre ce que je suis et ce qui m'entoure. Une harmonie totale, plus ou moins fugace, qui va me donner le sentiment, au cours d'un instant de ma vie plus ou moins durable, que je suis «accordé», et cela, sur plusieurs plans. Accordé à l'intérieur de moi: ce que je dis et ce que je pense, ce que je ressens et ce que je fais se font écho. Accordé aussi avec l'extérieur: le plaisir d'être qui m'habite va avec le plaisir et le bien-être de ceux qui m'entourent. Deux plaisirs jubilatoires qui vont résonner ensemble, s'amplifier, et engendrer, donner vie à un moment unique de l'existence.

Tu le sais, Bonheur, tu ne peux rester inscrit dans mon seul ressenti, tu as besoin d'être partagé, de retentir chez les personnes aimées ou proches de mon entourage afin de t'épanouir et de grandir. Je crois que tu as besoin de te répandre, mais avec subtilité et discrétion, pudeur et générosité, abondance et réserve.

On me pose beaucoup de questions sur toi, on me demande souvent: «Mais comment peut-on être heureux? Comment peut-on rencontrer le bonheur?» Je ne peux parler pour toi, alors je réponds, avec une fausse gravité: «Être heureux, c'est déjà renoncer à être malheureux, le Bonheur viendra en plus.» J'ai effectivement remarqué que nous sommes d'une habileté incroyable pour nous autosaboter, pour maltraiter la vie qui est en nous, pour ne pas entendre les attentes réelles de notre corps – en confondant nos désirs et nos besoins, par exemple. En déplaçant sur le plan des sentiments ce qui est de l'ordre de la relation et vice versa.

En nous laissant trop souvent définir par les autres, en n'osant pas nous affirmer de peur d'être rejeté, moins aimé, jugé ou critiqué. En nous laissant persécuter par les blessures et les situations inachevées de notre passé, en fuyant dans une attitude consumériste dans le meilleur des cas, ou, plus inquiétant, dans des mondes virtuels qui nous coupent de notre réalité. Ou encore en nous montrant aveugles, sourds, muets, anesthésiés face à quelques-uns des miracles de la vie, qui ne manque pas de nous en offrir.

Ainsi, la semaine passée, quand je vois au marché de mon village une religieuse en habit prendre tout son temps pour choisir, dans un stand tenu par un arabe, des petites culottes – oui des petites culottes! –, prendre du temps pour en toucher la texture, la forme, et discrètement les étirer devant elle afin d'en évaluer le tour de taille, et que je vois le vendeur, lui tendant de nouvelles pièces, détourner pudiquement le regard pour ne pas la mettre mal à l'aise, je trouve ce moment merveilleux: il a illuminé toute ma journée.

Quand j'entends une de mes filles dire à ses enfants: «Venez, je vous emmène au fond du jardin de votre grand-père, on va écouter un concert de silence» — «Mais il y a plein de bruits d'oiseaux, de cigales et même de grillons!», argumente son fils Jeremy. — «Justement, c'est ça aussi le silence, tous ces bruits que l'on entend quand on se tait, les bruits de la vie ardente que l'on n'entend que si on leur prête attention!» de répondre la mère.

Et le dialogue entre ces deux petites filles qui discutent sur la plage en faisant un château de sable: «Tu sais que la maman de Sylvie est morte?», «Oui je le sais, mais c'est pas possible, tu vois, moi, je sais que c'est pas vrai parce qu'une vraie maman ne peut pas mourir!»

Cette amie, metteure en scène et comédienne, me disait: «Le bonheur pour moi, c'est quand je peux donner une forme, un mouvement à la lumière qui est à l'intérieur de moi.»

Bonheur, nous te tenons trop souvent à distance, nous avons, tu le sais encore, une créativité étonnante pour déclencher ou provoquer ce qui justement ne sera pas bon pour nous. Ainsi, au niveau du quotidien le plus élémentaire, nous *demandons* en exigeant ou en accusant au lieu de proposer ou d'inviter. Nous *donnons* en imposant ou en culpabilisant au lieu d'offrir, simplement offrir. Nous *recevons* en minimisant ou en critiquant au lieu d'accueillir. Nous *refusons* en rejetant ou en prenant la fuite au lieu de nous positionner clairement par un non qui ne serait pas dirigé contre la personne mais contre sa demande ou son désir.

Car je crois, Bonheur, que tu apprécies les relations de qualité au sein desquelles la bienveillance règne, de même que les relations de réciprocité sans dominant-dominé, sans dépendance ni soumission, sans opposition ni conflit. Je crois que tu aimes les relations au sein desquelles chacun des protagonistes se sent respecté dans ses besoins relationnels : pouvoir se dire et être entendu, être reconnu et valorisé, jouir d'une intimité et avoir une influence sur son environnement, et surtout rêver que demain sera meilleur qu'aujourd'hui, et après-demain meilleur que demain !

Pour l'année présente, Bonheur, j'ose te confier une mission, une tâche ambitieuse, un espace de vie plus grand, à ta mesure : je t'invite à te déposer sur chaque enfant de la terre. Pour qu'il puisse manger à sa faim, recevoir des soins de santé et une scolarisation suffisants qui lui permettent d'entrer dans le monde de demain. Car j'imagine que tu as le pouvoir de favoriser le bien-être et l'épanouissement des futurs adultes que sont les enfants du présent.

Jacques Salomé est psychosociologue, diplômé en psychiatrie sociale, formateur en relations humaines, et écrivain. Depuis 1962, il œuvre à développer des communications plus vivantes et des relations non violentes entre les adultes et les enfants. Il est l'auteur de 62 livres, considérés comme des ouvrages de fond pour ceux qui s'intéressent au changement et à l'amélioration de leurs relations personnelles, professionnelles ou sociales. Ses livres sont traduits dans 26 langues. Il est le fondateur du Centre de Formation aux Relations Humaines, Le Regard Fertile, et de la méthode ESPERE, une méthode d'apprentissage pour des communications plus vivantes et des relations sans violence, fondée sur la responsabilisation et le respect de soi et d'autrui.